Handbuch Testament

Immer aktuell

Wir informieren Sie über wichtige Aktualisierungen zu diesem Ratgeber. Wenn sich beispielsweise die Rechtslage ändert, neue Gesetze oder Verordnungen in Kraft treten, erfahren Sie das unter **www.ratgeber-verbraucherzentrale.de/aktualisierungsservice**

Handbuch Testament

Gesetzliche Erbfolge
Formen des Testaments
Erbeinsetzung
Vor- und Nacherbfolge
Vermächtnis
Auflage
Teilungsanordnung und -verbot
Testamentsvollstreckung
Familienrechtliche Anordnungen

OTTO N. BRETZINGER

verbraucherzentrale

Inhalt

Textbausteine
Mustertestamente
Checklisten

Alle Textbausteine, Muster und Checklisten stehen Ihnen auch online zur Verfügung und können ausgedruckt und zum Teil am PC ausgefüllt werden. Weitere Informationen dazu finden Sie auf den jeweiligen Seiten.

Testament

200
Erbschaft
A-L-T
B-M-U

So nutzen Sie dieses Buch

Liebe Leserin, lieber Leser,

Sie sind mit der Erbfolge, wie sie vom Gesetz vorgesehen ist, nicht einverstanden und wollen ein Testament errichten? Dann stellen sich viele Fragen: Möchten Sie, wenn Sie verheiratet sind, mit Ihrem Ehepartner ein gemeinschaftliches Testament errichten? Wollen Sie sich darauf beschränken, Personen als Erben einzusetzen? Oder wollen Sie auch andere erbrechtliche Verfügungen wie Enterbungen, Vermächtnisse, Auflagen oder Teilungsanordnungen treffen? Müssen Sie besondere Lebensumstände berücksichtigen, beispielsweise weil Ihre gesetzlichen Erben verschuldet sind, Sie pflegebedürftige Personen versorgen möchten oder Sie noch minderjährige Kinder haben?

Das „Handbuch Testament" der Verbraucherzentrale bietet für diese und viele weitere Fragen bei der Errichtung eines Testaments Erläuterungen und praktischen Rat, ergänzt um nutzbringende Vorlagen, Formulierungsbeispiele, Checklisten und Mustertestamente. Es ist als Arbeitsbuch aufgebaut. **Im vorderen Teil des Buchs finden Sie die unterschiedlichen Schwerpunktthemen rund um die wichtigsten erbrechtlichen Fragen (→ Seite 13 bis 158).**

Zunächst wird dargestellt, wer erbt, wenn kein Testament verfasst wird. Im Anschluss daran werden die formellen Anforderungen erläutert, denen ein eigenhändiges Testament entsprechen muss. Vorgestellt werden dann die verschiedenen Verfügungen und Anordnungen, deren sich der Erblasser bedienen kann, um seinen letzten Willen umzusetzen. Von Bedeutung sind zum einen die erbrechtlichen Verfügungen wie die Erbeinsetzung, die Anordnung einer Vor- und Nacherbschaft, die Enterbung gesetzlicher Erben, die Zuwendung von Vermächtnissen, die Anordnung von Auflagen, Teilungsanordnungen und Teilungsverbote und die Anordnung einer Testamentsvollstreckung. Zum anderen sind familienrechtliche Anordnungen für Eltern mit minderjährigen Kindern wichtig. Dazu zählen die Sorgerechtsverfügung, die Entziehung der elterlichen Vermögenssorge und Verwaltungsanordnungen für das dem minderjährigen Kind zugewendete Vermögen.

Jedes Kapitel beginnt mit einem kurzen Überblick über die jeweils wichtigsten Themenaspekte, „Für den schnellen Einstieg". Den ersten Teil des Buchs erkennen Sie an der Farbe **Orange**.

Im hinteren Teil finden Sie Checklisten für Ihren Gebrauch, Textbausteine für einzelne testamentarische Verfügungen und Mustertestamente für verschiedene Lebenssituationen (→ Seite F-3 bis F-43).

Sie können alle Formulierungsbeispiele, Checklisten und Mustertestamente heraustrennen und nach Wunsch abheften und archivieren. Die Checklisten können Sie zudem ausfüllen. Dieser Teil des Buchs hat die Farbe **Rot**.

Eins sollten Sie dabei immer im Hinterkopf halten: Es gibt kein Testament „von der Stange". Jeder Fall liegt anders. Und die Entscheidung, wem Sie was vererben wollen, kann Ihnen niemand abnehmen. Ein Testament inhaltlich richtig zu gestalten, ist aber nicht schwer, wenn Sie dabei grundlegende Regeln beachten. Wir wünschen Ihnen viel Erfolg dabei!

Fünf Fallstricke bei der Erstellung eines Testaments

Die Erstellung des eigenen Testaments birgt einige Tücken. Wir zeigen Ihnen fünf häufige Fehler auf, die immer wieder auftreten – und erläutern, wie Sie diese vermeiden können.

Keine gegenständliche Erbeinsetzung vornehmen

Oft erfolgt eine Erbeinsetzung in der Weise, dass der Erblasser die einzelnen Vermögensgegenstände auf seine „Erben" verteilt. Eine solche gegenständliche Erbeinsetzung ist allerdings nicht zulässig. Die Erbeinsetzung muss sich vielmehr auf das ganze Vermögen oder auf einen Bruchteil (zum Beispiel die Hälfte oder ein Viertel) des Nachlasses beziehen.

Pflichtteilsansprüche der Enterbten nicht vergessen

Wenn der Ehegatte oder Kinder des Erblassers enterbt werden, wird häufig übersehen, dass diese gegenüber den Erben sogenannte Pflichtteilsansprüche geltend machen können. Das kann die Erben unter Umständen in finanzielle Schwierigkeiten bringen.

Tücken des Berliner Testaments berücksichtigen

Das bei Eheleuten beliebte Berliner Testament weist einige gravierende Schwachstellen auf, die bei der Testamentsgestaltung häufig nicht berücksichtigt werden. Sinnvoll ist das Berliner Testament nur, wenn bestimmte Risiken durch entsprechende testamentarische Gestaltungen im erbrechtlich zulässigen Rahmen ausgeglichen werden.

Erbengemeinschaft und damit verbundene Streitigkeiten vermeiden

Wenn mehrere Personen erben, entsteht zwangsläufig eine Erbengemeinschaft. Der Nachlass wird dann gemeinschaftliches Vermögen der Miterben, über den diese nur gemeinsam verfügen können. Das wird zum Problem, wenn sich die Miterben untereinander nicht verstehen oder unterschiedliche Interessen verfolgen.

Sicheren Aufbewahrungsort des eigenhändigen Testaments wählen

Häufig wird ein eigenhändiges Testament nach Eintritt des Erbfalls nicht aufgefunden. Sinnvoll kann es deshalb sein, das Testament beim Amtsgericht amtlich verwahren zu lassen. So ist sichergestellt, dass es gefunden und nicht gefälscht wird.

Gesetzliche Erbfolge

Grundsätzlich steht es im Belieben des Erblassers, wem er im Todesfall sein Vermögen hinterlassen will. Aber noch nicht einmal jeder fünfte Deutsche hat ein Testament errichtet. Wenn kein Testament vorliegt, bestimmt das Gesetz die Erbfolge. Und es darf davon ausgegangen werden, dass die gesetzliche Erbfolge nicht immer den Wünschen und Vorstellungen des Erblassers entspricht.

Für den schnellen Einstieg

1 Wann bestimmt das Gesetz, wer Erbe wird? → Seite 15

2 Wann gilt gesetzliche Erbfolge? → Seite 15

3 Welche Verwandten erben, wenn kein Testament vorliegt? → Seite 17

4 Welcher Erbteil steht dem überlebenden Ehegatten zu, wenn die Eheleute im Güterstand der Zugewinngemeinschaft gelebt haben? → Seite 21

5 Welcher Erbteil steht dem überlebenden Ehegatten zu, wenn die Eheleute Gütertrennung vereinbart haben? → Seite 23

6 Welches Vermögen steht dem Ehegatten neben seinem gesetzlichen Erbteil zu? → Seite 24

Prinzipien des gesetzlichen Erbrechts

Wenn der Erblasser kein Testament verfasst hat, geht das Gesetz davon aus, dass er sein Vermögen seinen nächsten Familienmitgliedern hinterlassen will. Deshalb sind in erster Linie die Kinder des Erblassers und – wenn er verheiratet war – sein Ehegatte als gesetzliche Erben berufen.

Mit dem Tod einer Person (Erbfall) geht deren Vermögen (Erbschaft) als Ganzes auf eine oder mehrere andere Personen (Erben) über. Das Vermögen wird also im Weg der sogenannten Gesamtrechtsnachfolge auf den oder die Erben übertragen. Die Erben treten in die „rechtlichen Fußstapfen" des Erblassers. Auf sie gehen alle vererblichen Rechte und Pflichten automatisch über.

Gesetzliche und gewillkürte Erbfolge

Zu unterscheiden ist zwischen der gesetzlichen und der gewillkürten Erbfolge. Von gewillkürter Erbfolge spricht man, wenn der Erblasser seine Erben durch eine sogenannte Verfügung von Todes wegen, also durch ein Testament oder einen Erbvertrag bestimmt hat. Ist das nicht der Fall, gilt gesetzliche Erbfolge. Dann bestimmt das Gesetz, wer die Erben sind. Keine Bedeutung hat, ob diese Erbfolge vom Erblasser gewünscht war oder nicht.

Dem gesetzlichen Erbrecht liegt der Gedanke zugrunde, dass das Vermögen des Erblassers in seiner Familie verbleiben soll. Gesetzliche Erben sind deshalb in erster Linie seine Verwandten. Um die Reihenfolge zu bestimmen, in der die Verwandten zum Zug kommen, sieht das Gesetz fünf Ordnungen vor. Maßgebend, welcher Ordnung der jeweilige Verwandte angehört, ist der Verwandtschaftsgrad zum Erblasser.

Neben den Verwandten gehört auch der überlebende Ehegatte zu den gesetzlichen Erben des Erblassers. Voraussetzung ist, dass die Ehe zum Zeitpunkt des Erbfalls bestand. Die Höhe des Erbteils des überlebenden Ehegatten hängt davon ab, neben welchen Verwandten er gesetzlicher Erbe wird und in welchem Güterstand er mit dem Erblasser gelebt hat.

Wann gesetzliche Erbfolge gilt

Gesetzliche Erbfolge kann aus mehreren Gründen eintreten. Sie findet insbesondere dann Anwendung, wenn

- der Erblasser durch ein Testament oder einen Erbvertrag keine vom Gesetz abweichende Erbfolge bestimmt hat,
- eine im Testament oder Erbvertrag erfolgte Erbeinsetzung unwirksam ist (zum Beispiel weil das errichtete Testament wegen Formmangels nichtig ist),
- die vom Erblasser im Testament oder im Erbvertrag vorgenommene, vom Gesetz abweichende Erbfolge nur einen Teil seines Nachlasses erfasst,

- die Erbeinsetzung erfolgreich angefochten wurde oder
- zwar ein Testament oder ein Erbvertrag vorliegt, diese Verfügung von Todes wegen aber keine Erbeinsetzung enthält, sondern andere erbrechtliche Verfügungen (zum Beispiel Auflagen oder die Anordnung einer Testamentsvollstreckung).

→ **ACHTUNG** Gesetzliche und gewillkürte Erbfolge schließen sich nicht zwangsläufig gegenseitig aus. Es sind bei einem Erbfall sowohl eine gewillkürte und daneben eine gesetzliche Erbfolge möglich, wenn der Erblasser in seinem Testament nicht über den gesamten Nachlass verfügt hat. In diesem Fall gilt gesetzliche Erbfolge, soweit der Erblasser keine testamentarischen Verfügungen getroffen hat.

BEISPIEL

Der nicht verheiratete A hat drei Kinder, B, C und D. Er verfasst ein Testament, in dem er B und C jeweils zu einem Drittel als Erben einsetzt. Über das verbleibende Drittel des Nachlasses trifft der Erblasser keine Regelung. Für diesen in das Testament nicht aufgenommenen Teil des Nachlasses finden die Regeln der gesetzlichen Erbfolge Anwendung.

Wer erbrechtliche Regelungen treffen will, sollte zunächst eine Bestandsaufnahme seiner aktuellen persönlichen Lebensumstände machen. Danach ist es sinnvoll, sich einen vollständigen Überblick über die Vermögenssituation zu verschaffen und ein aktuelles Vermögensverzeichnis zu erstellen, in dem alle Vermögensgegenstände aufgelistet werden. Auf der Grundlage dieser Vermögensaufstellung sollten anschließend die rechtlichen Rahmenbedingungen geklärt werden. Dabei sollte insbesondere geklärt werden, ob und inwieweit bereits rechtlich wirksame Verfügungen getroffen und ob in der Vergangenheit schon Vermögenswerte an einzelne Familienmitglieder übertragen wurden.

→ **WICHTIG** In der Vermögensübersicht müssen auch die derzeitigen und eventuell künftigen Verbindlichkeiten berücksichtigt werden. In diesem Zusammenhang ist auch zu prüfen, in welchem Zeitraum die Verbindlichkeiten abgebaut und unter Umständen Vermögensübertragungen zu Lebzeiten mit der Übertragung von Verbindlichkeiten verknüpft werden sollen (zum Beispiel Übertragung des Wohnhauses an ein Kind gegen Übernahme der Belastung in Form von Grundschulden).

Persönliche Lebensumstände (→ Seite F-47), Vermögensübersicht (→ Seite F-48), rechtliche Rahmenbedingungen (→ Seite F-49)

Im hinteren Teil des Buchs finden Sie **Checklisten** mit Fragen zu Ihren individuellen Lebensumständen, Seite F-47, und zu den rechtlichen Rahmenbedingungen, Seite F-49, sowie ein Muster für die Erstellung eines Vermögensverzeichnisses, Seite F-48.

Verwandtenerbrecht nach Ordnungen

Bei der Auswahl der gesetzlichen Erben aus dem Kreis der Verwandten folgt das Gesetz einem System, in dem die Verwandten des Erblassers in bestimmte Ordnungen eingeteilt werden. Damit wird gleichzeitig die Reihenfolge festgelegt, in der Verwandte des Erblassers zum Zug kommen.

Unter Verwandtschaft ist die Blutsverwandtschaft zu verstehen. Personen, deren eine von der anderen abstammt, sind in gerader Linie verwandt (zum Beispiel Eltern, Kinder, Enkel). Personen, die nicht in gerader Linie verwandt sind, aber von derselben dritten Person abstammen, sind in der Seitenlinie verwandt (zum Beispiel Geschwister). Ein Verwandtschaftsverhältnis wird auch durch Adoption begründet. Nichteheliche Kinder sind seit dem 1. April 1998 ehelichen Kindern gleichgestellt.

Grundsätze

Für die Frage, welcher Ordnung der jeweilige Verwandte zugehört, ist dessen Verwandtschaftsgrad zum Erblasser maßgebend.

- Erben der ersten Ordnung sind die Abkömmlinge des Erblassers.
- Erben der zweiten Ordnung sind die Eltern des Erblassers.
- Gesetzliche Erben der dritten Ordnung sind die Großeltern des Erblassers und deren Abkömmlinge.
- Erben der vierten Ordnung sind die Urgroßeltern des Erblassers und deren Abkömmlinge.
- Erben der fünften Ordnung sind die Ururgroßeltern des Erblassers und deren Abkömmlinge.

→ **Wichtig** Jeder Angehörige einer vorhergehenden Ordnung schließt alle Verwandten der späteren Ordnungen aus; ein Verwandter erbt also im Weg der gesetzlichen Erbfolge nicht, solange ein Verwandter einer vorhergehenden Ordnung vorhanden ist.

BEISPIEL

Kinder des Erblassers gehören zu den Erben erster Ordnung, dessen Eltern zu den Erben zweiter Ordnung. Leben zum Zeitpunkt des Erbfalls Kinder des Erblassers, sind dessen Eltern von der gesetzlichen Erbfolge ausgeschlossen.

In den ersten drei Ordnungen tritt Erbfolge nach Stämmen ein, das heißt, an die Stelle eines zur Zeit des Erbfalls nicht mehr lebenden Berufenen treten die durch ihn mit dem Erblasser verwandten Abkömmlinge.

Ab der vierten Ordnung (Urgroßeltern des Erblassers und deren Abkömmlinge) gilt die Berufung nach dem Grad der Verwandtschaft mit dem Erblasser. Damit wird eine starke Zersplitterung des

> BEISPIEL
>
> A hinterlässt einen Sohn und eine Tochter. Der Sohn ist bereits vor dem Erbfall verstorben. An seine Stelle treten dann seine Kinder.

Nachlasses vermieden. Es erben nur noch die mit dem Erblasser dem Grad nach am nächsten verwandten Personen.

Erben der ersten Ordnung

Gesetzliche Erben der ersten Ordnung sind die Abkömmlinge des Erblassers, also seine Kinder, Enkel, Urenkel und so weiter.

→ **WICHTIG** Nichteheliche Kinder sind in jedem Fall gegenüber ihrer Mutter und seit dem 1. April 1998 auch gegenüber ihrem Vater ehelichen Kindern gleichgestellt (seit 29. Mai 2009 auch die vor dem 1. Juli 1949 geborenen Kinder) und zählen damit zu den Erben erster Ordnung.

> BEISPIEL
>
> Der ledige A hinterlässt drei Kinder, B, C und D. D hat selbst ein Kind. Es erben B, C und D jeweils zu einem Drittel. Da D zur Zeit des Erbfalls noch lebt, ist dessen Kind von der gesetzlichen Erbfolge ausgeschlossen.
> Die nicht verheiratete A hinterlässt zwei Kinder, B und C. Kind D, bereits vor dem Erbfall verstorben, hinterlässt zwei Kinder, E und F. Es erben B und C jeweils ein Drittel, E und F jeweils ein Sechstel.

Hinterlässt der Erblasser mehrere Kinder, so erben diese zu gleichen Teilen. Ein lebendes Kind schließt seine eigenen Nachkommen aus. Leben also außer den Kindern bereits weitere Abkömmlinge, so erben nur die Kinder, nicht die Enkel oder Urenkel. Und wenn ein Kind des Erblassers bereits vor diesem verstirbt, so tritt dessen Nachkommen, also der Enkel des Erblassers, an die Stelle seiner vorverstorbenen Eltern.

Solange Erben der ersten Ordnung vorhanden sind, werden alle anderen Verwandten von der Erbfolge ausgeschlossen.

> BEISPIEL
>
> Der ledige A hinterlässt seine zwei Kinder B und C sowie seine Eltern. Gesetzliche Erben sind B und C je zur Hälfte. Die Eltern von A sind von der Erbfolge ausgeschlossen.

Für das gesetzliche Erbrecht eines angenommenen Kindes ist von Bedeutung, ob das Kind zum Zeitpunkt der Adoption minder- oder volljährig war. Seit dem 1. Januar 1977 wird durch die Adoption eines Minderjährigen die gleiche erbrechtliche Beziehung hergestellt wie zu leiblichen Kindern. Für den adoptierten Minderjährigen erlischt damit auch komplett das Verwandtschaftsverhältnis zu seinen leiblichen Eltern und seinen leiblichen Verwandten. Der adoptierte Minderjährige wechselt also vollständig in das Lager der aufnehmenden Familie. Erbrechtliche Ansprüche gibt es nur noch in dieser neuen Familie. Von diesem Grundsatz gibt es aber zwei wichtige Ausnahmen:

→ Wenn ein Kind adoptiert wird, mit dem die Annehmenden im zweiten oder dritten Grad verwandt oder verschwägert sind, erlischt nur das Verwandtschaftsverhältnis des Kindes und seiner Abkömmlinge zu den leiblichen Eltern. Das Kind beziehungsweise seine Abkömmlinge sind daher nicht gesetzliche Erben der ersten Ordnung nach den leiblichen Eltern, wohl aber nach den leiblichen Großeltern und Urgroßeltern.

→ Und auch wenn ein Ehegatte ein Kind des anderen Ehegatten aus einer früheren, durch Tod aufgelösten Ehe annimmt, bleiben die Verwandtschaftsverhältnisse zu den Verwandten des Verstorbenen des leiblichen Elternteils erhalten. Das Kind und seine Abkömmlinge zählen daher zu den gesetzlichen Erben der ersten Ordnung nach den Eltern und Großeltern des verstorbenen Elternteils.

BEISPIEL

Die Eheleute A adoptieren ein Kind im Alter von vier Jahren. Der Adoptivvater verstirbt einige Jahre später. Das Kind ist neben der Mutter voll erbberechtigt. Als wiederum ein paar Jahre später die Großeltern adoptiv-väterlicherseits versterben, ohne weitere Abkömmlinge zu hinterlassen, erbt das Adoptivkind alles, genau wie bei einem leiblichen Kind.

Mit der Adoption eines Volljährigen entsteht ein Verwandtschaftsverhältnis zwischen dem Annehmendem und dem Adoptierten. Dem angenommenen Kind steht also gegenüber den annehmenden Eltern ein volles Erb- und Pflichtteilsrecht zu. Durch die Annahme entsteht allerdings kein Verwandtschaftsverhältnis zwischen dem Adoptierten und den Verwandten des Annehmenden (zum Beispiel dessen Eltern), also auch kein gesetzliches Erbrecht. Die erbrechtlichen Beziehungen zwischen dem Adoptierten und seiner leiblichen Familie bleiben bestehen. Bei einer Erwachsenenadoption hat der Adoptierte deshalb bezüglich vier Elternteilen ein gesetzliches Erbrecht.

Erben der zweiten Ordnung

Gesetzliche Erben der zweiten Ordnung sind die Eltern, Geschwister, Neffen und Nichten des Erblassers und deren Kinder. Sie erben nur dann, wenn keine Erben der ersten Ordnung, also keine Abkömmlinge des Erblassers vorhanden sind. Die gesetzlichen Erben der zweiten Ordnung schließen ihrerseits die Erben der dritten Ordnung von der Erbfolge aus.

Leben zur Zeit des Erbfalls beide Eltern, so erben sie zu gleichen Teilen. Lebt der Vater oder die Mutter nicht mehr, so treten an ihre Stelle ihre Abkömmlinge (zum Beispiel die Geschwister des Erblassers). Sind Abkömmlinge nicht vorhanden, so erbt der überlebende Elternteil allein. Sind beide Eltern bereits verstorben, so kommen allein deren Abkömmlinge zum Zug.

BEISPIEL

Der nicht verheiratete A hinterlässt seinen Vater und seine Mutter und zwei Geschwister. Die Eltern erben jeweils zur Hälfte. Die beiden Geschwister sind von der Erbfolge ausgeschlossen.
Der ledige A hinterlässt seinen Vater und seine Schwester. Gesetzliche Erben sind der Vater und die Schwester jeweils zur Hälfte.
Der geschiedene A hinterlässt seine Mutter. Geschwister sind nicht vorhanden. Die Mutter ist Alleinerbin.

„Ändert sich an der gesetzlichen Erbfolge der Verwandten etwas, wenn der Verstorbene verheiratet war?“

Ja, weil dem überlebenden Ehegatten immer ein vorrangiges gesetzliches Erbrecht zusteht. Die Verwandten erhalten stets nur das, was nicht kraft Gesetzes an den überlebenden Ehegatten fällt.

Erben der dritten Ordnung

Hinterlässt der Verstorbene keine eigenen Kinder, Enkel oder Urenkel und sind seine Eltern bereits verstorben, kommen die Erben dritter Ordnung zum Zug. Das sind die Großeltern, Onkel, Tante, Cousine und Cousin des Erblassers sowie deren Kinder und Kindeskinder.

Leben zur Zeit des Erbfalls die Großeltern väter- und mütterlicherseits, so erben sie allein und zu gleichen Teilen. Lebt zur Zeit des Erbfalls von einem Großelternpaar der Großvater oder die Großmutter nicht mehr, so treten an die Stelle des Verstorbenen dessen Abkömmlinge (Tanten, Onkel). Sind keine Abkömmlinge vorhanden, so fällt der Anteil des Verstorbenen dem anderen Teil des Großelternpaars, und wenn dieser nicht mehr lebt, dessen Abkömmlingen zu. Lebt zur Zeit des Erbfalls ein Großelternpaar nicht mehr und haben die Verstorbenen keine Abkömmlinge, so erben die anderen Großeltern und deren Abkömmlinge allein.

BEISPIEL

Der geschiedene A hinterlässt vier Großeltern und eine Tante. Jeder Großelternteil erbt ein Viertel des Nachlasses. Die Tante ist von der gesetzlichen Erbfolge ausgeschlossen, weil alle Großelternteile noch leben.

→ **ACHTUNG** Andere Erben dritter Ordnung als Großeltern (zum Beispiel Abkömmlinge der Großeltern) sind als gesetzliche Erben neben dem überlebenden Ehegatten ausgeschlossen.

Erben der weiteren Ordnungen

Erben der vierten Ordnung sind die Urgroßeltern des Erblassers und deren Abkömmlinge. Sie erben erst dann, wenn kein Verwandter der vorhergehenden Ordnungen vorhanden ist. Lebt nur noch ein Urgroßelternteil, so erbt dieser allein und schließt alle Abkömmlinge der anderen vorverstorbenen Urgroßeltern aus.

→ **WICHTIG** Ist der Erblasser verheiratet, schließt der überlebende Ehegatte ab der vierten Ordnung sämtliche Verwandten von der gesetzlichen Erbfolge aus.

Gesetzliche Erben der fünften und der ferneren Ordnungen sind die entfernteren Verwandten des Erblassers und deren Abkömmlinge.

Gesetzliches Erbrecht des Ehegatten

Neben den Verwandten des Erblassers ist dessen Ehegatte gesetzlicher Erbe. Damit soll die wirtschaftliche Existenz des überlebenden Ehegatten gesichert werden. Die Dauer der Ehe hat für das Erbrecht des Ehegatten keine Bedeutung. Keine Rolle spielt auch, wo das Vermögen des Erblassers herkommt.

Das gesetzliche Erbrecht des Ehegatten geht zulasten des Erbrechts der Verwandten des Erblassers. Welcher Erbteil dem Ehegatten neben den Verwandten zusteht, hängt davon ab, welche Verwandten neben ihm erben und in welchem Güterstand er mit dem Erblasser gelebt hat.

Voraussetzungen des Ehegattenerbrechts

Dem überlebenden Ehegatten steht nur dann ein gesetzliches Erbrecht zu, wenn er zum Zeitpunkt des Erbfalls mit dem Erblasser verheiratet war, und nicht, wenn die Ehe rechtskräftig geschieden oder aufgehoben wurde.

→ **ACHTUNG** Die bloße Trennung der Eheleute führt nicht zum Ausschluss des Erbrechts des Ehegatten.

Stirbt ein Ehegatte während des laufenden Scheidungsverfahrens, dann bestand die Ehe zum Zeitpunkt des Erbfalls noch. Der Ehegatte ist also nach wie vor zum gesetzlichen Erben berufen. Das Erbrecht des Ehegatten ist allerdings ausgeschlossen, wenn zur Zeit des Todes des Erblassers die gesetzlichen Voraussetzungen für die Scheidung gegeben waren und der Erblasser die Scheidung beantragt oder ihr zugestimmt hatte. Hatte der überlebende Ehegatte den Scheidungsantrag beim Gericht eingereicht, der Erblasser aber noch nicht zugestimmt, ist der überlebende Ehegatte nach wie vor erbberechtigt.

Grunderbteil des Ehegatten neben Verwandten

Der Erbteil des Ehegatten richtet sich zunächst danach, welche Verwandten neben ihm erben. Sein Anteil am Nachlass kann sich jedoch erhöhen, wenn die Eheleute im Güterstand der Zugewinngemeinschaft oder der Gütertrennung gelebt haben. Die Verwandten des Erblassers erben nur den Anteil am Nachlass, der nicht dem überlebenden Ehegatten zusteht. Es ist also immer zunächst der Erbteil des Ehegatten zu bestimmen.

- Neben Verwandten der ersten Ordnung (Kinder, Enkel, Urenkel) erbt der Ehegatte zu einem Viertel.
- Neben Verwandten der zweiten Ordnung (Eltern, Geschwister, Neffen, Nichten) oder neben Großeltern ist der Ehegatte zur Hälfte der Erbschaft berufen.
- Leben nicht mehr alle Großeltern oder wird ein Großelternteil aus einem anderen Grund nicht

Erbe (zum Beispiel weil er die Erbschaft ausgeschlagen hat), so erhält der überlebende Ehegatte zusätzlich deren Anteil.

→ Sind weder Erben der ersten oder zweiten Ordnung noch Großeltern vorhanden, so erhält der überlebende Ehegatte die ganze Erbschaft.

Erhöhung des Erbteils bei Zugewinngemeinschaft

Sofern die Eheleute durch einen Ehevertrag nichts anderes vereinbart haben, leben sie im gesetzlichen Güterstand der Zugewinngemeinschaft. Dieser Güterstand ist in der Praxis der Normalfall. Seine Besonderheit besteht darin, dass zwar das Vermögen der Eheleute während des Bestehens der Ehe rechtlich getrennt behandelt, der während der Ehe von den Ehegatten jeweils erzielte Zugewinn aber nach Beendigung des Güterstands ausgeglichen wird (Zugewinnausgleich).

Wird der Güterstand durch den Tod eines Ehegatten beendet, so wird der Ausgleich des Zugewinns dadurch verwirklicht, dass sich der gesetzliche Grunderbteil des Ehegatten (siehe oben) pauschal um ein Viertel der Erbschaft erhöht (sogenannte **erbrechtliche Lösung**). Keine Bedeutung hat, ob während der Ehe überhaupt ein Zugewinn erwirtschaftet wurde und wenn ja, wer diesen erzielt hat.

→ **ACHTUNG** Voraussetzung für die pauschale Erhöhung des gesetzlichen Erbteils des überlebenden Ehegatten ist, dass der Güterstand der Zugewinngemeinschaft durch den Tod eines Ehegatten aufgelöst wurde und der überlebende Ehegatte gesetzlicher Erbe geworden ist.

BEISPIEL

A hinterlässt seine Frau B und seine Kinder C und D. B erbt die Hälfte des Nachlasses. Ihr Erbteil von einem Viertel erhöht sich durch den pauschalen Ausgleich des Zugewinns um ein weiteres Viertel. Die Kinder C und D erben die andere Hälfte, also jeweils ein Viertel.
A hinterlässt seine Frau und eine Tochter mit drei Kindern. Sein Sohn ist bei einem Autounfall vor Jahren verunglückt; er war verheiratet und hat zwei Kinder. Der überlebende Ehegatte erhält die Hälfte des Nachlasses. Die andere Hälfte geht an die Kinder. Die Tochter erhält ein Viertel; sie schließt ihre Kinder von der gesetzlichen Erbfolge aus. Das andere Viertel erhalten die beiden Kinder des Sohnes für ihren Vater, also jeweils ein Achtel. Die Schwiegertochter erbt nicht.

GESETZLICHES ERBRECHT BEI ZUGEWINNGEMEINSCHAFT	ERBRECHT DES EHEGATTEN	ERBRECHT DER VERWANDTEN
Abkömmlinge (Kinder, Enkel, Urenkel)	**½** **¼ Erbteil +** **¼ pauschaler Zugewinnausgleich**	**½**
Eltern bzw. bei deren Wegfall deren Abkömmlinge (z.B. Geschwister)	**¾** **½ Erbteil +** **¼ pauschaler Zugewinnausgleich**	**¼**

Bei Auflösung der Zugewinngemeinschaft durch Tod erbt der überlebende Ehegatte wie folgt:

→ Neben den Erben der ersten Ordnung (zum Beispiel Kinder) erbt der überlebende Ehegatte die Hälfte des Nachlasses (ein Viertel gesetzlicher Erbteil + ein Viertel Zugewinnausgleich).

→ Neben den Erben der zweiten Ordnung (Eltern, Geschwister, Neffen, Nichten) und neben Großeltern erbt der Ehegatte drei Viertel des Nachlasses (die Hälfte gesetzlicher Erbteil + ein Viertel pauschaler Zugewinnausgleich).

→ Konkurriert der überlebende Ehegatte ausschließlich mit Erben der dritten Ordnung (Großeltern und deren Abkömmlingen), erhält er grundsätzlich den gesamten Nachlass.

Anstelle der erbrechtlichen Lösung kann der überlebende Ehegatte die Erbschaft ausschlagen und dafür den konkret berechneten Zugewinnausgleich verlangen (sogenannte **güterrechtliche Lösung**). Neben der Ausgleichsforderung auf den Zugewinn steht ihm in diesem Fall außerdem ein Pflichtteilsanspruch zu, der sich nach dem nicht erhöhten gesetzlichen Erbteil bemisst (sogenannter **kleiner Pflichtteil**). Dieser Pflichtteil beträgt ein Achtel des Nachlasses, wenn neben dem Ehegatten Erben der ersten Ordnung und ein Viertel des Nachlasses, wenn neben dem Ehegatten Erben der zweiten Ordnung vorhanden sind. Damit kann die Ausgleichsforderung aus der Beendigung der Zugewinngemeinschaft zusammen mit dem Pflichtteil höher sein als der dem überlebenden Ehegatten zustehende gesetzliche Erbteil mit der pauschalen Abgeltung des Zugewinns. Bevor der überlebende Ehegatte diesen Weg der „taktischen Ausschlagung" bestreiten möchte, sollte er sich aber in jedem Fall von einem Notar oder fachkundigen Anwalt beraten lassen.

Besonderheiten bei Gütertrennung

Haben die Eheleute Gütertrennung vereinbart, so richtet sich das gesetzliche Erbrecht des überlebenden Ehegatten zunächst nach den allgemeinen Regeln des Ehegattenerbrechts (siehe oben). Der pauschale Zugewinnausgleich von einem Viertel des Nachlasses entfällt. Der überlebende Ehegatte erbt neben Verwandten der ersten Ordnung (Kinder, Enkel, Urenkel) ein Viertel, neben Verwandten der zweiten Ordnung (insbesondere Eltern, Geschwister) oder neben Großeltern die Hälfte des Nachlasses. Sind weder Verwandte der ersten oder zweiten Ordnung noch Großeltern vorhanden, erbt der überlebende Ehegatte allein.

Grundsätzlich hat also die Gütertrennung keine Auswirkungen auf die Höhe des dem überlebenden Ehegatten zustehenden Erbteils. Allerdings gilt folgende Ausnahme: Erben neben dem überlebenden Ehegatten ein oder zwei Kinder, so erben der überlebende Ehegatte und jedes Kind zu gleichen Teilen. Neben einem Kind erbt also der Ehegatte die Hälfte, neben zwei Kindern ein Drittel des Nachlasses. Bei drei und mehr Kindern erbt der überlebende Ehegatte entsprechend der Grundregel seinen Mindestanteil von einem Viertel.

GESETZLICHES ERBRECHT BEI GÜTERTRENNUNG	ERBRECHT DES EHEGATTEN	ERBRECHT DER VERWANDTEN
Ein Kind bzw. bei seinem Wegfall seine Abkömmlinge (z.B. Enkel)	$1/2$	$1/2$
Zwei Kinder bzw. bei ihrem Wegfall ihre Abkömmlinge (z.B. Enkel)	$1/3$	$2/3$

„Steht auch dem nichtehelichen Lebenspartner des Erblassers ein gesetzliches Erbrecht zu?“

Für den nichtehelichen Lebenspartner besteht kein gesetzliches Erbrecht. Der nichteheliche Lebenspartner kann allerdings nach dem Tod des Partners von den Erben dreißig Tage lang Unterhalt verlangen. Ferner kann er in den Mietvertrag des Verstorbenen eintreten, wenn er mit diesem einen gemeinsamen Haushalt geführt hat.

Gesetzliche Vermächtnisse zugunsten des Ehegatten

Zusätzlich zu seinem Erbteil und unabhängig vom Güterstand, in dem die Eheleute gelebt haben, steht dem überlebenden Ehegatten der Anspruch auf den sogenannten **Voraus** zu; das sind die zum ehelichen Haushalt gehörenden Gegenstände, soweit diese nicht Zubehör eines Grundstücks sind, und die Hochzeitsgeschenke.

BEISPIEL

Zum Voraus gehören unter anderem die Wohnungseinrichtung, die Haushaltswäsche, Fernseh- und Radiogeräte, Gartenmöbel und im Allgemeinen auch der gemeinsam genutzte Familien-Pkw. Auch Rechte wie zum Beispiel Miet- und Leasingverträge oder Luxusgüter wie kostbare Antiquitäten oder Gemälde gehören dazu, nicht aber, was den besonderen beruflichen Bedürfnissen des Erblassers diente (zum Beispiel Arbeitskleidung oder ein ausschließlich zu beruflichen Zwecken genutzter Pkw).

→ **ACHTUNG** Erbt der Ehegatte neben Verwandten der ersten Ordnung, ist der Anspruch des Ehegatten auf den Voraus auf die Gegenstände, die zur Führung eines angemessenen Haushalts erforderlich sind, beschränkt.

Der überlebende Ehegatte hat gegen die Erbengemeinschaft Anspruch auf Übereignung der Gegenstände. Dieser Anspruch ist eine Nachlassverbindlichkeit.

Der Erbe ist verpflichtet, Familienangehörigen, die zur Zeit des Todes des Erblassers zu dessen Hausstand gehörten und von ihm Unterhalt bezogen haben, in den ersten dreißig Tagen nach dem Eintritt des Erbfalls in demselben Umfang Unterhalt und die Benutzung der Wohnung und der Haushaltsgegenstände zu gewähren, wie dies der Erblasser getan hat (sogenannter **Dreißigster**). Zum anspruchsberechtigten Personenkreis gehören der überlebende Ehegatte, der Partner einer nichtehelichen Lebensgemeinschaft, minder- und volljährige Kinder und Pflegekinder.

Testament

Will der Erblasser von der gesetzlichen Erbfolge abweichen, muss er eine sogenannte Verfügung von Todes wegen errichten. Von Bedeutung ist in diesem Zusammenhang insbesondere das Testament. Darin können die entsprechenden individuellen erbrechtlichen Anordnungen getroffen werden. Eine besondere Form des Testaments ist das gemeinschaftliche Testament, in dem von Eheleuten gemeinsame Verfügungen getroffen werden können.

Für den schnellen Einstieg

Eigenhändiges Testament

Das eigenhändige Testament ist die am häufigsten gewählte Testamentsform. Es ist die einfachste und bequemste Form, ein Testament zu verfassen. Das eigenhändige Testament kann, ohne einen Notar oder eine andere öffentliche Stelle einzuschalten, durch eine eigenhändig geschriebene und unterschriebene Erklärung verfasst werden.

Die Form des eigenhändigen Testaments hat den Vorteil, dass es jederzeit und überall verfasst werden kann. Es kann unkompliziert errichtet werden, Formalien einer Beurkundungsverhandlung wie bei der Errichtung eines notariellen Testaments müssen nicht beachtet werden. Es fallen keine Kosten an. Und das eigenhändige Testament kann vom Erblasser schnell und einfach geändert oder widerrufen werden.

Andererseits besteht bei einem eigenhändigen Testament die Gefahr, dass es ungültig ist, weil vom Erblasser die gesetzlich vorgeschriebenen Formalien nicht beachtet wurden. Ferner entfällt die fachkundige Beratung durch den Notar mit der Folge, dass die Gefahr besteht, dass im Testament unklare, mehrdeutige oder widersprechende Festlegungen getroffen werden. Dieses Risiko wird größer, wenn der Erblasser auch auf eine anwaltliche Beratung (zum Beispiel einen Fachanwalt für Erbrecht) verzichtet. Beim eigenhändigen Testament besteht zudem die Unsicherheit, dass das Testament beim Erbfall nicht aufgefunden wird oder, zwar vorliegt, von den Hinterbliebenen aber „unterdrückt“ und beim Nachlassgericht nicht abgeliefert wird.

Testierfähigkeit des Erblassers

Wer ein eigenhändiges Testament errichten will, muss testierfähig sein. Die Testierfähigkeit ist die Fähigkeit eines Menschen, ein Testament wirksam zu errichten, zu ändern oder aufzuheben.

→ **WICHTIG** Wer ein eigenhändiges Testament errichten will, muss volljährig sein, also das 18. Lebensjahr vollendet haben. Minderjährige ab 16 Jahren haben nur die Möglichkeit, ein notarielles Testament durch Erklärung gegenüber einem Notar und Übergabe einer offenen Schrift zu errichten. Ein von einem Minderjährigen errichtetes eigenhändiges Testament ist auch dann unwirksam, wenn er mittlerweile das 18. Lebensjahr vollendet hat.

Testament (→ Seite F-50)

Im hinteren Teil des Buchs finden Sie auf Seite F-50 eine **Checkliste** mit den zentralen Fragen rund um die Erstellung eines Testaments.

> **BEISPIEL**
>
> A hat im Alter von 17 Jahren ein eigenhändiges Testament errichtet und verstirbt mit 19. Das Testament ist nichtig.

Testierfähig sind taube und stumme Personen. Sind sie volljährig, können sie also ein eigenhändiges Testament errichten. Personen mit anderen Behinderungen können kein wirksames Testament verfassen:

- Dazu gehören leseunfähige Personen, weil sie den Sinn des Geschriebenen nicht erfassen können. Ein leseunfähiger Erblasser kann nur ein notarielles Testament durch Erklärung gegenüber dem Notar errichten.
- Schreibunfähigen Personen bleibt nur die Möglichkeit, ein notarielles Testament in jeder Form, auch durch Übergabe einer Schrift an den Notar (diese braucht nicht vom Erblasser geschrieben sein) zu errichten.
- Auch ein blinder Erblasser kann kein wirksames eigenhändiges Testament verfassen. Er muss ein notarielles Testament durch eigene Erklärung gegenüber dem Notar errichten. Die Errichtung des Testaments durch Übergabe einer Schrift ist nicht möglich.
- Nicht testierfähig sind Personen, die wegen krankhafter Störung der Geistestätigkeit, Geistesschwäche oder Bewusstseinsstörung nicht in der Lage sind, die Tragweite und Bedeutung der abgegebenen Erklärung einzusehen und danach zu handeln. Die Annahme einer Testierfähigkeit aus einem dieser Gründe muss als Ausnahmefall angesehen werden. Jede Person gilt also solange als testierfähig, bis das Gegenteil zur vollen Gewissheit bewiesen ist.

> **BEISPIEL**
>
> Testierunfähigkeit wegen Geistesschwäche oder Geistesstörung liegt bei Demenz vom Alzheimer-Typ, seniler Demenz, schizophrenieartigen Psychosen, Depressionen mit manischen Vorstellungen während der manischen beziehungsweise depressiven Phase und paranoiden Wahrvorstellungen vor.

Auch eine unter Betreuung stehende Person kann wirksam ein Testament errichten. Zwar kann das Betreuungsgericht anordnen, dass der Betreute zu einer Willenserklärung, die den Aufgabenkreis des Betreuers betrifft, dessen Einwilligung bedarf. Dieser Einwilligungsvorbehalt erstreckt sich allerdings nicht auf Verfügungen von Todes wegen. Die Anordnung einer Betreuung hat keinen Einfluss auf die Testierfähigkeit. Der Betreute kann also ein Testament errichten und es widerrufen, es sei denn, er ist wegen seines Gesundheitszustands (siehe oben) testierunfähig.

Testierwille des Erblassers

Ein wirksames Testament setzt voraus, dass der Erblasser „testierwillig“ ist. Das ist der Fall, wenn der Erblasser tatsächlich eine rechtsverbindliche Anordnung für den Fall seines Todes treffen will. Unwirksam ist deshalb eine testamentarische Verfügung, die der Erblasser ohne das Bewusstsein getroffen hat, dass es sich hierbei um eine Verfügung von Todes handelt. Das ist beispielsweise der Fall, wenn es sich lediglich um den Entwurf eines Testaments handelt. Grundsätzlich kann ein Testament auch auf einem Bierdeckel oder einer Papierserviette geschrieben werden. In diesen Fällen bestehen allerdings erhebliche Zweifel, dass der Erblasser tatsächlich ein Testament errichten wollte.

§ URTEIL

Eigenhändig geschriebene und unterschriebene Schriftstücke können Testamente sein, auch wenn der Erblasser diese nicht mit „Testament“ oder „Mein letzter Wille“, sondern mit einer anderen Bezeichnung, wie zum Beispiel „Vollmacht“ überschrieben hat (OLG Hamm, Az. 10 U 64/16).

Problematisch ist ein sogenanntes Brieftestament, also testamentarische Verfügungen in der Form eines Briefes. Grundsätzlich kommt auch ein Brieftestament als wirksame Verfügung von Todes wegen in Betracht. Keine Bedeutung hat in diesem Zusammenhang, ob das Schriftstück ausdrücklich als „Testament“ oder „Mein letzter Wille“ bezeichnet ist. Entscheidend ist allein, dass sich aus dem Schriftstück der Wille des Erblassers ergibt, die Folgen seines Todes umfassend zu regeln. Kein Testament liegt deshalb vor, wenn der Erblasser in dem Brief nur unverbindliche, informatorische Mitteilungen machen wollte.

§ URTEIL

Grundsätzlich kann in einem eigenhändig geschriebenen und unterschriebenen Brief der letzte Wille des Erblassers enthalten sein. Es muss allerdings außer Zweifel stehen, dass der Erblasser die von ihm erstellte Urkunde als rechtsverbindliche letztwillige Verfügung angesehen hat oder zumindest das Bewusstsein hatte, die Urkunde könne als Testament angesehen werden (OLG München, Az. 31 Wx 413/15).

Entspricht ein Testament in vollem Umfang den gesetzlichen Anforderungen, so wird vermutet, dass der Testierwille bei der Errichtung des Testaments vorhanden war.

Form

In einem eigenhändigen Testament kann der Erblasser seinen letzten Willen nur durch eine eigenhändig geschriebene und unterschriebene Erklärung zum Ausdruck bringen. Wenn er diese Form nicht beachtet, ist das Testament unwirksam.

Eigenhändige Erklärung
Der Erblasser muss die gesamte Testamentserklärung vom Anfang bis zum Ende persönlich in seiner individuellen Handschrift verfassen. Er kann also keine andere Person ermächtigen oder beauftragen, die Niederschrift für ihn vorzunehmen. Hilfsmittel wie Schreibmaschine, Computer, Fotokopien oder Stempel sind nicht zulässig. Ebenso unwirksam ist eine nach einem Diktat des Erblassers von einer anderen Person verfasste Erklärung. Zulässig ist es, dass sich der Erblasser bei der Errichtung des Testaments anderer Personen bedient. Diese dürfen ihn auch körperlich unterstützen, also etwa seinen Arm oder seine Hand halten. Das Testament darf aber nicht durch die andere Person durch das Führen der Hand des Erblassers ohne dessen Willen errichtet werden. Grundsätzlich zulässig ist es, dass der Erblasser einen von einem Dritten verfassten Entwurf eigenhändig abschreibt, wenn die Erklärung dem Willen des Erblassers entspricht und dieser nicht unter Schreibzwang steht.

Die Niederschrift des Erblassers kann grundsätzlich auf jedem Material erfolgen. Möglich ist die Errichtung eines Testaments also auch auf einer Postkarte. Auch Eintragungen in Notiz- und Tagebüchern können ein Testament sein.

§ URTEIL

Zweifel am Vorliegen eines ernstlichen Testierwillens können sich aus dem Umstand ergeben, dass ein vermeintliches Testament nicht auf einer üblichen Schreibunterlage, sondern auf einem ausgeschnittenen Stück Papier beziehungsweise auf einem zusammengefalteten Bogen Pergamentpapier errichtet worden ist. Weitere Zweifel können darüber hinaus aufgrund der äußeren und inhaltlichen Gestaltung sowie der Aufbewahrung an einem für Testamente eher ungewöhnlichen Ort bestehen (OLG Hamm, Az. 10 W 153/15).

Der Text der Erklärung muss lesbar sein, andernfalls ist das Testament ungültig. Gleichgültig ist, ob die Erklärung in Schreibschrift oder in Druckbuchstaben errichtet wird. Wichtig ist, dass die charakteristischen Züge der Handschrift des Erblassers ohne Weiteres erkennbar sind. Keine Bedeutung hat, in welcher Sprache das Testament verfasst wurde. Allerdings muss der Text verständlich sein, der Wille des Erblassers muss also in der Erklärung zweifelsfrei und umfassend zum Ausdruck kommen. Das eigenhändige Testament muss nicht formvollendet sein. Rechtschreibfehler, Streichungen oder Verbesserungen sind ohne Bedeutung.

Weitere Einzelheiten zur Form:

- Die Niederschrift des Testaments kann auf mehreren, nicht miteinander verbundenen Blättern erfolgen, sofern diese inhaltlich zusammenhängen.
- Im Testament kann auch auf andere Schriftstücke Bezug genommen werden, soweit es sich dabei um eine Konkretisierung des formgerecht erklärten Willens des Erblassers handelt. So ist es beispielsweise möglich, dass auf Katasterpläne oder Grundbuchauszüge verwiesen wird. Zulässig ist es auch, im Testament auf maschinengeschriebene Vermögensaufstellungen zu verweisen.
- Der Erblasser darf in seinem Testament auch auf eigene früher errichtete Testamente Bezug nehmen, nicht dagegen auf ein Testament eines Dritten.
- Es ist nicht erforderlich, dass das Testament einheitlich und zusammenhängend verfasst wird. Die Errichtung kann sich auch über einen längeren Zeitraum erstrecken und an verschiedenen Orten erfolgen.
- Nachträge im Testament sind jederzeit möglich, ebenso Korrekturen oder Durchstreichungen, sofern sie vom Erblasser eigenhändig durchgeführt werden.

Zeit- und Ortsangabe
Der Erblasser soll im Testament angeben, zu welcher Zeit (Tag, Monat, Jahr) und an welchem Ort er es niedergeschrieben hat. Fehlen diese Angaben, ist das Testament allerdings nicht zwangsläufig unwirksam. Aus Beweisgründen wird jedoch dringend empfohlen, den Zeitpunkt der Errichtung des Testaments anzugeben. Wenn nämlich mehrere sich widersprechende Testamente vorliegen, kann fraglich sein, welches Testament das aktuelle ist.

→ **ACHTUNG** Wenn der Erblasser Zeit und Ort des Testaments nicht angibt, können sich unter Umständen Zweifel an der Wirksamkeit des Testaments ergeben, beispielsweise wenn der Erblasser testierunfähig geworden ist und nicht festgestellt werden kann, ob er das Testament noch zu einem Zeitpunkt errichtet hat, an dem er testierfähig war.

Eigenhändige Unterschrift

Das Testament muss vom Erblasser eigenhändig unterschrieben und damit bestätigt werden, dass seine Erklärung ernsthaft ist und kein unverbindlicher Entwurf vorliegt. Die Unterschrift soll erkennen lassen, wer die Erklärung geschrieben hat und gleichzeitig klarstellen, dass mit ihr eine rechtsverbindliche Verfügung abgeschlossen wird. Ausreichend ist, dass sie wegen ihrer charakteristischen und persönlichen Merkmale erkennbar ist.

→ **ACHTUNG** Fehlt im Testament die Unterschrift, ist es unwirksam. Der Formfehler kann nicht geheilt werden. Im Gegensatz zum Text des Testaments muss die Unterschrift nicht leserlich sein.

Weitere Einzelheiten zur eigenhändigen Unterschrift:

- Sie soll den Vor- und Familiennamen enthalten. Unterschreibt der Erblasser in anderer Weise (zum Beispiel mit „Euer Vater") und reicht diese Unterzeichnung aus, um seine Urheberschaft zweifelsfrei festzustellen, ist das Testament wirksam.
- Die Unterschrift muss erkennen lassen, wer die Erklärung unterschrieben hat. Nicht ausreichend ist ein Faksimile oder ein Stempel.
- Die Unterschrift muss den Wortlaut des Testaments abschließen. Sie muss also unter dem Text stehen.
- Eine Unterschrift neben dem Text oder quer darüber, am Rande der Niederschrift, ist in der Regel keine Unterschrift, es sei denn, dass das Schriftstück vollgeschrieben ist und der Ort der Unterschrift gleichwohl wegen des Platzmangels die Abschlussfunktion erfüllt.

§ URTEIL

Bei der Errichtung eines eigenhändigen Testaments ist die Unterschrift am Schluss der Testamentsurkunde zu leisten, um den Urkundentext räumlich abzuschließen. Eine lediglich auf dem Briefumschlag angebrachte Unterschrift kann ausnahmsweise der Abschlussfunktion genügen, wenn sie mit dem Text der einliegenden Erklärung in einem so engen Zusammenhang steht, dass sie sich nach dem Willen des Erblassers als äußere Fortsetzung und Abschluss der in der Urkunde verkörperten Erklärung darstellt. Hierbei wird der Umschlag als Teil der Testamentsurkunde, die aus mehreren Blättern bestehen kann, angesehen, wobei der Umschlag als letztes Blatt die Unterschrift tragen muss (OLG Braunschweig, Az. 7 W 82/10).

- Eine Selbstbezeichnung des Erblassers zu Beginn des Textes (zum Beispiel „Hiermit erkläre ich, Hans Meier, meinen letzten Willen.") genügt nicht den gesetzlichen Anforderungen an die Wirksamkeit eines eigenhändigen Testaments.
- Die Selbstbezeichnung des Erblassers am Ende des Textes (zum Beispiel „Ich, Hans Meier, habe das Testament eigenhändig verfasst und unterschrieben.") genügt ohne Unterschrift nur dann den Anforderungen, wenn der Erblasser mit diesem Vermerk die Urkunde endgültig abschließen und damit seine Unterschrift leisten wollte.
- Besteht das Testament aus mehreren, nicht miteinander verbundenen Blättern, ist es ausreichend, wenn der Erblasser auf dem letzten Blatt unterschreibt und ein inhaltlicher Zusammenhang des Textes erkennbar ist.

„Ist ein in amtliche Verwahrung gegebenes eigenhändiges Testament auch dann noch wirksam, wenn es aus der amtlichen Verwahrung zurückgeholt wird?“

Wenn ein eigenhändiges Testament in amtliche Verwahrung gegeben wurde, kann es vom Erblasser jederzeit zurückgeholt werden, ohne dass sich an seiner Wirksamkeit etwas ändert. Wird dagegen ein notarielles Testament zurückgeholt, wird es automatisch unwirksam.

→ Durchstreichungen und Radierungen von offensichtlichen Unrichtigkeiten oder von Schreibfehlern müssen nicht gesondert unterschrieben werden.

Nachträge

Nachträgliche Änderungen des Testaments durch den Erblasser sind jederzeit möglich. Das Änderungsrecht ist ein unverzichtbares Recht. Ein Vertrag, durch den sich der Erblasser verpflichtet, ein einmal errichtetes Testament nicht mehr zu ändern, ist unwirksam.

→ **WICHTIG** Bei Änderungen des eigenhändigen Testaments müssen die geltenden Formvorschriften beachtet werden. Die Änderungen und Nachträge müssen also vom Erblasser eigenhändig geschrieben sein. Änderungen und Ergänzungen in Maschinenschrift sind ungültig. Sie machen jedoch die anderen formgerechten Anordnungen nur dann unwirksam, wenn anzunehmen ist, dass sie der Erblasser nicht ohne die unwirksame Verfügung getroffen hätte. In der Regel gelten sie als nicht geschrieben.

Nachträge im Testament können auf demselben Blatt oberhalb der Unterschrift vorgenommen werden. In diesem Fall sind die Nachträge im Regelfall von der früheren Unterschrift gedeckt. Die Nachträge brauchen dann vom Erblasser nicht gesondert unterschrieben werden. Unter Umständen müssen Änderungen und Ergänzungen vom Erblasser erneut gesondert eigenhändig unterschrieben werden:

→ Nachträge auf demselben Blatt unterhalb der Unterschrift bedürfen grundsätzlich einer erneuten Unterschrift am Schluss der Ergän-

Einzeltestament mit Erbeinsetzung (→ Seite F-3, F-33, F-35)

Im hinteren Teil des Buchs finden Sie auf Seite F-3 ein **Formulierungsbeispiel** für die Einsetzung eines oder mehrerer Erben. Auf Seite F-33 und F-35 sind **Muster** für Einzeltestamente mit der Einsetzung eines Alleinerben oder mehrerer Erben abgebildet.

zung. Das ist insbesondere dann erforderlich, wenn der Zusatz eine weitere selbstständige Verfügung darstellt.

→ Ergänzungen des Testaments auf einem neuen Blatt stellen eine neue letztwillige Verfügung dar und müssen in jedem Fall gesondert unterschrieben werden.

§ URTEIL

Nachträge auf Testamentskopien, die keine Unterschrift enthalten, erfüllen das Formerfordernis nicht und sind damit unwirksam (OLG München, Az. 31 Wx 179/10).

Aufbewahrung

Ein eigenhändiges Testament kann an jedem beliebigen Ort aufbewahrt werden. Allerdings sollte gewährleistet sein, dass vertrauenswürdige Personen von dem Aufbewahrungsort wissen. Andernfalls besteht die Gefahr, dass das Testament nicht oder erst längere Zeit nach dem Erbfall aufgefunden wird.

Ein eigenhändiges Testament kann auch in besondere amtliche Verwahrung gegeben werden, um es vor Verlust oder Fälschung zu schützen. Die Verwahrung eines Testaments beim Nachlassgericht kostet einmalig und pauschal 75 Euro. Durch die amtliche Verwahrung wird jedoch das eigenhändige Testament nicht zu einem notariellen Testament. Es bleibt nach wie vor eine Privaturkunde.

Widerruf

Der Erblasser kann sein Testament jederzeit ohne Begründung widerrufen. Das Widerrufsrecht erstreckt sich auf einzelne Verfügungen oder auf das gesamte Testament. Durch den Widerruf werden die Verfügungen sofort und unmittelbar aufgehoben. Es gilt dann entweder ein früheres Testament, wenn bereits ein wirksames Testament errichtet wurde, oder gesetzliche Erbfolge.

Errichtung eines Widerrufstestaments
Der Erblasser kann sein Testament durch ein neues Testament widerrufen. Dieses kann sich darauf beschränken, lediglich das alte Testament zu widerrufen. Der Erblasser kann allerdings neben dem Widerruf auch neue Verfügungen treffen.

→ **WICHITG** Das Testament, in dem frühere Verfügungen widerrufen werden, muss nicht in der gleichen Form errichtet werden, wie das widerrufene Testament. Der Erblasser kann also auch ein eigenhändiges durch ein notarielles Testament widerrufen.

Vernichtung oder Veränderung der Testamentsurkunde
Ein Testament kann auch dadurch widerrufen werden, dass die Testamentsurkunde vernichtet oder verändert wird. Das Testament wird vernichtet, wenn es zerrissen, verbrannt oder zerschnitten wird. Veränderungen kann der Erblasser durch Ausradieren, Durchstreichen oder Unleserlichmachen vornehmen. In jedem Fall muss der Erblasser die Testamentsurkunde persönlich vernichten oder verändern, weil auch nur er wirksam das Testament errichten und widerrufen kann.

Widerrufstestament (→ Seite F-4)

Im hinteren Teil des Buchs finden Sie auf Seite F-4 ein **Formulierungsbeispiel** für ein Widerrufstestament.

→ **WICHTIG** Kein Widerruf liegt vor, wenn das Testament lediglich nicht mehr auffindbar oder beiseitegeschafft worden ist. In diesem Fällen bleibt das Testament gültig.

Das Testament kann auch durch einen Ungültigkeitsvermerk widerrufen werden, indem beispielsweise quer über den Text der Urkunde die Worte „ungültig", „überholt" oder „annulliert" geschrieben werden. In diesem Fall ist davon auszugehen, dass der Widerruf auch ohne Unterschrift wirksam ist, weil auffällig erkennbar ist, dass das Testament nicht mehr gelten soll.

Errichtung eines inhaltlich widersprechenden Testaments

Durch die Errichtung eines neuen Testaments wird ein älteres Testament insoweit aufgehoben, als das spätere Testament mit ihm in Widerspruch steht. Ein widersprechendes Testament liegt vor, wenn sich die in den beiden Testamenten getroffenen Anordnungen gegenseitig ausschließen. Aufgehoben sind allerdings nur die sich widersprechenden Anordnungen, während andere Verfügungen im früheren Testament weiter gelten.

BEISPIEL

A hat in seinem Testament seine Tochter B als Alleinerbin eingesetzt und Testamentsvollstreckung angeordnet. In einem späteren Testament setzt er seinen Sohn C als Alleinerben ein. Darüber hinaus enthält das spätere Testament keine Anordnungen. Damit ist die frühere Erbeinsetzung aufgehoben, während die Anordnung der Testamentsvollstreckung noch weiter gilt.

→ **TIPP** Zur Vermeidung von Unklarheiten ist es sinnvoll, bei der Errichtung eines neuen Testaments sämtliche früheren Verfügungen ausdrücklich zu widerrufen (zum Beispiel „Fürsorglich widerrufe ich alle etwaigen früheren Verfügungen von Todes wegen.").

Beseitigung des Widerrufs

Der Widerruf des Testaments kann durch Widerruf des Widerrufstestaments beziehungsweise durch Anfechtung des Widerrufs rückgängig gemacht werden. Der Widerruf des Widerrufs kommt beim Widerrufstestament, die Anfechtung des Widerrufs bei den anderen Widerrufsarten in Betracht.

Widerruf des Widerrufs: Hat der Erblasser durch ein Testament eine letztwillige Verfügung widerrufen, kann er den Widerruf ebenfalls widerrufen. Der wirksame Widerruf hat zur Folge, dass das zunächst widerrufene Testament als nicht widerrufen gilt. Das ältere Testament und die dort enthaltenen Verfügungen leben also wieder auf, als wenn es nicht aufgehoben worden wäre.

BEISPIEL

A hat seine nichteheliche Lebenspartnerin testamentarisch zu seiner Alleinerbin eingesetzt. Dieses Testament hat er später widerrufen. Durch den Widerruf ist wieder gesetzliche Erbfolge eingetreten. Wenn A sein Widerrufstestament widerruft, gilt wieder das alte Testament, nach dem die Lebenspartnerin Alleinerbin ist.

Anfechtung des Widerrufs: Hat der Erblasser den Widerruf erbrechtlicher Verfügungen nicht durch Testament vorgenommen (zum Beispiel Widerruf durch Veränderungen an der Testamentsurkunde), so kann der Widerruf durch die Anfechtungsberechtigten angefochten werden. Anfechtungsberechtigt ist derjenige, welchem die Aufhebung der letztwilligen Verfügung unmittelbar zustattenkommen würde. Kein Anfechtungsrecht hat also der Erblasser.

Der Widerruf kann angefochten werden, soweit der Erblasser über den Widerruf im Irrtum war oder eine Erklärung dieses Inhalts überhaupt nicht abgeben wollte.

Notarielles Testament

Anstelle eines eigenhändigen Testaments kann der Erblasser ein Testament zur Niederschrift eines Notars errichten. Dabei kann er gegenüber dem Notar seinen letzten Willen erklären oder diesem eine Schrift mit der Erklärung übergeben, dass die Schrift seinen letzten Willen enthält.

Das notarielle Testament setzt sich zusammen aus der Verhandlung beim Notar, der Niederschrift des Notars, dem Vorlesen und Genehmigen der Niederschrift, dem Unterschreiben der Urkunde durch den Erblasser und dem Abschluss durch Unterzeichnung der Niederschrift durch den Notar.

§ URTEIL

Der Nachweis des Erbrechts gegenüber einer Bank kann durch ein notarielles Testament und grundsätzlich auch durch Vorlage einer beglaubigten Abschrift eines eigenhändigen Testaments geführt werden (BGH, Az. XI ZR 440/15).

Die Form des notariellen Testaments hat den Vorteil, dass sich der Erblasser bei Bedarf vom Notar beraten lassen kann. Fehler und Unklarheiten können so vermieden werden. Unter Umständen wird auch nach Eintritt des Erbfalls ein Erbschein, dessen Erteilung oft längere Zeit dauert und der Kosten verursacht, überflüssig. Und weil das notarielle Testament beim zuständigen Amtsgericht verwahrt wird, ist auch sichergestellt, dass es nach dem Erbfall vorliegt.

Testierfähigkeit des Erblassers

Auch für die Wirksamkeit des notariellen Testaments ist Voraussetzung, dass der Erblasser testierfähig ist. Er muss also die Fähigkeit besitzen, ein notarielles Testament wirksam zu errichten, zu ändern oder aufzuheben. Testierunfähig ist ein Minderjähriger, der das 16. Lebensjahr noch nicht vollendet hat. Ab Erreichen des 16. Lebensjahrs kann der Minderjährige ein notarielles Testament errichten. Allerdings sind Minderjährige nach Erreichen des 16. Lebensjahrs nur beschränkt testierfähig. Sie können nur durch mündliche Erklärung oder Übergabe einer offenen Schrift zur Niederschrift des Notars ein Testament errichten. Die Zustimmung des gesetzlichen Vertreters ist nicht erforderlich. Nicht möglich ist die Errichtung eines notariellen Testaments durch Übergabe einer verschlossenen Schrift an den Notar.

Ein leseunfähiger Erblasser kann ein notarielles Testament durch Erklärung gegenüber dem Notar errichten. Ein schreibunfähiger Erblasser kann ein notarielles Testament in jeder Form, auch durch Übergabe einer Schrift an den Notar (diese braucht nicht vom Erblasser geschrieben sein) errichten. Ein blinder Erblasser kann ein notarielles Testament durch eigene Erklärung gegenüber dem Notar, nicht aber durch Übergabe einer Schrift errichten. Nicht testierfähig sind Personen, die wegen krankhafter Störung der Geistestätigkeit, Geistesschwäche oder Bewusstseinsstörung nicht in der Lage sind, die Tragweite und Bedeutung der abgegebenen Erklärung einzusehen und danach zu handeln (→ Seite 27).

Errichtung durch Erklärung gegenüber dem Notar

Im Regelfall wird das notarielle Testament errichtet, indem der Erblasser zur Niederschrift des Notars seinen letzten Willen erklärt. Der Erblasser muss seinen letzten Willen gegenüber dem Notar persönlich erklären. Über die Verfügung von Todes wegen wird vom Notar eine Niederschrift aufgenommen werden. Diese wird in Gegenwart des Notars vorgelesen und – wenn keine Änderungen mehr vorzunehmen sind – vom Erblasser und vom Notar unterschrieben.

Es ist nicht notwendig, dass der Erblasser seinen letzten Willen gegenüber dem Notar „mündlich" erklärt. Die Erklärung kann auch durch Gebärden, Zeichen oder auf andere Weise zum Ausdruck gebracht werden. Damit können auch Sprechunfähige ein notarielles Testament durch Erklärung gegenüber dem Notar errichten und sind nicht darauf beschränkt, ein entsprechendes Testament durch Übergabe einer offenen oder geschlossenen Schrift (siehe unten) zu errichten.

→ **WICHTIG** Im Rahmen der Errichtung eines notariellen Testaments durch Erklärung des Erblassers vor einem Notar obliegen dem Notar eine Reihe von Belehrungs- und Aufklärungspflichten. Der Notar soll den Willen der Beteiligten erforschen, den Sachverhalt klären, die Beteiligten über die rechtliche Tragweite des Geschäfts belehren und ihre Erklärungen klar und unzweideutig in der Niederschrift wiedergeben. Dabei soll er darauf achten, dass Irrtümer und Zweifel vermieden sowie unerfahrene und ungewandte Beteiligte nicht benachteiligt werden.

Errichtung durch Übergabe einer offenen Schrift

Ein notarielles Testament kann auch in der Form errichtet werden, dass der Erblasser dem Notar eine offene Schrift mit dem Hinweis übergibt, dass diese Schrift seinen letzten Willen enthält. Der Notar hat in der Niederschrift die Übergabe der Schrift festzuhalten und die Schrift der Niederschrift beizufügen. Die dem Notar übergebene Schrift muss vom Erblasser nicht eigenhändig geschrieben sein. Die Erklärung kann auch mittels Schreibmaschine oder Computer aufgesetzt sein. Sie muss lediglich lesbar sein.

→ **WICHTIG** Minderjährige zwischen 16 und 18 Jahren können ein notarielles Testament nur durch Übergabe einer offenen Schrift errichten. Und auch wer das 18. Lebensjahr vollendet hat, aber nicht hinreichend sprechen kann, kann ein Testament nur in dieser Form errichten.

Den Inhalt einer offenen Schrift muss der Notar lesen, sofern er der Sprache, in der die Schrift verfasst ist, hinreichend kundig ist. Der Notar muss die in der Schrift getroffenen Verfügungen auf ihre Rechtswirksamkeit überprüfen. Er muss seine Mitwirkung verweigern, wenn er von der Unwirksamkeit der Anordnung überzeugt ist. Andernfalls macht er sich schadensersatzpflichtig.

Errichtung durch Übergabe einer verschlossenen Schrift

Will der Erblasser ein notarielles Testament durch Übergabe einer verschlossenen Schrift errichten, muss er das verschlossene Schriftstück dem Notar mit der Erklärung übergeben, dass es seinen letzten Willen enthalte. Die übergebene Schrift braucht vom Erblasser nicht eigenhändig geschrieben zu sein. Sie kann in jeder Form, also auch in Maschinenschrift, ausgefertigt sein. In der Praxis ist diese Form der Errichtung eines notariellen Testaments eher selten. Sie kommt insbesondere dann in Betracht, wenn der Erblasser den Inhalt seiner Verfügung von Todes wegen geheim halten will. Ein minderjähriger Erblasser kann allerdings nur durch Übergabe einer offenen Schrift testieren.

→ **ACHTUNG** Die dem Notar verschlossen übergebene Schrift wird erst bei der Testamentseröffnung eröffnet. Bei der Übergabe der Schrift entfällt also die Beratung des Notars. Allerdings ist der Notar berechtigt (aber nicht verpflichtet), den Erblasser über den Inhalt zu befragen und auf mögliche Bedenken hinzuweisen.

Kosten

Bei der Errichtung des notariellen Testaments entstehen Notarkosten. Die Kosten richten sich nach dem Wert des Nachlasses. Für die Beurkundung ist nach dem Gerichts- und Notarkostengesetz eine volle Gebühr zu entrichten.

BEISPIEL

Bei einem Nachlasswert von zum Beispiel 25.000 Euro beläuft sich die Gebühr auf 115 Euro, von 80.000 Euro auf 219 Euro und von 200.000 Euro auf 435 Euro, jeweils zuzüglich der gesetzlichen Mehrwertsteuer.

Für die Beurkundung eines notariellen gemeinschaftlichen Testaments von Eheleuten wird das Doppelte der vollen Gebühr erhoben.

Amtliche Verwahrung

Das notarielle Testament wird nach der Beurkundung durch den Notar immer in besondere amtliche Verwahrung gebracht. Zuständig ist das Amtsgericht, in dessen Bezirk der Notar seinen Sitz hat. Die amtliche Verwahrung eines Testaments beim Nachlassgericht kostet einmalig und pauschal 75 Euro plus gesetzliche Mehrwertsteuer. Hinzu kommt noch die Gebühr für die Registrierung im Zentralen Testamentsregister.

→ **ACHTUNG** Wenn das notarielle Testament aus der amtlichen Verwahrung zurückgegeben wird, hat das automatisch zur Folge, dass das Testament als widerrufen gilt (→ Seite 38).

„Welche Nachteile hat das notarielle Testament?“

Ein Nachteil ist, dass dem Erblasser bei der Errichtung eines notariellen Testaments Kosten entstehen. Ferner kann sich diese Form des Testaments dann nachteilig auswirken, wenn der Erblasser das Testament ändern will. In diesem Fall muss er das Testament aus der amtlichen Verwahrung holen oder wieder den Notar einschalten. Die Änderung eines eigenhändigen Testaments ist nicht mit einem solchen Aufwand verbunden.

Widerruf

Wie das eigenhändige kann auch das notarielle Testament vom Erblasser jederzeit widerrufen werden. Der Widerruf kann erfolgen durch

- ein Widerrufstestament,
- Vernichtung oder Änderung des Testaments oder
- ein späteres widersprechendes Testament.

Das Widerrufstestament bedarf nicht der gleichen Form wie das widerrufene. Ein notarielles Testament kann also auch durch ein eigenhändiges Testament widerrufen werden. Wegen der Einzelheiten zum Widerruf (→ Seite 33).

Ein notariell errichtetes Testament kann vom Erblasser jederzeit aus der amtlichen Verwahrung zurückgenommen werden. Das Testament darf nur an den Erblasser zurückgegeben werden. Die Rückgabe an einen bevollmächtigten Vertreter – auch mit Generalvollmacht – ist nicht zulässig. Durch die Rücknahme gilt das Testament kraft Gesetzes als widerrufen. Das gilt auch dann, wenn der Erblasser mit der Rücknahme nicht die Absicht eines Widerrufs hatte.

→ **ACHTUNG** Auch wenn der Erblasser nach der Rückgabe des Testaments dieses unverändert wieder in amtliche Verwahrung gibt, wird das Testament nicht mehr gültig. Selbst wenn sich der Erblasser über die Widerrufswirkung durch die Rückgabe des notariellen Testaments geirrt hat, hat er kein Recht zur Anfechtung der Rücknahme. Ihm bleibt nur die Möglichkeit, das widerrufene Testament neu zu errichten.

Der Erblasser soll bei der Rückgabe des Testaments aus der amtlichen Verwahrung über die Folgen der Rückgabe belehrt werden. Gleichwohl ändert eine unterbliebene Belehrung nichts daran, dass das Testament mit der Rücknahme aus der amtlichen Verwahrung automatisch unwirksam wird. Allerdings können unter Umständen Schadensersatzansprüche wegen Amtspflichtverletzung gegeben sein.

→ **WICHTIG** Die Rücknahme eines eigenhändigen Testaments aus der amtlichen Verwahrung stellt keinen automatischen Widerruf dar.

Gemeinschaftliches Testament

Für Eheleute und eingetragene Lebenspartnerschaften sieht das Gesetz eine Testamentsform vor, die deren besondere Interessen berücksichtigt: das gemeinschaftliche Testament. Das Besondere an diesem Testament ist, dass darin Verfügungen sowohl für den Tod des einen als auch für den Tod des anderen Ehegatten beziehungsweise eingetragenen Lebenspartners getroffen werden können. Wenn solche Verfügungen im Hinblick darauf getroffen wurden, dass auch der andere Ehegatte eine entsprechende Verfügung vorgenommen hat, können sie nicht ohne Weiteres geändert oder aufgehoben werden.

Das gemeinschaftliche Testament entspricht dem Wunsch vieler Eheleute und eingetragener Lebenspartner, gemeinschaftlich über ihr Vermögen nach dem Tod zu verfügen. Deshalb ist das gemeinschaftliche Testament, insbesondere in der Form des Berliner Testaments, weit verbreitet. Soweit im Folgenden vom gemeinschaftlichen Testament von Eheleuten die Rede ist, betrifft dies gleichzeitig auch das gemeinschaftliche Testament von eingetragenen Lebenspartnern.

Einzeltestament oder gemeinschaftliches Testament?

Wenn Eheleute ein Testament errichten wollen, haben sie die Wahl: Sie können jeweils Einzeltestamente errichten und dort gegenseitig abgestimmte Verfügungen treffen. Oder die Ehegatten können ein gemeinschaftliches Testament verfassen und dort gemeinsam erbrechtliche Anordnungen festlegen.

Einzeltestamente der Eheleute können zwar schnell etwaigen geänderten Lebensumständen angepasst werden, der Nachteil bei diesen Verfügungen von Todes wegen besteht aber darin, dass jeweils Änderungen vorgenommen werden können, ohne dass der andere Ehegatte davon erfahren muss. Dagegen können Verfügungen in einem gemeinschaftlichen Testament, die in einem Gegenseitigkeitsverhältnis stehen, nicht wirksam vorgenommen werden, ohne dass der andere Ehegatte davon erfährt. Dieser Umstand entspricht in der Regel dem Bedürfnis von Eheleuten, ihre wirtschaftlichen Verhältnisse auch für die Zeit nach ihrem Tod gemeinschaftlich zu regeln und in erster Linie den überlebenden Ehegatten finanziell abzusichern.

→ **WICHTIG** Nur Eheleute und eingetragene Lebenspartner können ein gemeinschaftliches Testament errichten. Unverheiratete Personen wie Verlobte oder Partner einer nichtehelichen Lebensgemeinschaft können nur in einem Einzeltestament erbrechtliche Anordnungen treffen.

Inhalt

Das gemeinschaftliche Testament kann dieselben Verfügungen wie ein Einzeltestament enthalten. Das Besondere an diesem Testament ist jedoch, dass die Ehegatten auch Verfügungen treffen können, die in einer Abhängigkeit zueinander stehen.

Wenn ein Ehegatte eine erbrechtliche Verfügung nur deshalb trifft, weil auch der andere Partner eine entsprechende Verfügung getroffen hat, spricht man von **wechselbezüglichen Verfügungen**. Die eine Verfügung wäre also nicht ohne die andere getroffen worden. Beide Verfügungen stehen in einem wechselseitigen Abhängigkeitsverhältnis.

→ **WICHTIG** Nicht das gemeinschaftliche Testament als solches, sondern nur die einzelnen in ihm getroffenen Verfügungen können wechselbezüglich sein. Ob und welche Verfügungen wechselbezüglich sein sollen, legen die Eheleute gemeinsam fest. Als wechselbezügliche Verfügungen kommen ausschließlich Erbeinsetzungen, Vermächtnisse und Auflagen in Betracht. Es ist also nicht möglich, beispielsweise die Enterbung, die Anordnung einer Testamentsvollstreckung, die Entziehung des gesetzlichen Pflichtteils, Teilungsanordnungen oder familienrechtliche Anordnungen wechselbezüglich auszugestalten.

Häufig geht aus einem gemeinschaftlichen Testament nicht eindeutig hervor, ob beziehungsweise welche Verfügungen wechselbezüglich sein sollen. In diesem Fall müssen dann die Verfügungen ausgelegt werden. Danach ist nach der gesetzlichen Auslegungsregel von einer wechselbezüglichen Verfügung dann auszugehen, wenn sich die Eheleute gegenseitig bedenken.

→ **TIPP** Um Auslegungsschwierigkeiten zu vermeiden, sollten die Ehegatten im Testament eindeutig klarstellen, ob und welche Verfügungen wechselbezüglich sein sollen (zum Beispiel „Die unter ... getroffenen Verfügungen sind wechselbezüglich.“).

BEISPIEL

Die Ehegatten setzen sich gegenseitig zu Alleinerben ein oder die Ehegatten setzen sich wechselseitig als Alleinerben ein und bestimmen als Erben des Längstlebenden die gemeinsamen Kinder.

Wirkung von wechselbezüglichen Verfügungen

Die Nichtigkeit oder der Widerruf einer wechselbezüglichen Verfügung hat die Unwirksamkeit aller Verfügungen des anderen Ehegatten zur Folge, die mit der nichtigen oder widerrufenen Verfügung verbunden sind. Keine Bedeutung hat, aus welchen Gründen die Nichtigkeit der Verfügung eingetreten ist beziehungsweise ob die Verfügung bereits von Anfang an oder erst später (zum Beispiel durch Anfechtung des Testaments des überlebenden Ehegatten) eingetreten ist. Die Unwirksamkeit tritt kraft Gesetzes ein; sie ist nicht abhängig vom Willen der Beteiligten.

BEISPIEL

Die Eheleute A und B haben sich durch eine wechselbezügliche Verfügung in einem gemeinschaftlichen Testament gegenseitig als Alleinerben eingesetzt. A widerruft formgerecht seine Verfügung. Damit ist zwangsläufig auch A nicht mehr Erbe des B.

→ **WICHTIG** Die zweite Wirkung wechselbezüglicher Verfügungen tritt nach dem Tod eines der Ehegatten ein. Der überlebende Ehegatte ist dann an seine wechselbezüglichen Verfügungen im gemeinschaftlichen Testament gebunden und kann – wenn er die Erbschaft angenommen hat – keine abweichenden erbrechtlichen Verfügungen mehr treffen (wegen der Einzelheiten → Seite 43).

Form

Wie das Einzeltestament kann auch das gemeinschaftliche Testament von Ehegatten als eigenhändiges oder notarielles Testament errichtet werden.

Eigenhändiges gemeinschaftliches Testament
Nur volljährige Ehepartner können ein eigenhändiges Testament errichten. Ist einer der Ehegatten minderjährig, können die Eheleute ein gemeinschaftliches Testament nur als notarielles Testament errichten.

Für das eigenhändige gemeinschaftliche Testament gelten im Prinzip dieselben formalen Anforderungen wie beim eigenhändigen Einzeltestament (→ Seite 29):

→ Der Text des Testaments muss eigenhändig geschrieben sein. Ein mit der Schreibmaschine oder mithilfe eines Computers geschriebener Text erfüllt nicht die gesetzlichen Anforderungen und ist unwirksam.

→ Das Testament muss eigenhändig unterschrieben sein. Die Unterschrift soll den Vor- und Familiennamen enthalten.

→ Das Testament soll mit Orts- und Datumsangabe (Tag, Monat, Jahr) versehen sein.

Für ein wirksames gemeinschaftliches Testament genügt es, wenn einer der Ehegatten den Text eigenhändig schreibt und unterzeichnet und der andere Ehegatte die gemeinschaftliche Erklärung eigenhändig mitunterzeichnet. Der mitunterzeichnende Ehegatte soll auch angeben, an welchem Ort und zu welcher Zeit (Tag, Monat, Jahr) er seine Unterschrift beigefügt hat. Der Ehegatte, der die Erklärung nicht eigenhändig errichtet hat, kann auch durch einen Zusatztext ausdrücklich zum Ausdruck bringen, dass er mit der Verfügung einverstanden ist.

BEISPIEL

Die Eheleute A und B haben sich durch eine wechselbezügliche Verfügung gegenseitig als Alleinerben eingesetzt. Wenn A die Erbeinsetzung von B formgerecht widerruft, ist seine Erbeinsetzung durch B automatisch aufgehoben.

Auf die Reihenfolge der Unterschriften der beiden Ehegatten kommt es nicht an. Zwar wird der beitretende Ehegatte das Testament in der Regel unmittelbar nach der Unterzeichnung durch den anderen Ehegatten unterschreiben, er kann aber seine Unterschrift auch erst später beifügen.

→ **ACHTUNG** Wenn jeder Ehegatte auf demselben Blatt Papier nur die seinen Nachlass betreffenden Verfügungen niederlegt, liegt kein gemeinschaftliches Testament der Eheleute vor. In diesem Fall handelt es sich um zwei eigenständige eigenhändige Testamente, weil die Eheleute keine gemeinsamen Verfügungen getroffen haben.

Änderungen des gemeinschaftlichen Testaments können die Eheleute jederzeit in einem neuen gemeinschaftlichen Testament vornehmen. Werden Änderungen im bestehenden Testament vorgenommen, sollten diese sicherheitshalber von beiden Ehegatten unterzeichnet werden.

Notarielles gemeinschaftliches Testament
Das gemeinschaftliche notarielle Testament errichten die Ehegatten gemeinsam vor einem Notar. Die gebräuchlichste Form des notariellen gemeinschaftlichen Testaments ist die, dass die Eheleute ihren letzten Willen gegenüber dem Notar erklären, den der Notar dann schriftlich niederlegt. Die Niederschrift wird von den Eheleuten und vom Notar unterschrieben.

Ein notarielles gemeinschaftliches Testament kann auch in der Form errichtet werden, dass die Ehegatten dem Notar eine offene oder verschlossene Schrift mit dem Hinweis übergeben, dass diese Schrift ihren letzten Willen enthalte. Die dem Notar übergebene Schrift muss von den Eheleuten nicht eigenhändig geschrieben sein.

Bei der Errichtung des gemeinschaftlichen notariellen Testaments entstehen Notarkosten. Die Kosten richten sich nach dem Wert des Nachlasses. Für die Beurkundung sind nach dem Gerichts- und Notarkostengesetz zwei volle Gebühren zu entrichten.

> **BEISPIEL**
>
> Bei einem Nachlasswert von zum Beispiel 25.000 Euro beläuft sich die Gebühr auf 230 Euro, von 50.000 Euro auf 330 Euro, von 200.000 Euro auf 870 Euro, jeweils zuzüglich gesetzlicher Mehrwertsteuer.

Aufbewahrung

Während das eigenhändige gemeinschaftliche Testament an jedem beliebigen Ort aufbewahrt oder in amtliche Verwahrung gegeben werden kann (→ Seite 33), wird das notarielle Testament nach der Beurkundung durch den Notar immer in besondere amtliche Verwahrung gebracht. Zuständig ist das Amtsgericht, in dessen Bezirk der Notar seinen Sitz hat. Die amtliche Verwahrung eines gemeinschaftlichen Testaments beim Nachlassgericht kostet einmalig und pauschal 75 Euro. Die Rücknahme aus der amtlichen Verwahrung ist nur durch beide Ehegatten gemeinsam und persönlich möglich.

Widerruf

Von Bedeutung ist, ob einseitige oder wechselbezügliche Verfügungen widerrufen werden sollen.

Widerruf einseitiger Verfügungen
Einseitige Verfügungen der Ehegatten, also Anordnungen, die nicht in einer gewissen Abhängigkeit zueinanderstehen (zum Beispiel Enterbung oder Anordnung der Testamentsvollstreckung) können von jedem Ehegatten frei widerrufen werden. Die Zustimmung des anderen Ehegatten ist nicht erforderlich.

Gemeinschaftliches Testament mit gegenseitiger Erbeinsetzung (→ Seite F-5, F-52)

Im hinteren Teil des Buchs finden Sie auf Seite F-5 ein **Formulierungsbeispiel** für die gegenseitige Erbeinsetzung im gemeinschaftlichen Testament. Auf Seite F-52 ist eine **Checkliste** abgebildet, in der die wichtigsten Fragen im Zusammenhang mit der Errichtung eines gemeinschaftlichen Testaments zusammengestellt sind.

Widerruf wechselbezüglicher Verfügungen gemeinsam durch beide Ehegatten
Wenn sich die Ehegatten einig sind, können sie wechselbezügliche Verfügungen in ihrem gemeinschaftlichen Testament jederzeit gemeinschaftlich widerrufen. Sie müssen allerdings zusammen handeln, das heißt, gemeinschaftlich ein Widerrufstestament errichten oder in einem neuen gemeinschaftlichen Testament abweichende Verfügungen treffen.

→ **ACHTUNG** Auch die gemeinsame Rücknahme des notariellen gemeinschaftlichen Testaments aus der amtlichen Verwahrung hat den Widerruf des gemeinschaftlichen Testaments zur Folge.

Einseitiger Widerruf wechselbezüglicher Verfügungen zu Lebzeiten des anderen Ehegatten
Der Widerruf einer wechselbezüglichen Verfügung durch einen Ehegatten ist nur in notarieller Form möglich. Der Widerruf muss also vor einem Notar erklärt werden, und zwar auch dann, wenn die Eheleute das gemeinschaftliche Testament eigenhändig errichtet haben. Der Widerruf wird erst wirksam, wenn er dem anderen Ehegatten zugeht. Erforderlich ist, dass dem anderen Ehegatten die Urschrift oder eine Ausfertigung der Widerrufserklärung zugeht. Es ist also nicht möglich, dass hinter dem Rücken des anderen Ehegatten wechselbezügliche Verfügungen widerrufen werden.

Der Widerruf einer wechselbezüglichen Verfügung hat, wenn nichts anderes bestimmt ist, zur Folge, dass damit automatisch auch die entsprechende Verfügung des anderen Ehegatten unwirksam ist.

Widerruf wechselbezüglicher Verfügungen nach dem Tod des anderen Ehegatten
Nach dem Tod des Ehegatten kann der andere Ehegatte wechselbezügliche Verfügungen grundsätzlich nicht mehr widerrufen. Er ist an die wechselbezüglichen Verfügungen im gemeinschaftlichen Testament gebunden und darf keine Anordnungen treffen, die diese Verfügungen beeinträchtigen (zum Beispiel andere Teilungsquoten für die im gemeinschaftlichen Testament eingesetzten Erben bestimmen).

BEISPIEL

Die Eheleute A und B haben sich in einem gemeinschaftlichen Testament gegenseitig als Alleinerben und nach dem Tod des längerlebenden Ehegatten ihre gemeinsamen Kinder zu gleichen Teilen als Schlusserben eingesetzt. Nach dem Tod von A ist B Alleinerbe. Wenn er die Erbschaft angenommen hat, kann er keine anderen Verfügungen mehr treffen. Er kann also keine anderen Erben als die gemeinsamen Kinder bestimmen oder andere Erbquoten für die Kinder festlegen.

Der überlebende Ehegatte kann eine wechselbezügliche Verfügung nur widerrufen, wenn er die angefallene Erbschaft form- und fristgerecht ausschlägt.

→ **TIPP** Die Eheleute können im gemeinschaftlichen Testament verfügen, dass dem überlebenden Ehegatten auch nach Eintritt des ersten Erbfalls ein Widerrufs- beziehungsweise Änderungsrecht zustehen soll. Eine solche Regelung kann in Form eines Änderungsvorbehalts getroffen werden (wegen der Einzelheiten → Seite 58).

„Kann das gemeinschaftliche Testament von einem Ehegatten angefochten werden?“

Wenn beide Ehegatten noch leben, ist eine Anfechtung ausgeschlossen. Ist ein Ehegatte verstorben, kann der überlebende Ehegatte unter Umständen sowohl die Verfügungen des erstverstorbenen Ehepartners als auch seine eigenen wechselbezüglichen Verfügungen anfechten. Die Anfechtung ist möglich, wenn der Ehegatte über den Inhalt seiner Erklärung im Irrtum war oder eine Erklärung dieses Inhalts nicht abgeben wollte.

Unwirksamkeit des gemeinschaftlichen Testaments bei Auflösung der Ehe

Ein gemeinschaftliches Testament ist nur wirksam, wenn die Eheleute zum Zeitpunkt der Errichtung des Testaments in einer gültigen Ehe leben. Deshalb wird das Testament seinem ganzen Inhalt nach grundsätzlich unwirksam, wenn die Ehe nach Errichtung des gemeinschaftlichen Testaments geschieden wird. Das gilt auch, wenn während des Scheidungsverfahrens der Erblasser stirbt und er die Scheidung beantragt oder ihr zugestimmt hat.

Nur ausnahmsweise gelten die Verfügungen im gemeinschaftlichen Testament weiter, wenn anzunehmen ist, dass sie auch für den Fall der Auflösung der Ehe getroffen wurden. Im Regelfall ist aber davon auszugehen, dass die Eheleute nach Auflösung ihrer Ehe nicht wünschen, dass das gemeinschaftliche Testament fortgelten soll.

→ **TIPP** Wer auf Nummer sicher gehen möchte, sollte das mit dem geschiedenen Ehegatten errichtete gemeinschaftliche Testament formgerecht widerrufen. Damit ist auf jeden Fall gewährleistet, dass wieder neue wirksame erbrechtliche Verfügungen getroffen werden können.

§ URTEIL

Haben Eheleute während der Ehezeit ein gemeinschaftliches Testament errichtet und wurden sie danach geschieden, lebt das Testament nach der Wiederverheiratung nicht wieder auf (OLG Hamm, Az. I-15 Wx 317/09).

Berliner Testament

Das sogenannte Berliner Testament ist unter Eheleuten sehr beliebt. In diesem gemeinschaftlichen Testament setzen sich die Ehegatten gegenseitig als Alleinerben ein und bestimmen, dass nach dem Tod des Längstlebenden der beiderseitige Nachlass an einen Schlusserben (in der Regel an die Kinder) fallen soll.

Inhalt

Beim Berliner Testament beschränken sich die Ehegatten nicht darauf, sich gegenseitig als Alleinerben einzusetzen, sie bestimmen darüber hinaus bereits einen Erben für den Überlebenden. Somit wird nicht nur die Erbfolge unter den Eheleuten geregelt, sondern auch ein zweiter Erbgang, nämlich die Erbfolge des überlebenden Ehegatten.

Rechtslage nach dem ersten Erbfall
Nach dem Tod des erstverstorbenen Ehegatten wird der Überlebende Erbe. Der Nachlass wird mit dem Vermögen des Längerlebenden verschmolzen. Der längerlebende Ehegatte kann durch Rechtsgeschäfte zu Lebzeiten frei über das Vermögen verfügen.

→ **ACHTUNG** Nach dem Tod des Ehegatten kann der andere Ehegatte wechselbezügliche Verfügungen nicht mehr widerrufen. Er ist an die wechselbezüglichen Verfügungen im gemeinschaftlichen Testament gebunden und darf keine Anordnungen treffen, die diese Verfügungen beeinträchtigen (zum Beispiel andere Teilungsquoten für die eingesetzten Schlusserben bestimmen oder die eingesetzten Schlusserben enterben). Der überlebende Ehegatte kann eine wechselbezügliche Verfügung nur widerrufen, wenn er die angefallene Erbschaft form- und fristgerecht ausschlägt.

Stirbt der testamentarisch eingesetzte Schlusserbe vor dem zweiten Erbfall, so erben, wenn die Schlusserben Nachkommen beider Ehegatten oder des Längerlebenden sind, deren Abkömmlinge (Enkel, Urenkel des Erblassers).

Rechtslage nach dem zweiten Erbfall
Beim Tod des Längerlebenden erhält der eingesetzte Schlusserbe dessen Nachlass. Damit geht das Vermögen von beiden Ehegatten auf den Schlusserben über. Wurden im Testament die Erbteile der Schlusserben nicht bestimmt, dann ist davon auszugehen, dass alle Schlusserben zu gleichen Teilen eingesetzt sind.

Schwachstellen des Berliner Testaments
Eheleute sollten berücksichtigen, dass das Berliner Testament eine Reihe von Schwachstellen aufweist. Aus steuerlicher Sicht hat es den Nachteil, dass dasselbe Vermögen zweimal der Erbschaftsteuer unterworfen ist. Steuerlich kann es auch ungünstig sein, wenn sich die Eheleute im Berliner Testament als Alleinerben einsetzen, weil Steuerfreibeträge der Kinder nach dem ersten Erbfall nicht ausgenutzt werden können.

Ferner müssen auch folgende nachteilige Umstände berücksichtigt werden:

→ Der längerlebende Ehegatte ist an die Einsetzung der Schlusserben gebunden. Auf geänderte Lebensumstände kann er nicht mehr reagieren.

→ Wenn der längerlebende Ehegatte nach dem ersten Erbfall alleiniger Erbe ist, bedeutet das zwangsläufig, dass die Kinder von der gesetzlichen Erbfolge ausgeschlossen werden und Pflichtteilsansprüche gegen den überlebenden Elternteil geltend machen können.

→ Wenn der längerlebende Ehegatte wieder heiratet, besteht für die im gemeinschaftlichen Testament eingesetzten Schlusserben (im Regelfall also die Kinder) die Gefahr, dass hierdurch Vermögen an den neuen Ehepartner abfließt und so der spätere Nachlass zulasten der Kinder geschmälert wird. Dem neuen Ehepartner steht nämlich gesetzlich ein Erb- und Pflichtteilsrecht zu.

Berliner Testament
(→ Seite F-6, F-39)

Im hinteren Teil des Buchs finden Sie auf Seite F-6 ein **Formulierungsbeispiel** für ein Berliner Testament sowie auf Seite F-39 ein ausführliches **Muster** für ein Berliner Testament mit Pflichtteilsstrafklausel, Wiederverheiratungsklausel und Anfechtungsverzicht.

„Wie kann ein Ehegatte ein Berliner Testament zu Lebzeiten widerrufen?“

Wie das gemeinschaftliche Testament können wechselbezügliche Verfügungen im Berliner Testament nur durch eine notariell beurkundete Widerrufserklärung gegenüber dem anderen Ehegatten widerrufen werden. Einseitige Verfügungen der Ehegatten, also Anordnungen, die nicht in einer gewissen Abhängigkeit zueinanderstehen (zum Beispiel Enterbung oder Anordnung der Testamentsvollstreckung), können dagegen von jedem Ehegatten frei widerrufen werden. Die Zustimmung des anderen Ehegatten ist nicht erforderlich.

→ Kraft Gesetzes ist ein Ehegatte berechtigt, die im gemeinschaftlichen Testament erfolgte Einsetzung des Schlusserben anzufechten. Als Anfechtungsgrund kommt insbesondere die Übergehung eines Pflichtteilsberechtigten in Betracht. Die gesetzlichen Voraussetzungen kann der längerlebende Ehegatte selbst herbeiführen, indem er wieder heiratet oder ein Kind erhält beziehungsweise adoptiert. In diesen Fällen steht dem neuen Ehegatten beziehungsweise den Kindern gegenüber dem längerlebenden Ehegatten der Pflichtteil zu.

Diese Nachteile des Berliner Testaments können durch entsprechende testamentarische Gestaltungen in einem bestimmten Umfang ausgeglichen werden (wegen der Einzelheiten → Seite 58).

Mögliche testamentarische Verfügungen im Überblick

Bei der Übertragung seines Vermögens nach dem Tod ist der Erblasser auf die gesetzlich vorgegebenen Instrumentarien beschränkt. Es stehen ihm ausschließlich das Testament und der Erbvertrag zur Verfügung. Auch darüber hinaus kann er nur Verfügungen treffen, die das Gesetz vorsieht. Dazu gehören insbesondere Regelungen der **Erbfolge** (→ Seite 47), also die **Erbeinsetzung** (→ Seite 47), die **Einsetzung eines Vor- und Nacherben** (→ Seite 65), die **Enterbung** (→ Seite 85), die **Entziehung oder Beschränkung des Pflichtteils** (→ Seite 94), **Vermächtnisse** (→ Seite 99), **Auflagen** (→ Seite 115), **Teilungsanordnungen** (→ Seite 125) sowie die **Anordnung der Testamentsvollstreckung** (→ Seite 133) und **familienrechtliche Anordnungen** (→ Seite 149).

→ **TIPP** Unter den gesetzlichen Instrumentarien hat der Erblasser die freie Wahl, welche und wie viele der zulässigen Verfügungen er in seinem Testament aufnehmen und mit welchem konkreten Inhalt er das tun will. Die Gestaltungsfreiheit des Erblassers erstreckt sich auch darauf, die verschiedenen Verfügungen miteinander zu kombinieren.

Einsetzung des oder der Erben

Wenn der Erblasser kein Testament errichtet, kommt es zur gesetzlichen Erbfolge. In diesem Fall bestimmt das Gesetz, wer seine Erben sein werden. Der Erblasser hat allerdings das Recht, durch eine Verfügung von Todes wegen von der gesetzlichen Erbfolge abzuweichen. So kann er insbesondere selbst seine Erben auswählen. Wer als Erbe eingesetzt wird, ist die ganz persönliche Entscheidung des Erblassers.

→

Für den schnellen Einstieg

Erbeinsetzung

Der Erblasser kann durch ein Testament bestimmen, wer seine Erben werden. Diese Entscheidung steht in seinem Belieben. Er muss sie nicht begründen. Der Erblasser kann grundsätzlich seine gesetzlichen Erben oder andere Personen auswählen. Nur eine wechselbezügliche Verfügung in einem gemeinschaftlichen Testament oder entgegenstehende Verfügungen in einem Erbvertrag beschränken den Erblasser in seiner Testierfreiheit.

Der Erblasser kann auch andere Personen als seinen Ehegatten oder seine Verwandten als Erben einsetzen. Dem Ehegatten, den Kindern und den Eltern des Erblassers steht jedoch im Rahmen des Pflichtteils ein Mindestanteil am Nachlass zu.

Er hat die Möglichkeit, in seinem Testament einen oder mehrere Erben einzusetzen. Erbe ist die Person, auf die das Vermögen des Erblassers nach dessen Tod als Ganzes übergeht. Der Erbe tritt also in die „rechtlichen Fußstapfen" des Erblassers. Er „erbt" grundsätzlich dessen Rechte und Pflichten. Dem Erben steht beispielsweise die Verwaltung des Nachlasses zu, gleichzeitig ist er zur Befriedigung der Nachlassverbindlichkeiten verpflichtet.

→ **ACHTUNG** Nicht jede Person, die aus einer Erbschaft etwas erwirbt, ist Erbe. Nicht zu den Erben gehören zum Beispiel Vermächtnisnehmer (→ Seite 103) oder pflichtteilsberechtigte Personen (→ Seite 90). Diese werden nicht Träger der Erbschaft, sondern erwerben mit dem Erbfall nur Ansprüche (zum Beispiel auf Zahlung eines bestimmten Geldbetrags) gegen die Erben.

Wer als Erbe eingesetzt werden kann

Erbe kann nur sein, wer die sogenannte **Erbfähigkeit** besitzt und damit rechtlich imstande ist, in die Rechte und Pflichten des Erblassers einzutreten. Erbe ist jede natürliche Person, also jeder Mensch, wenn er zum Zeitpunkt des Erbfalls lebt. Wer vor dem Erblasser verstorben ist, kann nicht Erbe sein. Der Erbe muss den Erblasser wenigstens eine kurze Zeit überleben, andernfalls wird die Erbeinsetzung im Testament unwirksam. Erbe kann auch sein, wer zwar beim Erbfall noch nicht geboren, aber bereits gezeugt war. Voraussetzung ist allerdings, dass das Kind lebend geboren wird. In diesem Fall gilt der Gezeugte als vor dem Erbfall geboren.

Das Alter des Erben spielt für die Erbfähigkeit keine Rolle. Der Erblasser kann also auch eine Person als Erben einsetzen, die das 18. Lebensjahr noch nicht vollendet hat. In diesem Fall wird das vom Minderjährigen geerbte Vermögen von dessen Eltern beziehungsweise vom sorgeberechtigten Elternteil verwaltet. In bestimmten Fällen bedürfen Verwaltungsmaßnahmen der Eltern aber der Genehmigung des Familiengerichts, so etwa bestimmte Grundstücksgeschäfte oder Kreditaufnahmen. Ferner unterliegen die Sorgeberechtigten bestimmten Grundsätzen, wie sie das geerbte Vermögen des Kindes zu verwalten haben. So muss das Geld des Kindes nach den Grundsätzen einer wirtschaftlichen Vermögensverwaltung angelegt werden. Die Eltern dürfen nichts aus dem Vermögen des Kindes verschenken. Aus begründetem Anlass (zum Beispiel bei Gefährdung des Kindesvermögens) kann das Familiengericht anordnen, dass das Geld in bestimmter Weise oder gesperrt anzulegen ist und die Abhebung der Genehmigung des Familiengerichts bedarf.

→ **TIPP** Bei einer Zuwendung an einen Minderjährigen durch Testament kann der Erblasser bestimmen, dass dessen Eltern beziehungsweise ein Elternteil das zugewendete Vermögen ganz oder teilweise nicht verwalten dürfen. Näheres zu diesen familienrechtlichen Anordnungen (→ Seite 149).

Erbe kann auch jede juristische Person sein, die zum Zeitpunkt des Erbfalls existiert. In Betracht kommen juristische Personen des privaten Rechts (zum Beispiel Gesellschaften mit beschränkter Haftung, Aktiengesellschaften und eingetragene Vereine) und des öffentlichen Rechts (zum Beispiel Gemeinden). Als Erben eingesetzt werden können auch rechtsfähige Personengesellschaften (offene Handelsgesellschaften, Kommanditgesellschaften), BGB-Gesellschaften und nicht eingetragene Vereine.

Wer nicht als Erbe eingesetzt werden kann

Tiere sind nicht rechtsfähig und damit auch nicht erbfähig. Ein Testament, in dem ein Tier als Erbe eingesetzt wird, ist unwirksam. Kraft Gesetzes können auch bestimmte Personen oder Einrichtungen nicht als Erben eingesetzt werden.

Sowohl dem Träger eines Heims als auch dessen Leiter und den Heimbeschäftigten ist es untersagt, sich von oder zugunsten von Bewohnern des Heims Geld oder geldwerte Leistungen versprechen oder gewähren zu lassen. Damit soll verhindert werden, dass die Arg- und Hilflosigkeit oder sonstige Abhängigkeit alter und pflegebedürftiger Menschen ausgenutzt wird. Abgesehen von geringwertigen Aufmerksamkeiten sind also Vermögensübertragungen zwischen Heimbewohnern und Heimbetreibern beziehungsweise Heimbeschäftigten (zum Beispiel Ärzte, Pfleger und freiwillige Helfer) gesetzlich verboten. Dieses gesetzliche Verbot bezieht sich nicht nur auf Geschenke, sondern auch auf Zuwendungen, die vom Heimbewohner durch ein Testament gemacht werden. Wird in einem Testament gegen die Verbotsnorm verstoßen, ist die entsprechende Verfügung unwirksam.

§ URTEIL

Zulässig ist das Testament des Angehörigen eines Heimbewohners, mit dem der Heiminsasse zum Vorerben und der Heimträger zum Nacherben eingesetzt werden und Letzterer erst nach dem Tod des Heimbewohners von dem Erbe erfährt (BGH, Az. IV ZB 33/10).

Keine Anwendung findet das Zuwendungsverbot nach dem Heimgesetz auf ein Betreuungsverhältnis. Die testamentarische Erbeinsetzung eines Betreuers durch den Betreuten ist also wirksam.

Beschäftigte des öffentlichen Dienstes (zum Beispiel Beamte) dürfen Belohnungen oder Geschenke in Bezug auf das Amt oder die dienstliche Tätigkeit nicht annehmen. Unzulässig ist deshalb eine Erbeinsetzung eines Beschäftigten des öffentlichen Dienstes, wenn diese im Zusammenhang mit dem vom Beamten oder Beschäftigten

„Kann der Erblasser auch ohne Weiteres von der gesetzlich bestimmten Erbfolge abweichen?“

Aufgrund der verfassungsrechtlich verankerten Testierfreiheit ist der Erblasser berechtigt, andere Erben als die gesetzlich vorgesehenen Erben einzusetzen und/ oder andere als die gesetzlich vorgesehenen Erbteile anzuordnen. Beschränkt wird die Testierfreiheit durch das Pflichtteilsrecht, das dem Ehegatten, den Kindern und den Eltern des Erblassers als Mindestanteil am Nachlass einen Geldanspruch gegen die Erben einräumt.

wahrgenommenen Amt besteht. In diesem Fall darf der Beschäftigte den Vermögensvorteil nicht behalten.

Unwirksam ist ein Testament, das dem Notar oder seinem Ehepartner oder einem sonstigen nahen Angehörigen einen rechtlichen Vorteil verschafft, wenn der Notar bei der Beurkundung des Testaments mitgewirkt hat.

Verfügung im Testament

Der Erblasser kann in seinem Testament einen Alleinerben oder mehrere Erben einsetzen. Wenn der Erblasser einen Alleinerben einsetzt, muss dieser nicht gesetzlicher Erbe sein. Er kann einen Alleinerben aber auch aus dem Kreis der gesetzlichen Erben auswählen; damit sind die anderen gesetzlichen Erben zwangsläufig enterbt. Auch wenn der Erblasser mehrere Erben auswählt, müssen diese nicht zu den gesetzlichen Erben gehören. Er kann allerdings auch die gesetzlichen Erben berücksichtigen, diesen aber andere, als die gesetzlich vorgesehenen Erbteile zuweisen.

Wenn der Erblasser mehrere Personen als Erben einsetzt, muss sich die Erbeinsetzung auf einen Bruchteil (zum Beispiel die Hälfte oder ein Viertel des Nachlasses) beziehen. Auf den Miterben geht nur der ihm zugewendete Bruchteil des Vermögens über. Die Miterben bilden dann eine Erbengemeinschaft. Wenn testamentarisch mehrere Erben eingesetzt werden, ohne dass deren Erbteile bestimmt sind, so erben die Miterben grundsätzlich zu gleichen Teilen.

BEISPIELE

A ist geschieden und hat zwei Kinder B und C. In seinem Testament setzt er seine nichteheliche Lebenspartnerin als Alleinerbin ein.
A ist verheiratet und hat zwei Kinder. In seinem Testament setzt er seine Ehefrau zur Alleinerbin ein.
A ist verwitwet und hat zwei Kinder B und C. Nach der gesetzlichen Erbfolge würden die Kinder je zur Hälfte erben. A bestimmt in seinem Testament sein Kind B mit einem Erbteil von drei Vierteln und das Kind C mit einem Erbteil von einem Viertel zu seinen Erben.

Eine Erbeinsetzung kann nicht in der Form vorgenommen werden, dass der Erblasser seinen „Erben“ einzelne Gegenstände zuwendet. Er muss einen Erben bestimmen, der seine Gesamtrechtsnachfolge antritt (siehe oben), der also auch beispielsweise für Nachlassverbindlichkeiten haftet. Die gegenständliche Erbeinsetzung ist nicht zulässig. Hat der Erblasser in seinem Testament nur einzelne Gegenstände zugewendet, so handelt es sich dabei um Vermächtnisse (→ Seite 99), nicht aber um eine Erbeinsetzung. In diesem Fall gilt für den Rest des Nachlasses gesetzliche Erbfolge.

Erbeinsetzung (→ Seite F-3, F-5, F-53)

Im hinteren Teil des Buchs finden Sie auf Seite F-3 **Formulierungsbeispiele** für Erbeinsetzungen in einem Einzeltestament und auf Seite F-5 einen **Textbaustein** für eine gegenseitige Erbeinsetzung von Eheleuten in einem gemeinschaftlichen Testament. Ferner steht Ihnen auf Seite F-53 eine **Checkliste** zur Verfügung, in der die wichtigsten Fragen im Zusammenhang mit der testamentarischen Einsetzung von Erben zusammengestellt sind.

Unklare Erbeinsetzung und Auswahl der Erben

Nicht selten geht aus eigenhändigen Testamenten nicht eindeutig hervor, ob eine Erbeinsetzung oder ein Vermächtnis zugewendet wird. Und häufig drückt sich der Erblasser auch bei der Auswahl der Begünstigten nicht klar aus. Für diese Fälle enthält das Gesetz Auslegungsregeln.

Auslegungsregeln bei unklarer Erbeinsetzung und Anordnung eines Vermächtnisses

Erbrechtliche Zuwendungen erfolgen regelmäßig in den Formen der Erbeinsetzung und sogenannten Vermächtnissen. Bei eigenhändigen Testamenten, die ohne fachkundige Beratung errichtet wurden, geht aus dem Wortlaut des Testaments aber häufig nicht hervor, ob eine Erbeinsetzung oder ein Vermächtnis zugewendet wird. Diese Unterscheidung ist allerdings wichtig.

Ist eine **Erbeinsetzung** erfolgt, dann ist der Erbe Gesamtrechtsnachfolger des Erblassers und tritt in dessen „rechtliche Fußstapfen“. Entweder es wurde ein Alleinerbe eingesetzt, der dann allein in die Rechte und Pflichten des Erblassers eintritt, oder es wurden mehrere Erben bestimmt mit der Folge, dass die Miterben zu dem festgelegten Bruchteil Mitglied in einer Erbengemeinschaft sind.

Wurde im Testament ein **Vermächtnis** angeordnet, ist der Vermächtnisnehmer nicht Erbe. Er hat lediglich einen Anspruch gegen Erben auf Zuwendung des vermachten Gegenstands (Näheres → Seite 101).

BEISPIEL

Im Testament steht: „Mein Vermögen vermache ich meiner Nichte Stefanie, meine Briefmarkensammlung soll mein Bruder René erben." Unklar ist, wer Erbe und Vermächtnisnehmer sein soll. Der Nichte, die nahezu alles erhalten soll, wird etwas „vermacht", und der Bruder, der nur einen Gegenstand erhalten soll, „erbt".
Im Testament steht: „Mein Sohn Marc soll mein Wertpapierdepot, mein Sohn Christian die Immobilie in der Ringstraße, meine Tochter Emilia meinen Schmuck und mein Neffe Sebastian meine Briefmarkensammlung erhalten." Unklar ist, wer Erbe sein soll, also etwa für die Nachlassverbindlichkeiten haftet, und wer Vermächtnisnehmer ist. Nicht geregelt ist auch, was mit dem übrigen Vermögen des Erblassers geschehen soll und zu welchen Anteilen die Kinder erben sollen.

Wenn unklar ist, ob im Testament eine Erbeinsetzung erfolgt ist oder ein Vermächtnis angeordnet wird, bedarf das Testament der Auslegung. In diesem Zusammenhang gilt Folgendes:

→ Entscheidend ist zunächst der Wille des Erblassers.

→ Wenn der Erblasser sein ganzes Vermögen oder einen Bruchteil (zum Beispiel die Hälfte oder ein Viertel) und nicht einzelne Gegenstände zuwendet, so ist der Bedachte grundsätzlich als Erbe anzusehen, selbst wenn er nicht als solcher bezeichnet ist.

→ Wendet der Erblasser nur einzelne Gegenstände zu (zum Beispiel eine Immobilie, ein Auto, eine Briefmarkensammlung), so ist der Bedachte als Vermächtnisnehmer anzusehen. In diesem Fall ist der Bedachte nicht als Erbe eingesetzt. Er hat nur einen Anspruch auf Herausgabe des zugewendeten Nachlassgegenstands gegen den Beschwerten, in der Regel gegen die Erben.

→ **TIPP** Wichtig ist, dass der Erblasser im Testament klare und eindeutige Festlegungen trifft, wer nach seinem Tod als Erbe in seine Rechte und Pflichten eintreten soll. Für eine ungenaue Erbeinsetzung enthält das Gesetz Auslegungsregeln, fraglich ist jedoch, ob diese dem Willen des Erblassers tatsächlich entsprechen.

Auslegungsregeln bei unklarer Auswahl der Erben

Für den Fall, dass sich der Erblasser in seinem Testament bei der Auswahl der Begünstigten nicht klar ausgedrückt hat, enthält das Gesetz Auslegungsregeln. Es ist nicht möglich, eine letztwillige Verfügung so zu treffen, dass ein anderer zu bestimmen hat, ob diese gelten oder nicht gelten soll. Auch kann die Bestimmung der Person, die eine Zuwendung erhalten soll, sowie die Bestimmung des Gegenstands der Zuwendung nicht einem anderen überlassen werden.

§ URTEIL

Eine letztwillige Verfügung, in der der Erblasser die Person zu seinem Erben einsetzt, die sich bis zu seinem Tode um ihn „kümmert", ist unwirksam (OLG München, Az. 31 Wx 55/13).

Einsetzung der „gesetzlichen Erben"
Hat der Erblasser seine gesetzlichen Erben ohne nähere Bezeichnung bedacht, so sind diejenigen, welche zur Zeit des Erbfalls seine gesetzlichen Erben sein würden, nach dem Verhältnis ihrer gesetzlichen Erbteile bedacht.

BEISPIEL

Das Testament lautet: „Meine Erben sollen meine gesetzlichen Erben sein." In diesem Fall würden, wenn der Erblasser zwei Kinder hinterlässt, die Kinder zu gleichen Teilen erben.

Einsetzung von „Verwandten"
Hat der Erblasser seine Verwandten oder seine nächsten Verwandten ohne nähere Bestimmung bedacht, so sind im Zweifel diejenigen Verwandten, welche zur Zeit des Erbfalls seine gesetzlichen Erben sein würden, als nach dem Verhältnis ihrer gesetzlichen Erbteile bedacht anzusehen.

BEISPIEL

Das Testament lautet: „Meine Erben sollen meine Verwandten sein." In diesem Fall erben die Verwandten, die zum Zeitpunkt des Erbfalls gesetzliche Erben des Erblassers sind. Der überlebende Ehegatte wäre also nicht Erbe.

Einsetzung von „Kindern"
Hat der Erblasser seine Kinder ohne nähere Bestimmung bedacht und ist ein Kind vor der Errichtung des Testaments gestorben und hat Abkömmlinge hinterlassen, so ist im Zweifel anzunehmen, dass die Abkömmlinge insoweit bedacht sind, als sie bei der gesetzlichen Erbfolge an die Stelle des Kindes treten würden.

Einsetzung von „Abkömmlingen"
Hat der Erblasser einen seiner Abkömmlinge bedacht, und fällt dieser nach der Errichtung des Testaments weg, so ist im Zweifel anzunehmen, dass dessen Abkömmlinge insoweit bedacht sind, als sie bei der gesetzlichen Erbfolge an dessen Stelle treten würden.

BEISPIEL

Hat der Erblasser seine Tochter A im Testament namentlich als Erbin bezeichnet und stirbt diese nach der Errichtung des Testaments, aber vor dem Erblasser, so treten ihre Kinder an ihre Stelle.

Erbeinsetzung unter einer Bedingung

Der Erblasser kann in seinem Testament einen Erben auch unter einer Bedingung einsetzen und so auf ein Verhalten des Erben einwirken. Dabei kann die Zuwendung durch eine aufschiebende oder eine auflösende Bedingung erfolgen.

Unwirksam sind sittenwidrige Bedingungen. Das ist der Fall, wenn der Erblasser einen ungerechtfertigten und nicht zu billigenden Druck auf die Entschließungsfreiheit oder andere Rechte des Bedachten auszuüben versucht.

BEISPIEL

Sittenwidrig und unwirksam ist die Bedingung, eine bestimmte Person zu heiraten oder nicht zu heiraten oder eine Person aus einem bestimmten Personenkreis (zum Beispiel eine Person, die einer bestimmten Religion angehört) nicht zu heiraten.

Um keine Bedingung handelt es sich, wenn der Erblasser in seinem Testament lediglich sein Motiv für die Erbeinsetzung angibt.

Aufschiebend bedingte Erbeinsetzung

Bei der aufschiebenden Bedingung erbt der eingesetzte Erbe erst dann, wenn die jeweilige Bedingung eingetreten beziehungsweise erfüllt wurde.

BEISPIEL

Die Erbeinsetzung erfolgt unter der aufschiebenden Bedingung, dass der eingesetzte Erbe ein bestimmtes Alter erreicht, dass er verheiratet ist oder ein bestimmtes Studium erfolgreich absolviert hat. In diesem Fall wird die betreffende Person erst Erbe, sobald sie ein bestimmtes Alter erreicht hat, verheiratet ist oder das Studium erfolgreich abgeschlossen hat.

Durch eine aufschiebend bedingte Erbeinsetzung kann sich der Anfall der Erbschaft verzögern, wenn die Bedingung zum Zeitpunkt des Erbfalls noch nicht eingetreten ist. In diesem Fall wird die betreffende Person erst Erbe, sobald die Bedingung erfüllt ist, wenn sie also zum Beispiel das BWL-Studium erfolgreich absolviert hat. Wurde die Bedingung bereits vor dem Erbfall erfüllt, hat die aufschiebende Bedingung keine verzögernde Wirkung. Die betreffende Person wird in diesem Fall bei Eintritt des Erbfalls sofort Erbe.

Auflösend bedingte Erbeinsetzung

Durch eine auflösende Bedingung kann der Erblasser auf das Verhalten des betreffenden Erben Einfluss nehmen, obwohl er selbst bereits verstorben ist. In diesem Fall wird die betreffende Person beim Eintritt des Erbfalls zwar sofort Erbe, um die Erbschaft behalten zu dürfen, muss sie aber die festgelegte Bedingung erfüllen. Verstößt sie gegen diese Bedingung, muss sie die Erbschaft wieder herausgeben.

BEISPIEL

Der unverheiratete A hat seine Lebensgefährtin B zur Alleinerbin eingesetzt unter der Bedingung, dass sie sich innerhalb von drei Jahren nach seinem Tod nicht wiederverheiratet. Beim Tod von A wird B Erbin. Heiratet sie aber vor Ablauf von drei Jahren, dann hat sie die Erbschaft an die gesetzlichen Erben des A herauszugeben.

Erbeinsetzung unter einer Bedingung (→ Seite F-7)

Im hinteren Teil des Buchs finden Sie auf Seite F-7 **Formulierungsbeispiele** für aufschiebend und auflösend bedingte Erbeinsetzungen.

Einsetzung eines Ersatzerben

Wenn der Erblasser seine Erben im Testament eingesetzt hat, sollte er auch bedenken, was geschieht, wenn diese – aus welchen Gründen auch immer – die Erbschaft nicht antreten können oder nicht antreten wollen. Für diesen Fall hat der Erblasser die Möglichkeit, einen weiteren Erben, den sogenannten Ersatzerben einzusetzen.

Gründe für den Wegfall eines Erben

Der Ersatzerbe wird nur dann Erbe, wenn der zunächst eingesetzte Alleinerbe oder Miterbe nicht Erbe geworden ist. Ein zunächst eingesetzter Erbe kann vor oder nach dem Erbfall wegfallen.

Vor dem Erbfall fällt der Erbe weg, wenn er vor dem Erblasser verstirbt oder auf die Zuwendung verzichtet. **Nach dem Erbfall** fällt der Erbe weg, wenn er die Erbschaft ausgeschlagen hat, die Erbeinsetzung unwirksam ist oder der Erbe für erbunwürdig erklärt wurde.

→ **ACHTUNG** Kein Grund für den Wegfall des Erben ist dessen Tod nach dem Erbfall. In diesem Fall vererbt der weggefallene Erbe die Erbschaft weiter.

Folgen des Wegfalls des testamentarisch eingesetzten Erben

Hat der Erblasser testamentarisch einen Alleinerben eingesetzt und fällt dieser vor oder nach dem Erbfall weg, ist zunächst zu ermitteln, was der Erblasser gewollt hätte, wenn er diesen Fall bedacht hätte.

Von Bedeutung ist in diesem Zusammenhang zunächst eine wichtige gesetzliche Auslegungsregel. Danach gilt Folgendes: Hat der Erblasser einen seiner Abkömmlinge bedacht und fällt dieser nach der Errichtung des Testaments weg, so ist – wenn nichts anderes angeordnet wurde – anzunehmen, dass dessen Abkömmlinge insoweit bedacht sind, als sie bei gesetzlicher Erbfolge an dessen Stelle treten würden. Zuwendungen an einen Abkömmling werden also im Zweifel auf dessen Abkömmlinge erstreckt, wenn der zunächst Bedachte nach Errichtung des Testaments weggefallen ist. Die **Ersatzerbschaft** tritt in diesem Fall also kraft gesetzlicher Vermutung ein, wenn der Erblasser keine abweichenden Verfügungen trifft.

Enthält das Testament keine Anhaltspunkte, was der Erblasser gewollt hätte, wenn er gewusst hätte, dass der von ihm eingesetzte Erbe die angefallene Erbschaft nicht antreten kann oder nicht antreten will, so gilt gesetzliche Erbfolge.

Hat der Erblasser mehrere Erben eingesetzt und fällt einer von ihnen vor oder nach dem Erbfall weg und hat der Erblasser gesetzliche Erbfolge ausgeschlossen, hat dies die sogenannte **Anwachsung** zur Folge. In diesem Fall wächst der Erbteil des weggefallenen Erben den übrigen Erben nach dem Verhältnis ihrer Erbteile an. Mit dem Ergebnis, dass den Miterben ein proportional vergrößerter Erbteil zuwächst.

BEISPIELE

Der geschiedene Erblasser hat drei Kinder A, B und C. C hat keine Kinder. Nach dem Tod des Erblassers tritt gesetzliche Erbfolge ein. Jedes Kind erbt ein Drittel am Nachlass. C schlägt die Erbschaft aus. Durch die Ausschlagung wächst der Erbteil den verbleibenden Erben an, A und B erben jeweils zur Hälfte.

Ist vom Erblasser die gesetzliche Erbfolge nicht gewünscht, wenn der eingesetzte Erbe wegfällt, oder soll – wenn mehrere Erben testamentarisch eingesetzt sind – die Anwachsung verhindert werden, wenn ein Erbe wegfällt, muss der Erblasser in seinem Testament eine Ersatzerbschaft anordnen.

Gestaltungen im Testament

Die Einsetzung eines oder mehrerer Ersatzerben muss durch den Erblasser im Testament erfolgen. Dabei bestehen mehrere Gestaltungsmöglichkeiten:

- Als Ersatzerben können Miterben, gesetzliche Erben oder Dritte bestimmt werden.
- Es kann eine einzelne Person testamentarisch als Ersatzerbe eingesetzt werden.
- Es können mehrere Ersatzerben nebeneinander bestimmt werden. In diesem Fall sind die Ersatzerben gemeinschaftlich und – wenn der Erblasser nichts anderes bestimmt hat – zu gleichen Teilen berufen.
- Die Ersatzerben können nacheinander eingesetzt sein. In diesem Fall kommt der zuletzt genannte Ersatzerbe erst zum Zug, wenn der vorgenannte Ersatzerbe wegfällt.
- Der Ersatzerbe kann auch nur auf einen Bruchteil des Nachlasses berufen sein.

Stellung des Ersatzerben

Welche Rechte und Pflichten der Ersatzerbe hat, hängt davon ab, ob der Erbfall eingetreten ist oder nicht und ob der zunächst Berufene, also derjenige, der den Erblasser beerbt hat, weggefallen ist oder nicht.

Vor dem Erbfall stehen dem Ersatzerben keine Rechte am Nachlass zu. Seine Stellung als Ersatzerbe kann er weder übertragen noch vererben. Ist der **Erbfall eingetreten** und hat der zunächst Berufene den Nachlass geerbt, erwirbt der Ersatzerbe ein Anwartschaftsrecht auf die Erbschaft, das er übertragen und vererben kann. Auf die Führung von mit dem Nachlass zusammenhängenden Geschäften des zunächst Berufenen kann er keinen Einfluss nehmen. **Nach dem Erbfall** und **nach dem Wegfall des zunächst Berufenen** wird der Ersatzerbe unmittelbarer Rechtsnachfolger des Erblassers. Er tritt dann das Erbe zum Zeitpunkt rückwirkend auf den Zeitpunkt des Todes des Erblassers an, mit allen Rechten und Pflichten eines Erben. Er ist dann auch unter Umständen mit Auflagen und Vermächtnissen belastet.

Einsetzung eines Ersatzerben (→ Seite F-8)

Im hinteren Teil des Buchs finden Sie auf Seite F-8 **Formulierungsbeispiele** für die testamentarische Einsetzung eines oder mehrerer Ersatzerben.

Risiken beim Berliner Testament

Eine besondere Form des gemeinschaftlichen Testaments von Eheleuten ist das sogenannte Berliner Testament. Darin setzen sich Ehegatten gegenseitig als Alleinerben ein und bestimmen gleichzeitig einen Dritten (den sogenannten Schlusserben), der das vom zuletztversterbenden Ehegatten nicht verbrauchte Vermögen erben soll. Diese erbrechtliche Gestaltung ist allerdings mit Risiken verbunden.

In der Praxis werden regelmäßig die Kinder der Eheleute als Schlusserben eingesetzt. Somit wird nicht nur die Erbfolge unter den Eheleuten geregelt, sondern auch ein zweiter Erbgang, nämlich die Erbeinsetzung der Kinder als Erben des längerlebenden Ehegatten. Das gemeinschaftliche Vermögen der Eheleute, das nach dem Tod des zuerstversterbenden Ehegatten zunächst an den anderen Ehegatten vererbt wurde, fällt nach dem Tod des längerlebenden Ehegatten den Kindern als Schlusserben zu.

→ **ACHTUNG** Das Berliner Testament kann bei einem größeren Vermögen aus erbschaftsteuerlicher Sicht nachteilig sein, weil Steuerfreibeträge der Kinder nach dem erstversterbenden Elternteil nicht ausgenutzt werden.

Ziel des Berliner Testaments ist die maximale wirtschaftliche Versorgung des überlebenden Ehegatten. Damit verbunden sind allerdings eine Reihe nachteiliger Folgen, die von den Eheleuten unter Umständen nicht gewollt sind. Diese Schwachstellen des Berliner Testaments müssen Eheleute unbedingt berücksichtigen und durch entsprechende testamentarische Gestaltungen im erbrechtlich zulässigen Rahmen ausgleichen.

Risiko I: Bindung des Ehegatten an die Erbeinsetzung der Kinder

An die im Berliner Testament getroffene Einsetzung der Schlusserben, in der Regel der Kinder, ist der überlebende Ehegatte nach Eintritt des Erbfalls gebunden. Diese einmal getroffene Verfügung ist für ihn verbindlich. So ist es ihm beispielsweise nicht möglich, von der wechselbezüglichen Einsetzung eines Kindes abzuweichen, wenn er sich mit dem Kind überworfen hat, das Kind besonders betreuungsbedürftig oder überschuldet ist.

§ URTEIL

Haben die Eheleute sich in einem gemeinschaftlichen Testament gegenseitig als Erben eingesetzt und für den zweiten Erbgang (nach dem Tod des längerlebenden Ehegatten) die Kinder, wird diese Regelung nach dem Tod des ersten Ehegatten verbindlich. Der überlebende Ehegatte kann keiner anderen Personen mehr etwas zuwenden (OLG Düsseldorf, Az.I-3 Wx 202/17).

→ **TIPP** Sinnvoll ist es, dem längerlebenden Ehegatten die Möglichkeit einzuräumen, auf veränderte Lebensumstände zu reagieren. Dann kann er auf eine zwischen dem ersten und dem zweiten Erbfall eintretende neue Situation Einfluss nehmen. Welche Änderungen der längerlebende Ehegatte vornehmen darf, müssen die Eheleute abstimmen und im gemeinschaftlichen Testament entsprechend formulieren.

Es gibt verschiedene Möglichkeiten zu regeln, dass und in welchem Umfang sich der längerlebende Ehegatte von der Bindung hinsichtlich der Schlusserbeneinsetzung des Kindes befreien kann. Entsprechende Klauseln können sich insbesondere darauf beziehen, dass der längerlebende Ehegatte durch ein neues Testament die für den zweiten Todesfall bestimmte Einsetzung des Kindes als Schlusserbe noch ändern darf. Als Änderungsvorbehalte im gemeinschaftlichen Testament kommen insbesondere in Betracht:

- Die unbeschränkte Möglichkeit, die Anordnung über die Schlusserbeneinsetzung zu ändern,
- Änderungen nur innerhalb des Kreises der Abkömmlinge der Eheleute,
- Änderungen nur innerhalb des Kreises der Verwandten der Eheleute,
- Änderungen nur hinsichtlich des Vermögens des überlebenden Ehegatten.

Unbeschränkter Änderungsvorbehalt bedeutet, dass dem überlebenden Ehegatten durch testamentarische Verfügung die Möglichkeit eingeräumt wird, die im gemeinschaftlichen Testament festgelegte Einsetzung von Schlusserben zu ändern beziehungsweise zu widerrufen. Die Änderungsmöglichkeiten werden nicht beschränkt. Änderungen stehen im Belieben des überlebenden Ehegatten. Dieser erlangt im Fall der Änderung wieder seine volle Testierfähigkeit.

Änderungsmöglichkeiten nur innerhalb des Kreises der Abkömmlinge der Eheleute heißt, dass der längerlebende Ehegatte in diesem Fall zwar von der testamentarisch festgelegten Einsetzung des Kindes als Schlusserbe nach freiem Ermessen abweichen darf, er bei abweichenden Verfügungen (zum Beispiel bei der Erbeinsetzung oder der Zuwendung von Vermächtnissen) allerdings auf einen bestimmten Personenkreis beschränkt ist. Andere Personen als gemeinsame Abkömmlinge der Ehepartner (Kinder, Enkel, Urenkel) darf er nicht als Erben einsetzen.

BEISPIEL

Der längerlebende Ehegatte darf anstelle des als Schlusserben eingesetzten Kindes die Enkelkinder als Erben einsetzen. Oder er darf dem als Schlusserben eingesetzten Kind nur einen Erbteil zuwenden und den restlichen Nachlass an die Enkelkinder verteilen. Der längerlebende Ehegatte kann auch darauf verzichten, die Schlusserbeneinsetzung im Testament zu ändern, kann aber den Enkelkindern Vermächtnisse zuwenden.

Berliner Testament (→ Seite F-6)

Im hinteren Teil des Buchs finden Sie auf Seite F-6 ein **Formulierungsbeispiel** für ein Berliner Testament mit gegenseitiger Erbeinsetzung der Ehegatten und Einsetzung der Kinder als Schlusserben.

Änderungsmöglichkeiten nur innerhalb des Kreises der Verwandten der Eheleute bedeutet ebenfalls, dass der längerlebende Ehegatte von der testamentarisch festgelegten Einsetzung des Kindes als Schlusserbe abweichen darf, er bei abweichenden Verfügungen allerdings auf einen bestimmten Adressatenkreis beschränkt ist. Er darf keine Personen außer Verwandte bedenken. In Betracht kommen Verwandte in gerader Linie (zum Beispiel Kinder, Enkel, Urenkel, Eltern, Großeltern) oder in der Seitenlinie (zum Beispiel Geschwister, Tanten, Onkel, Nichten, Neffen). Ein Verwandtschaftsverhältnis wird auch durch Adoption begründet.

BEISPIEL

Der längerlebende Ehegatte darf anstelle des als Schlusserben eingesetzten Kindes die Enkelkinder, die Eltern oder seine Geschwister als Erben einsetzen. Oder er darf dem als Schlusserben eingesetzten Kind nur einen Erbteil zuwenden und den restlichen Nachlass an die Enkelkinder, seine Geschwister oder Eltern verteilen. Der längerlebende Ehegatte kann auch darauf verzichten, die Schlusserbeninsetzung im gemeinschaftlichen Testament zu ändern, er kann aber den Enkelkindern oder seinen Eltern Vermächtnisse zuwenden.

Der längerlebende Ehegatte kann testamentarisch über das gesamte Vermögen, also sowohl über das aus dem ersten Todesfall geerbte als auch über sein eigenes Vermögen frei verfügen.

Änderungsmöglichkeiten nur hinsichtlich des Vermögens des überlebenden Ehegatten heißt, dass der längerlebende Ehegatte zwar von der testamentarisch festgelegten Einsetzung des Kindes als Schlusserbe nach seinem Belieben abweichen darf, er bei abweichenden Verfügungen allerdings auf sein eigenes Vermögen beschränkt ist. Der längerlebende Ehegatte kann also testamentarisch nicht über das gesamte Vermögen verfügen. Dieses Gesamtvermögen setzt sich zusammen aus dem Vermögen des erstverstorbenen Ehegatten und dem eigenen Vermögen des längerlebenden Ehegatten.

BEISPIEL

Der längerlebende Ehegatte hat eine Immobilie, der verstorbene Ehegatte hat Wertpapiere in die Ehe eingebracht. Bei einem entsprechenden Abänderungsvorbehalt kann der längerlebende Ehegatte testamentarisch über seine Immobilie verfügen und von der Schlusserbeneinsetzung im Testament abweichen. Über die Wertpapiere kann der überlebende Ehegatte keine vom Testament abweichende erbrechtliche Verfügung treffen.

Der Personenkreis, aus dem der längerlebende Ehegatte den oder die Erben auswählt, ist nicht eingeschränkt. Er kann auch andere Personen (Abkömmlinge, Verwandte als Erben oder dritte Personen) als Erben einsetzen oder diesen Vermächtnisse zuwenden.

Änderungsvorbehalt im Berliner Testament (→ Seite F-9)

Im hinteren Teil des Buchs finden Sie auf Seite F-9 **Formulierungsbeispiele** für Änderungsvorbehalte im Berliner Testament.

Risiko II: Enterbung der Kinder beim ersten Erbfall und Pflichtteilsansprüche gegenüber überlebenden Ehegatten

Setzen sich Ehegatten in einem gemeinschaftlichen Testament gegenseitig als Alleinerben ein und sollen ihre gemeinsamen Kinder erst nach dem Tod des überlebenden Ehegatten das Vermögen beider erben, dann sind die Kinder beim ersten Erbfall zwangsläufig enterbt. Weil sie aber zu den gesetzlichen Erben gehören, können sie beim ersten Erbfall gegenüber dem überlebenden Ehegatten Pflichtteilsansprüche geltend machen (Näheres zum Pflichtteil → Seite 90).

BEISPIEL

Die Eheleute A und B leben im gesetzlichen Güterstand der Zugewinngemeinschaft. Sie haben sich in einem Berliner Testament gegenseitig als Alleinerben eingesetzt. Nach dem Tod des längerlebenden Ehegatten soll die gemeinsame Tochter Erbin sein.

Wenn A stirbt, ist der überlebende Ehegatte Alleinerbe. Die Tochter ist zunächst von der Erbfolge ausgeschlossen. Sie kann gegen den überlebenden Elternteil den Pflichtteil geltend machen. Kraft Gesetzes würde der Tochter die Hälfte des Nachlasses zustehen. Der Pflichtteil beträgt die Hälfte des gesetzlichen Erbteils, also ein Viertel des Nachlasses. In dieser Höhe könnte die Tochter einen Geldanspruch gegen den überlebenden Elternteil geltend machen.

→ **WICHTIG** Wenn die Kinder beim ersten Erbfall vom überlebenden Elternteil ihren Pflichtteil verlangen, können sie unter Umständen dessen wirtschaftliche Existenz gefährden. Wenn beispielsweise eine Immobilie den wesentlichen Teil des Nachlasses darstellt, müsste der überlebende Ehegatte unter Umständen diese Immobilie verkaufen, um die Pflichtteilsansprüche erfüllen zu können.

Durch eine sogenannte Pflichtteilsstrafklausel im Testament kann zwar nicht verhindert werden, dass die Kinder gleichwohl ihren Pflichtteilsanspruch geltend machen, es soll jedoch durch eine entsprechende Gestaltung versucht werden, die Kinder davon abzuhalten, ihren Pflichtteil zu verlangen. Insgesamt zielt eine entsprechende Klausel im gemeinschaftlichen Testament darauf ab, für die Kinder die Geltendmachung ihres Pflichtteils beim ersten Todesfall wirtschaftlich weniger interessant zu machen.

→ **TIPP** Pflichtteilsstrafklauseln sind entbehrlich, wenn die Eheleute ihr Kind dazu bewegen können, beim Tod des erstversterbenden Ehegatten auf seinen Pflichtteil zu verzichten. In diesem Fall muss sich der längerlebende Ehegatte nicht mit einem Pflichtteilsanspruch des Kindes beim ersten Erbfall auseinandersetzen. Ein entsprechender Vertrag muss vor dem Notar beurkundet werden.

Pflichtteilsstrafklauseln sind in verschiedenen Varianten möglich:

→ **Änderungsvorbehalt im Testament:** Durch entsprechende testamentarische Verfügung kann dem längerlebenden Ehegatten das Recht eingeräumt werden, von der Schlusserbeneinsetzung im gemeinschaftlichen Testament abzuweichen und das als Schlusserbe eingesetzte Kind zu enterben, wenn dieses seinen Pflichtteil gegenüber dem längerlebenden Elternteil verlangt. In diesem Fall steht dem enterbten Kind auch beim Tod des längerlebenden Ehegatten nur der Pflichtteil zu. Durch den Änderungsvorbehalt wird der überlebende Ehegatte nur berechtigt, das als Schlusserbe eingesetzte Kind zu enterben, wenn es den Pflichtteil geltend macht. Das Kind wird in diesem Fall also nicht automatisch enterbt.

→ **Enterbung und Beschränkung auf den Pflichtteil beim zweiten Todesfall:** Eine Pflichtteilsstrafklausel im Berliner Testament kann inhaltlich auch so gestaltet werden, dass das als Schlusserbe eingesetzte Kind automatisch enterbt sein soll, wenn es beim Tod des Erstversterbenden gegen den Willen des Längerlebenden den Pflichtteil verlangt. Auch in diesem Fall kann das Kind beim Tod des Längerlebenden nur den Pflichtteil verlangen. Im Gegensatz zum Änderungsvorbehalt, bei dem die Enterbung des als Schlusserben eingesetzten Kindes im Ermessen des zuletztversterbenden Elternteils steht, erfolgt in diesem Fall die Enterbung automatisch, wenn das Kind beim Tod des erstversterbenden Elternteils den Pflichtteil verlangt.

→ **TIPP** Bei dieser Gestaltungsvariante erfolgt die Enterbung automatisch, wenn das Kind seinen Pflichtteil verlangt. Deshalb ist es sinnvoll, dem längerlebenden Ehegatten das Recht einzuräumen, die Enterbung testamentarisch rückgängig zu machen. Andernfalls bleibt es bei der Enterbung des Kindes, selbst wenn dies vom überlebenden Ehegatten nicht (mehr) gewollt ist.

→ **Enterbung des Kindes und Verringerung des Pflichtteils beim zweiten Todesfall:** Ehepaare mit mehreren Kindern haben die Möglichkeit, ein Kind doppelt zu „bestrafen“ wenn es beim Tod der Erstversterbenden seinen Pflichtteil verlangt, und das Kind zu „belohnen“, das beim ersten Erbfall seinen Pflichtteil nicht geltend macht. Die sogenannte Jastrowsche Klausel ist eine verschärfte Form einer Pflichtteilsstrafklausel. Macht ein Kind beim Tod des Erstversterbenden seinen Pflichtteil geltend, so ist es beim Tod des Längerlebenden automatisch enterbt und kann nur seinen Pflichtteil verlangen. Die Höhe des Pflichtteils beim zweiten Todesfall hängt vom Wert des Nachlasses des längerlebenden Ehegatten ab. Diejenigen Kinder, die nach dem ersten Erbfall ihren Pflichtteil nicht geltend machen, erhalten aus dem Nachlass des Erstversterbenden eine Geldzuwendung in Form eines Vermächtnisses in Höhe ihres gesetzlichen Erbteils, die allerdings erst mit dem Tod des Längerlebenden fällig wird. Das hat zur Folge, dass der Nachlass des Längerlebenden durch die Vermächtnisse an Kinder, die beim ersten Erbfall ihren Pflichtteil nicht verlangt haben, geschmälert wird. Mithin verringert sich beim zweiten Todesfall auch der Pflichtteil eines Kindes, das beim ersten Todesfall seinen Pflichtteil verlangt hat.

Risiko III: Finanzielle Nachteile für die Kinder bei Wiederverheiratung des überlebenden Ehegatten

Motiv für die Errichtung eines Berliner Testaments durch Eheleute ist in erster Linie, dass der überlebende Ehegatte wirtschaftlich versorgt und danach sichergestellt ist, dass der Nachlass letztlich

Pflichtteilsstrafklausel im Berliner Testament (→ Seite F-10)

Im hinteren Teil des Buchs finden Sie auf Seite F-10 **Formulierungsbeispiele** für eine Pflichtteilsstrafklausel im Berliner Testament.

„Warum ist das sogenannte Berliner Testament bei Eheleuten so beliebt?“

Die meisten Eheleute mit Kindern wollen nach dem Tod des erstversterbenden Ehegatten in erster Linie den anderen Ehegatten wirtschaftlich versorgt wissen. Erst danach, nach dem Tod des längerlebenden Elternteils, sollen die Kinder Erben werden. Dieses Ziel erreichen die Eheleute mit dem Berliner Testament. In diesem Zusammenhang wird allerdings häufig übersehen, dass der überlebende Ehegatte – wenn im Testament keine Vorkehrungen getroffen werden – auf neue Lebensumstände nach dem Tod des erstverstorbenen Ehegatten nicht reagieren kann.

auf die Schlusserben, in der Regel auf die Kinder übergeht. Das Vermögen soll in der Familie erhalten bleiben und nicht auf Dritte übergehen. Dieses Ziel wird allerdings gefährdet, wenn der überlebende Ehegatte wieder heiratet. Dann stehen nämlich dem neuen Ehegatten des überlebenden Ehepartners gesetzliche Erb- und Pflichtteilsansprüche zu. Und wenn aus der neuen Ehe Kinder hervorgehen, sind auch diese erb- und pflichtteilsberechtigt. Insgesamt müssen also die Kinder aus der ersten Ehe, die im Berliner Testament als Schlusserben den gesamten Nachlass der Ehegatten erben sollten, mit finanziellen Einbußen rechnen, wenn der überlebende Elternteil wieder heiratet.

→ **WICHTIG** Durch eine sogenannte Wiederverheiratungsklausel im Berliner Testament besteht die Möglichkeit, die finanziellen Interessen der beim ersten Erbfall enterbten Kinder bei Wiederheirat des überlebenden Elternteils zu schützen. Dabei geht es darum, den Kindern zum Zeitpunkt der Wiederverheiratung des längerlebenden Elternteils eine angemessene Beteiligung am Nachlass des erstverstorbenen Elternteils zu sichern. Das, was die Ehegatten den im Berliner Testament als Schlusserben eingesetzten Kindern zugedacht haben, soll diesen auch letztlich zukommen.

Insgesamt gibt es mehrere Möglichkeiten, die wirtschaftlichen Interessen der Kinder zu wahren. Eine ist die, den längerlebenden Ehegatten im Berliner Testament für den Fall, dass er wieder heiratet, mit einem Vermächtnis zu beschweren. Damit erlangen die Kinder im Fall der Wiederverheiratung des überlebenden Elternteils einen Anspruch auf einen Teil des Nachlasses. Die Zuwendung kann aus einer bestimmten Quote des Nachlasses des erstverstorbenen Elternteils, einem festgelegten Geldbetrag oder aus einem bestimmten Nachlassgegenstand (zum Beispiel Grundstück, Wertpapiere) bestehen.

Eine andere Möglichkeit ist die Anordnung der Vor- und Nacherbfolge. Der überlebende Ehegatte wird dann für den Fall, dass er wieder heiratet, nur zum Vorerben eingesetzt. Nacherbfall ist die Wiederverheiratung des überlebenden Ehegatten.

Wiederverheiratungsklausel im Berliner Testament (→ Seite F-11)

Im hinteren Teil des Buchs finden Sie auf Seite F-11 **Formulierungsbeispiele** für eine Wiederverheiratungsklausel im Berliner Testament.

→ **TIPP** Eheleute, die eine Wiederverheiratungsklausel in ihr gemeinschaftliches Testament aufnehmen wollen, sollten sich zuvor von einem Notar oder einem fachkundigen Anwalt beraten lassen.

Risiko IV: Anfechtung der Erbeinsetzung der Kinder durch überlebenden Ehegatten

Eine weitere Schwachstelle des Berliner Testaments ist die, dass der überlebende Ehegatte die Einsetzung der Kinder als Schlusserben anfechten kann. Als Anfechtungsgrund kommt insbesondere die Übergehung eines Pflichtteilsberechtigten in Betracht. Die gesetzlichen Voraussetzungen kann der längerlebende Ehegatte selbst herbeiführen, indem er wieder heiratet oder ein Kind erhält beziehungsweise adoptiert. In diesen Fällen steht dem neuen Ehegatten beziehungsweise den Kindern gegenüber dem längerlebenden Ehegatten der Pflichtteil zu. Weil diese Pflichtteilsberechtigten durch die Schlusserbeneinsetzung im gemeinschaftlichen Testament übergangen werden, kann der längerlebende Ehegatte das gemeinschaftliche Testament anfechten.

BEISPIEL

Die Eheleute A und B haben sich in einem Berliner Testament wechselseitig als Alleinerben und als Schlusserben ihr gemeinsames Kind C eingesetzt. Nachdem A verstorben ist, heiratet B den D. D steht gesetzlich der Pflichtteil zu. Er wurde allerdings durch die Erbeinsetzungen im gemeinschaftlichen Testament von A und B übergangen, weil diese Entwicklung nicht absehbar war. Deshalb kann B das gemeinschaftliche Testament anfechten, weil D als Pflichtteilsberechtigter übergangen wurde.

Die Selbstanfechtung führt beim Berliner Testament zur Unwirksamkeit der Einsetzung des längerlebenden Ehegatten zum Alleinerben des Erstverstorbenen. Damit tritt rückwirkend auf den Tod des Erstversterbenden die gesetzliche Erbfolge ein. Diese Folge wird den Längerlebenden regelmäßig davon abhalten, das Testament anzufechten. Gleichwohl kann sicherheitshalber im gemeinschaftlichen Testament die Selbstanfechtung der Ehegatten ausgeschlossen werden. Selbst wenn dann der längerlebende Ehegatte nach dem Tod des Erstverstorbenen erneut heiratet, bleibt er an die gemeinschaftlich getroffenen testamentarischen Verfügungen gebunden.

Anfechtungsverzicht im Berliner Testament (→ Seite F-12)

Im hinteren Teil des Buchs finden Sie auf Seite F-12 ein **Formulierungsbeispiel** für einen Anfechtungsverzicht im Berliner Testament.

Anordnung der Vor- und Nacherbschaft

Die Anordnung einer Vor- und Nacherbschaft ist eine besondere Form der Erbeinsetzung. Der Erblasser kann in seinem Testament bestimmen, dass jemand erst dann Erbe wird, nachdem zunächst ein anderer Erbe geworden ist. Der zunächst eingesetzte Erbe wird für bestimmte Zeit Vorerbe; dessen Erbrecht endet mit einem vom Erblasser festgelegten Ereignis, dem sogenannten Nacherbfall. Dann geht die Erbschaft auf den Nacherben als endgültigen Erben über.

Für den schnellen Einstieg

1 Was versteht man unter der Vor- und Nacherbschaft?
→ Seite 67

2 Welche Gründe sprechen für und gegen die Nacherbfolge?
→ Seite 68

3 Wie muss der Erblasser die Vor- und Nacherbfolge anordnen?
→ Seite 69

4 Welche Rechte und Pflichten hat der Vorerbe? → Seite 72

5 Welchen gesetzlichen Beschränkungen unterliegt der Vorerbe? → Seite 72

6 Welche Rechte und Pflichten hat der Nacherbe? → Seite 75

7 In welchen Fällen kann die Anordnung der Vor- und Nacherbschaft sinnvoll sein? → Seite 77

Bedeutung der Vor- und Nacherbfolge

Mit einer Vor- und Nacherbfolge kann der Erblasser den Nachlass in der zeitlichen Nutzung aufteilen. Ferner hat er die Möglichkeit, die Zuordnung seines Vermögens auf längere Zeit zu bestimmen. Diese Form der Erbeinsetzung bietet sich für den Erblasser insbesondere dann an, wenn er den Nachlass vor dem Zugriff dritter Personen schützen will oder vermeiden möchte, dass der Vorerbe als „Zwischenerbe“ schalten und walten kann, wie er will, weil der Nachlass für den endgültig Berufenen erhalten werden soll.

Wenn der Erbfall eintritt, fällt die Erbschaft zunächst dem Vorerben zu. Erst mit dem Eintritt des vom Erblasser in seinem Testament vorgesehenen Ereignisses, dem sogenannten Nacherbfall, fällt die Erbschaft an den vom Erblasser bestimmten Nacherben. Trifft der Erblasser keine Anordnung, tritt der Nacherbfall mit dem Tod des Vorerben ein. Mit dem Eintritt des Nacherbfalls hört der Vorerbe auf, Erbe zu sein. Dann ist der Nacherbe Erbe und Rechtsnachfolger des Erblassers, also nicht des Vorerben.

Trennung des Nachlasses vom Vermögen des Vorerben

Der Vorerbe erbt die Vorerbschaft lediglich als „Sondervermögen“, das streng von seinem eigenen Vermögen getrennt zu betrachten ist. Diese sogenannte **Trennungslösung** hat vor allem beim gemeinschaftlichen Testament praktische Bedeutung, wenn sich Eheleute gegenseitig zu Vorerben (also nicht zu Vollerben) und einen Dritten, zumeist die Kinder, zu Nacherben einsetzen. In diesem Fall wird der längerlebende Ehepartner zwar Erbe, aber eben „nur“ beschränkter Vorerbe. Er muss das geerbte Vermögen bis zu seinem Tod verwalten und darf es nicht nach Belieben ausgeben. Die Nacherben sind schon Erben des Verstorbenen, sie erhalten die Erbschaft aber erst mit dem Tod des längerlebenden Ehepartners. Als Erben sind sie aber schon zu Lebzeiten des überlebenden Ehegatten geschützt und können gegen unzulässige Verfügungen und Beeinträchtigungen ih-

BEISPIEL

A hat zwei Kinder aus erster Ehe und heiratet zum zweiten Mal. Im Weg der gesetzlichen Erbfolge erbt die Ehefrau die Hälfte und die beiden Kinder zusammen die andere Hälfte des Nachlasses. Wenn A seine Ehefrau als Vorerbin und die Kinder als Nacherben einsetzt, fällt der gesamte Nachlass nach dem Tod der Ehefrau an seine Kinder. Setzt A keine Nacherben ein, geht der Nachlass seiner zweiten Frau an deren Erben und seine eigenen Kinder gehen dann leer aus.

res zukünftigen Vermögens vorgehen. Der Nachlass des erstverstorbenen Ehegatten verschmilzt nicht mit dem Vermögen des Vorerben, er wird also nicht Teil des Vermögens des längerlebenden Ehegatten, sondern ein davon unabhängiges Vermögen. Tritt mit dem Tod des längerlebenden Ehegatten der Nacherbfall ein, erhalten die als Nacherben eingesetzten Kinder zwei Vermögensmassen: den Nachlass des erstverstorbenen Elternteils als Nacherben und das Vermögen des zuletztverstorbenen Elternteils als Vollerben.

Vor- und Nachteile der Vor- und Nacherbfolge

Aus der Sicht des Erblassers sprechen unter anderem folgende **Vorteile** für die testamentarische Anordnung einer Vor- und Nacherbfolge:

- Es kann sichergestellt werden, dass das Vermögen des Erblassers in der Familie verbleibt und nicht an fremde Dritte übergeht.
- Unerwünschte gesetzliche Erben und Pflichtteilsberechtigte können ausgeschlossen werden.
- Der Erblasser kann auf das Verhalten der Vor- und Nacherben gezielt Einfluss nehmen (zum Beispiel Sanktionierung der Wiederverheiratung des überlebenden Ehegatten).
- Es kann sichergestellt werden, dass dem Nacherben die Substanz des Nachlasses zur Verfügung steht, während dem Vorerben lediglich die Nutzung des Nachlasses gewährt wird.
- Der Erblasser kann den vorgesehenen Erben den Nachlass erst dann zukommen lassen, wenn ein bestimmtes Ereignis eintritt (zum Beispiel Heirat) oder diese ein bestimmtes Alter erreicht haben.
- Bei überschuldeten Erben kann verhindert werden, dass der Nachlass zur Begleichung der Verbindlichkeiten herangezogen wird.
- Bei pflegebedürftigen Personen kann der Nachlass dem Zugriff des Sozialhilfeträgers entzogen werden.

Dem stehen folgende **Nachteile** gegenüber:

- Die Vor- und Nacherbfolge ist ein kompliziertes testamentarisches Gestaltungsmittel.
- Das Gesetz legt dem Vorerben erhebliche Verwaltungs- und Verfügungsbeschränkungen auf. Hinzu kommen noch gesetzliche Kontrollrechte des Nacherben.
- Die Anordnung der Vor- und Nacherbfolge führt häufig zu Problemen und Belastungen zwischen Vor- und Nacherben. Diese verfolgen naturgemäß unterschiedliche Interessen.
- Tritt der Nacherbfall mit dem Tod des Vorerben ein, unterliegt sowohl der Anfall der Erbschaft beim Vorerben als auch der Anfall beim Nacherben der Besteuerung. Der Nachlass wird also doppelt besteuert.

Testamentarische Verfügungen

Die Vor- und Nacherbfolge muss der Erblasser im Testament anordnen. Sowohl hinsichtlich der Vor- als auch der Nacherben handelt es sich um eine Erbeinsetzung. In einem gemeinschaftlichen Testament kann die Anordnung der Vor- und Nacherbschaft wechselbezüglich ausgestaltet werden.

Anordnungen im Testament

Der Erblasser muss einen oder mehrere Vorerben bestimmen. Der Vorerbe wird Erbe in der Zeit zwischen dem Erbfall und dem Nacherbfall. Er kann im gesetzlich beziehungsweise vom Erblasser bestimmten Rahmen über die zur Erbschaft gehörenden Gegenstände verfügen. Der Erblasser muss den Vorerben selbst bestimmen. Er darf die Entscheidung nicht einem Dritten, beispielsweise einem Testamentsvollstrecker, überlassen.

Der Erblasser muss einen oder mehrere Nacherben bestimmen. Dieser wird nach Eintritt des Nacherbfalls endgültiger Inhaber der Erbschaft. Auch die Person des Nacherben muss der Erblasser testamentarisch selbst bestimmen und darf die Entscheidung nicht einem anderen, beispielsweise dem Vorerben, überlassen. Hat der Erblasser angeordnet, dass der eingesetzte Erbe die Erbschaft erst mit dem Eintritt eines bestimmten Zeitpunkts oder Ereignisses erhalten soll, ohne zu bestimmen, wer bis dahin Erbe sein soll, so sind im Zweifel die gesetzlichen Erben des Erblassers die Vorerben.

Der Erblasser muss den sogenannten Nacherbfall festlegen, also den Zeitpunkt oder das Ereignis bestimmen, mit dem die Erbschaft vom Vorerben auf den Nacherben übergehen soll (→ Seite 70).

Bestimmung des Vorerben

Der Vorerbe wird regelmäßig vom Erblasser bestimmt. Hat der Erblasser zwar Vor- und Nacherbfolge testamentarisch angeordnet, jedoch keinen Vorerben bestimmt, so sind die gesetzlichen Erben des Erblassers Vorerben.

Bei der Frage, welche Folgen es hat, wenn der vom Erblasser bestimmte Vorerbe wegfällt, ist von Bedeutung, ob der Vorerbe vor dem Erbfall weggefallen ist oder zwar den Erbfall erlebt hat, aber vor dem Nacherbfall weggefallen ist. Ist der vom Erblasser bestimmte Vorerbe **vor dem Erbfall** weggefallen (zum Beispiel durch Tod oder durch Ausschlagung der Erbschaft), ohne dass der Erblasser einen Ersatzvorerben benannt hat, ist die Anordnung der Vorerbschaft gegenstandslos. Im Zweifel ist dann der Nacherbe als Ersatzerbe des Vorerben eingesetzt. Der Nachlass des Erblassers fällt dann nach dessen Tod unmittelbar dem Nacherben zu. Hat der Vorerbe zwar den Erbfall erlebt, ist aber **vor dem Nacherbfall** weggefallen, so treten die Erben des Vorerben an dessen Stelle, wenn der Nacherbfall an eine andere Bedingung als den Tod des Vorerben geknüpft ist (zum Beispiel ein Studienabschluss des Nacherben).

„Kann der Erblasser auch mehrere Nacherben nacheinander berufen?“

Ja. In diesem Fall steht der zunächst berufene Nacherbe dem folgenden Nacherben zunächst wieder als Vorerbe gegenüber.

§ URTEIL

Der Erblasser darf die Bestimmung der Person des Nacherben nicht dem Vorerben überlassen. Nur die Bezeichnung, nicht die Bestimmung der Person darf einem Dritten übertragen werden (BayObLG, Az. 1Z BR 44/03).

Bestimmung des Nacherben

Die Person des Nacherben muss vom Erblasser bestimmt werden. Ist dies im Testament nicht geschehen, hat der Erblasser aber gleichwohl Vor- und Nacherbfolge angeordnet, so gelten diejenigen als Nacherben, die zum Zeitpunkt der Nacherbfolge gesetzliche Erben des Erblassers gewesen wären mit Ausnahme des Fiskus.

Nacherbe kann grundsätzlich nur sein, wer auch Erbe sein kann. Die vom Erblasser bedachte Person muss im Gegensatz zur gesetzlichen Erbfolge zur Zeit des Erbfalls noch nicht bereits gezeugt sein. Der Nacherbe muss lediglich zum Zeitpunkt des Nacherbfalls gezeugt sein.

Bei der Frage, welche Folgen es hat, wenn der vom Erblasser bestimmte Nacherbe wegfällt, ist von Bedeutung, ob der Nacherbe vor dem Erbfall weggefallen ist oder zwar den Erbfall erlebt hat, aber vor dem Nacherbfall weggefallen ist. Ist der vom Erblasser bestimmte Nacherbe **vor dem Erbfall** weggefallen (zum Beispiel durch Tod oder durch Ausschlagung der Erbschaft), ist der Vorerbe im Zweifel Vollerbe, es sei denn, der Erblasser hat einen Ersatznacherben bestimmt. Hat der Nacherbe zwar den Erbfall erlebt, ist aber **vor dem Nacherbfall** weggefallen, so ist das Anwartschaftsrecht des Nacherben vererblich. Somit treten die Erben des Nacherben an dessen Stelle, sofern kein anderer Wille des Erblassers anzunehmen ist.

Bestimmung des Nacherbfalls

Der Erblasser muss den Zeitpunkt des Eintritts des Nacherbfalls bestimmen. Auch diese Festlegung kann keinem Dritten überlassen werden. Als Nacherbfall kann ein bestimmtes Datum oder der Eintritt eines bestimmten Ereignisses (zum Beispiel Volljährigkeit des Nacherben, Eheschließung des Vorerben) festgelegt werden. Tritt der Nacherbfall nicht ein, so fällt die Nacherbfolge weg. Hat der Erblasser den Zeitpunkt des Eintritts des Nacherbfalls testamentarisch nicht festgelegt, so tritt der Nacherbfall mit dem Tod des Vorerben ein.

BEISPIEL

Der Erblasser bestimmt, dass sein Sohn Nacherbe werden soll, wenn er das 25. Lebensjahr vollendet hat, oder dass seine Tochter Nacherbin werden soll, wenn sie ihre Ausbildung zur Verlagskauffrau abgeschlossen hat. Der Erblasser setzt seine Ehefrau als Vorerbin ein. Wenn sie wieder heiratet, soll der Sohn Nacherbe werden.

„Gibt es unter Umständen auch eine Alternative zur Anordnung einer Vor- und Nacherbschaft?“

Wenn der Erblasser mit der Anordnung einer Vor- und Nacherbschaft das Ziel verfolgt, einen Angehörigen der älteren Generation zu versorgen, kann es sinnvoller sein, gleich den Nacherben einzusetzen und die Person, deren Versorgung man gewährleistet wissen will, mit einem Nießbrauch am Nachlass zu versehen. Das richtige Instrument wäre dann die Anordnung eines entsprechenden Vermächtnisses im Testament.

→ **ACHTUNG** Nach Ablauf von dreißig Jahren nach dem Erbfall wird die Anordnung der Nacherbschaft unwirksam, wenn der Nacherbfall nicht eingetreten ist. Diese Frist gilt nicht, wenn in der Person des Vor- oder Nacherben ein bestimmtes Ereignis eintreten soll und der Vor- beziehungsweise Nacherbe bei Eintritt des Erbfalls lebt. Dazu gehören beispielsweise die Fälle, bei denen die Nacherbfolge für den Fall angeordnet wird, dass der Vorerbe stirbt, sich wieder verheiratet oder ein bestimmtes Alter oder der Nacherbe ein bestimmtes Berufsziel erreicht.

§ URTEIL

Eine Vor- und Nacherbfolge bezogen auf einen bestimmten Gegenstand oder eine Gruppe von Gegenständen ist mit dem Grundsatz der Gesamtrechtsnachfolge unvereinbar. Dem Willen des Erblassers, dass der Bedachte frei über das bewegliche Vermögen sollte verfügen können, während er hinsichtlich des unbeweglichen Vermögens die Stellung eines von den Beschränkungen des Gesetzes befreiten Vorerben erhalten sollte, kann durch Auslegung dahin Geltung verschafft werden, dass insgesamt eine Vor- und Nacherbschaft angeordnet werden, der Bedachte das bewegliche Vermögen aber im Weg des Vorausvermächtnisses erhalten sollte (OLG Düsseldorf, Az. I-3 Wx 78/17).

Bestimmung des Umfangs der Vor- und Nacherbschaft

Der Erblasser muss in seinem Testament festlegen, auf welchen Teil des Nachlasses sich die Vor- und Nacherbfolge beziehen soll. Die Anordnung kann sich auf den gesamten Nachlass oder auf einen Teil des Nachlasses, das heißt auf einen Bruchteil, nicht aber auf einzelne Nachlassgegenstände erstrecken. Wurde keine Verfügung getroffen, so umfasst die Nacherbfolge im Zweifel den gesamten Erbteil des Vorerben.

Anordnung der Vor- und Nacherbfolge (→ Seite F-12, F-55)

Im hinteren Teil des Buchs finden Sie auf Seite F-12 ein **Formulierungsbeispiel** für die Anordnung der Vor- und Nacherbfolge. Ferner finden Sie auf Seite F-55 eine **Checkliste**, in der die wichtigsten Fragen im Zusammenhang mit der Vor- und Nacherbfolge zusammengestellt sind.

Rechtsstellung des Vorerben

Mit dem Eintritt des Erbfalls wird der Vorerbe Erbe des Nachlasses des Erblassers. Damit verfügt er über zwei Vermögensmassen, sein eigenes Vermögen und den im Weg der Vorerbschaft erworbenen Nachlass. Nur über sein eigenes Vermögen kann der Vorerbe durch eine Verfügung von Todes wegen verfügen, nicht aber über den Nachlass.

Pflichten

Der Vorerbe muss den Nachlass ordnungsgemäß verwalten. Er hat das Recht, den Nachlass zu nutzen (ihm stehen also zum Beispiel die Miet- und Zinserträge zu). Die gewöhnlichen Erhaltungskosten hat der Vorerbe zu tragen. Darunter fallen alle Kosten, die nach den rechtlichen und wirtschaftlichen Umständen des Nachlasses regelmäßig aufgewendet werden müssen, um das Vermögen zu erhalten. Zu den gewöhnlichen Kosten gehören insbesondere Renovierungskosten, Kosten für normale Ausbesserungen, Versicherungsprämien, Verwaltungskosten. Andere Aufwendungen, die notwendig sind, aber die gewöhnlichen Erhaltungskosten übersteigen, kann der Vorerbe aus der Erbschaft bestreiten. Diese Kosten verringern also die Erbschaft und belasten letztlich den Nacherben. Zu diesen Kosten gehören beispielsweise die Beseitigung von Zerstörungen, der Einbau einer besseren Heizungsanlage, die Ergänzung vernichteten Inventars oder die Kosten für die Erneuerung des Dachs.

Aus wirtschaftlicher Sicht ist die Stellung des Vorerben vergleichbar mit der eines Nießbrauchers. Dem Vorerben sollen nur die Nutzungen des Nachlasses zustehen, während der Nacherbe die Substanz des Nachlasses erhalten soll.

Was der Vorerbe mit seiner Erbschaft konkret machen darf, hängt von seiner Rechtsstellung ab. Hat der Erblasser keine besonderen Anordnungen getroffen, dann ist der Vorerbe durch besondere gesetzliche Regelungen in seiner Verfügungsbefugnis über den Nachlass beschränkt. Man spricht dann vom **nicht befreiten Vorerben**. Der Erblasser kann den Vorerben auch von den gesetzlichen Einschränkungen ganz oder teilweise befreien. Dann handelt es sich um einen **befreiten Vorerben**.

Bis zum Eintritt des Nacherbfalls haftet der Vorerbe als echter Erbe für die Nachlassverbindlichkeiten, also beispielsweise für Schulden des Erblassers, Auflagen und Vermächtnisse. Nach dem Eintritt des Nacherbfalls wird der Vorerbe grundsätzlich von seiner Haftung befreit. Unter Umständen besteht jedoch seine Haftung über die Zeit des Nacherbfalls hinaus, so unter anderem

- → für Vermächtnisse und Auflagen, die der Erblasser nur ihm auferlegt hat und
- → für Verbindlichkeiten gegenüber dem Nacherben aus der Verletzung seiner Verwaltungspflicht.

Nach dem Eintritt des Nacherbfalls muss der Vorerbe dem Nacherben die Erbschaft in dem Zustand herausgeben, der sich bei einer bis zur Herausgabe fortgesetzten ordnungsgemäßen Verwaltung ergibt.

„Gehören Ersatzbeschaffungen für Gegenstände aus dem Nachlass dem Vorerben?“

Nein. Ersatzbeschaffungen gehören zum Nachlass, ebenso Ersatzansprüche gegen einen Schädiger oder gegen eine Versicherung.

§ URTEIL

Durch eine rechtsgeschäftliche Vereinbarung zwischen dem Vorerben und dem Nacherben kann ein zum Nachlass gehörendes Grundstück aus der Verfügungsbeschränkung der angeordneten Nacherbfolge entlassen werden. Ein Nacherbe kann einzelne Nachlassgegenstände freigeben und so die Bindung des Vorerben hinsichtlich dieser Nachlassgegenstände aufheben. Eine solche Freigabe kann jedenfalls durch ein vertragliches Zusammenwirken von Vor- und Nacherbe bewirkt werden (LG Hamm, Az. 15 W 594/15).

Beschränkungen

Der Vorerbe wird Rechtsnachfolger des Erblassers. Damit ist er Eigentümer und Besitzer der zum Nachlass gehörenden Gegenstände und Inhaber der vererblichen Rechte (zum Beispiel Gläubiger von Forderungen gegenüber Dritten). In diesem Zusammenhang kann der Vorerbe zwar über den Nachlass verfügen, damit aber den Nacherben der Wert und die Substanz des Nachlasses erhalten bleiben, unterliegt der Vorerbe gesetzlichen Verfügungsbeschränkungen. Diese betreffen unter anderem Verfügungen über Grundstücke, Grundstücksrechte, Schenkungen, Wertpapiere und Geldanlagen.

Eine Verfügung des Vorerben über ein Grundstück oder ein Recht an einem Grundstück (zum Beispiel Erbbaurecht, Wohnungseigentum) ist bei Eintritt der Nacherbfolge insoweit unwirksam, als sie das Recht des Nacherben vereiteln oder beeinträchtigen würde. Solche Rechtsgeschäfte sind ohne die Zustimmung des Nacherben unwirksam, es sei denn, der Erblasser hat den Vorerben von der Verfügungsbeschränkung befreit (siehe unten). Ohne Zustimmung des Nacherben kann der Vorerbe auch nicht über Hypothekenforderungen, Grund- und Rentenschulden verfügen.

Weil die Substanz der Erbschaft dem Nacherben zukommen soll, sind auch unentgeltliche Verfügungen des Vorerben unwirksam. Dazu gehören neben Grundstücksschenkungen auch unentgeltliche Verfügungen über bewegliche Sachen, Forderungen (zum Beispiel Darlehensforderungen) und sonstige Rechte (zum Beispiel Gesellschaftsanteile). Zulässig sind Schenkungen, die „einer sittlichen Pflicht oder einer auf den Anstand zu nehmenden Rücksicht“ entsprechen (zum Beispiel Geburtstags- und Weihnachtsgeschenke).

Auf Verlangen des Nacherben muss der Vorerbe besondere verkehrsgängige Wertpapiere bei einer Hinterlegungsstelle mit der Bestimmung hinterlegen, dass die Herausgabe nur mit Zustimmung des Nacherben verlangt werden kann. Über die hinterlegten Papiere kann der Vorerbe nur mit Zustimmung des Nacherben verfügen.

Verfügbares Geld hat der Vorerbe mündelsicher anzulegen, wenn es nach den Regeln einer ordnungsgemäßen Wirtschaft dauernd anzulegen ist. Als mündelsicher gelten beispielsweise Bundesanleihen und Konten bei Banken und Sparkassen, die über eine Einlagensicherung verfügen. Nicht anlegen muss der Vorerbe das Geld, das er nach den Grundsätzen ordnungsgemäßer Verwaltung zur Bestreitung der Ausgaben benötigt.

Der nicht befreite Vorerbe ist erheblichen Beschränkungen unterworfen. Setzt zum Beispiel der Erblasser seinen Ehegatten als Vorerben und seine Kinder als Nacherben ein, kann der Ehegatte unabhängig von einer etwaigen finanziellen Notlage (zum Beispiel wenn er in einem Pflegeheim untergebracht werden muss) nicht frei über den Nachlass verfügen. Ohne Zustimmung der Nacherben dürfen beispielsweise keine Grundstücksveräußerungen vorgenommen werden.

→ **TIPP** Will der Erblasser, dass der Vorerbe über bestimmte Nachlassgegenstände (zum Beispiel eine Immobilie) frei verfügen darf, sollte er diesen als befreiten Vorerben einsetzen (siehe unten) oder ihm als nicht befreiten Vorerben ein Vorausvermächtnis (→ Seite 108) zuwenden.

Befreiung von gesetzlichen Beschränkungen

Der Erblasser kann den Vorerben im gesetzlich vorgegebenen Rahmen von einigen der gesetzlichen Beschränkungen und Verpflichtungen befreien. Man spricht in diesem Zusammenhang vom befreiten Vorerben. Mit der Möglichkeit, den Vorerben von Beschränkungen und Verpflichtungen zu befreien, kann der Erblasser die Vor- und Nacherbfolge flexibel gestalten. Indem dem Nacherben gesetzliche Zustimmungs- und Kontrollrechte entzogen werden, erlangt der Vorerbe eine weitgehend selbstständige, unabhängige Stellung gegenüber dem Nacherben. Gleichwohl bleibt der Vorerbe Treuhänder des Nacherben.

Durch entsprechende Verfügung im Testament kann der Vorerbe unter anderem von folgenden Beschränkungen und Verpflichtungen befreit werden:

- von der Verfügungsbeschränkung über Grundstücke und Rechten an solchen,
- von der Pflicht, Wertpapiere zu hinterlegen,
- von der Verpflichtung, Geld, das nach den Regeln einer ordnungsgemäßen Wirtschaft dauernd anzulegen ist, mündelsicher anzulegen,
- von der Verpflichtung, dem Nacherben auf dessen Verlangen Auskunft über den Bestand des Nachlasses zu erteilen, wenn Grund zu der Annahme besteht, dass der Vorerbe durch seine Verwaltung die Rechte des Nacherben erheblich verletzt,
- von der Verpflichtung des Vorerben bei der Herausgabe der Erbschaft an den Nacherben auf Verlangen des Nacherben Rechenschaft abzulegen.

§ URTEIL

Der befreite Vorerbe kann von den Nacherben die Zustimmung zur Veräußerung eines zum Nachlass gehörenden Grundstücks verlangen, wenn der Vertragsgegner des Vorerben dies fordert (OLG Frankfurt a. M., Az. 4 U 78/10).

Der Erblasser hat mehrere Möglichkeiten, den Vorerben von Beschränkungen und Verpflichtungen zu befreien. Ihm ist insoweit ein weiter Gestaltungsspielraum eingeräumt. In der Praxis am häufigsten vorzufinden ist die sogenannte **Gesamtbefreiung**, also die Befreiung des Vorerben von allen gesetzlich zulässigen Beschränkungen und Verpflichtungen. Wenn mehrere Vorerben testamentarisch eingesetzt sind, kann der Erblasser auch nur einzelne Vorerben befreien. Ferner kann er die

Befreiung auf bestimmte Nachlassgegenstände (zum Beispiel ein Grundstück) beschränken. Die Befreiung von Beschränkungen und Verpflichtungen kann auch unter einer Bedingung erfolgen (zum Beispiel für den Not- oder Pflegefall). Die Befreiung des Vorerben von gesetzlichen Beschränkungen und Verpflichtungen wird sowohl im Grundbuch als auch im Erbschein angegeben.

→ **WICHTIG** Von einigen gesetzlichen Beschränkungen und Verpflichtungen kann der Erblasser den Vorerben nicht befreien. So unter anderem vom gesetzlichen Verbot, Schenkungen aus dem Nachlass zulasten des Nacherben vorzunehmen und von den Verpflichtungen, dem Nacherben auf dessen Verlangen ein Nachlassverzeichnis vorzulegen und die gewöhnlichen Erhaltungskosten der Nachlassgegenstände zu tragen (zum Beispiel Reparaturkosten, Grundsteuer).

Einsetzung eines befreiten Vorerben (→ Seite F-13)

Im hinteren Teil des Buchs finden Sie auf Seite F-13 **Formulierungsbeispiele** für die testamentarische Befreiung des Vorerben von gesetzlichen Verfügungsbeschränkungen.

Rechtsstellung des Nacherben

Die Rechtsstellung des Nacherben hängt davon ab, wann er seine Rechte geltend macht. Von Bedeutung sind der Zeitraum zwischen dem Erbfall und dem Eintritt der Vorerbschaft und die Zeit nach Eintritt des Nacherbfalls. Vor dem Eintritt des Erbfalls hat der Nacherbe keine Rechte.

Rechte während der Dauer der Vorerbschaft

Vor Eintritt des Nacherbfalls ist der Nacherbe noch nicht Erbe. Mit dem Eintritt des Erbfalls steht ihm jedoch eine Anwartschaft auf die Erbschaft beziehungsweise auf seinen Erbteil zu.

→ **WICHTIG** Stirbt der eingesetzte Nacherbe nach dem Tod des Erblassers, aber vor dem Eintritt des Nacherbfalls, ist sein Nacherbrecht vererblich; das Nacherbrecht geht dann auf seine Erben über. Will der Erblasser diese Vererblichkeit nicht, kann er dies durch abweichende Verfügungen ausschließen.

„Welche Folgen hat es, wenn der Nacherbe die Erbschaft ausschlägt?“

Mit der Ausschlagung wird die Nacherbfolge gegenstandslos. Die Erbschaft verbleibt dem Vorerben, es sei denn, der Erblasser hat etwas anderes bestimmt.

Geschützt wird der Vorerbe insbesondere durch die dem Vorerben auferlegten Verfügungsbeschränkungen und dessen Pflicht, den Nachlass ordnungsgemäß zu verwalten. Ferner stehen dem Nacherben eine Reihe von Sicherungs- und Kontrollrechten zu:

- Er kann vom Vorerben Auskunft über den Bestand der Erbschaft verlangen, wenn Grund zu der Annahme besteht, dass der Vorerbe durch die Verwaltung seine Rechte erheblich verletzt. Der Nacherbe kann sich insoweit die notwendigen Informationen beschaffen, um Sicherheitsleistung zu verlangen (siehe dazu unten) oder Schadensersatzansprüche vorzubereiten.
- Der Nacherbe kann Sicherheitsleistung verlangen, wenn durch das Verhalten des Vorerben oder seine ungünstige Vermögenslage begründete Sorge besteht, dass die Rechte des Nacherben erheblich verletzt werden. Als Sicherungsmittel kommen unter anderem die Hinterlegung von Geld und Wertpapieren in Betracht.
- Er kann des Weiteren vom Vorerben ein Verzeichnis der zur Erbschaft gehörenden Gegenstände verlangen. Das Bestandsverzeichnis kann als Grundlage für den Herausgabeanspruch des Nacherben beim Eintritt des Nacherbfalls dienen.
- Und er kann den Zustand der zur Erbschaft gehörenden Sachen auf seine Kosten durch einen Sachverständigen feststellen lassen.

> § URTEIL
>
> Ist vor Erlass des gegen den Vorerben zu richtenden Erbschaftsteuerbescheids der Nacherbfall durch Tod des Vorerben eingetreten, ist nicht der Nacherbe Steuerschuldner der durch den Vorerbfall ausgelösten Erbschaftsteuer, sondern der oder die Erben des Vorerben im Sinn des § 1922 Abs. 1 BGB als dessen Gesamtrechtsnachfolger (FG Hessen, Az. 1 K 1735/13).

Rechte nach Eintritt des Nacherbfalls

Mit dem Eintritt des Nacherbfalls wird der Nacherbe gesetzlicher Erbe des Erblassers (also nicht Erbe des Vorerben). Der Vorerbe verliert seine Erbenstellung und der Nachlass fällt an den Nacherben. Der Nacherbe erwirbt automatisch das Eigentum an allen Nachlassgegenständen.

Der Nacherbe kann vom Vorerben die Herausgabe aller Nachlassgegenstände in dem Zustand verlangen, der sich bei einer bis zur Herausgabe fortgesetzten ordnungsgemäßen Verwaltung ergibt. Der Vorerbe hat auf Verlangen des Nacherben Rechenschaft abzulegen, soweit er von dieser Pflicht nicht vom Erblasser befreit wurde.

Hat der Vorerbe seine Pflicht zur ordnungsgemäßen Verwaltung verletzt, kann der Nacherbe Schadensersatz verlangen. Auch der befreite Vorerbe kann zum Schadensersatz verpflichtet sein, wenn er beispielsweise unentgeltlich über Nachlassgegenstände verfügt hat.

→ **ACHTUNG** Mit Eintreten des Nacherbfalls haftet der Nacherbe als Vollerbe für alle ungetilgten Nachlassverbindlichkeiten. Er kann allerdings seine Haftung auf den noch vorhandenen Nachlass beschränken.

Vor- und Nacherbschaft als erbrechtliches Gestaltungsmittel

In bestimmten Konstellationen kann es sinnvoll sein, den Nachlass in der zeitlichen Nutzung aufzuteilen, einen Vorerben einzusetzen, der die Erbschaft für eine bestimmte Zeit nutzen darf, und einen Nacherben zu bestimmen, dem dann letztlich die Substanz des Nachlasses zufällt. Die Anordnung einer Vor- und Nacherbfolge führt in der Praxis häufig wegen der unterschiedlichen Interessenlage des Vor- und Nacherben zu erheblichen Problemen.

Eine entsprechende testamentarische Verfügung sollte deshalb vom Erblasser sorgfältig durchdacht werden. Gleichwohl kann die Vor- und Nacherbfolge bei besonders gelagerten Erbfällen durchaus sinnvoll sein. Gründe, die für eine entsprechende testamentarische Gestaltung sprechen, sind unter anderem die Familienbindung des Vermögens, die Erhaltung der Substanz des Nachlasses für den Nacherben oder der Schutz des Vorerben, dass dessen Gläubiger auf die Substanz des Nachlasses zugreifen können.

Anwendungsfälle

In Betracht kommen kann die Vor- und Nacherbfolge insbesondere

→ in einem **Ehegattentestament**, wenn der überlebende Ehegatte von den Erträgen des Nachlasses oder von seinem sonstigen Vermögen leben kann oder wenn die Vor- und Nacherbschaft als Wiederverheiratungsklausel ins Testament aufgenommen werden soll,

- im Rahmen eines sogenannten **Geschiedenentestaments**, wenn der Erblasser die indirekte Teilhabe des geschiedenen Ehegatten verhindern will,
- bei **überschuldeten Erben** und
- im Rahmen eines sogenannten **Behindertentestaments**, wenn das Vermögen der Familie erhalten bleiben und ein Zugriff des Sozialhilfeträgers auf das Vermögen ausgeschlossen werden soll.

→ **TIPP** Bei der Anordnung der Nacherbfolge handelt es sich um ein kompliziertes erbrechtliches Gestaltungsmittel. Deshalb sollte sich der Erblasser unbedingt von einem Notar oder einem fachkundigen Anwalt beraten lassen.

Im Ehegattentestament

Bei dieser erbrechtlichen Gestaltung wird der überlebende Ehegatte hinsichtlich des vom verstorbenen Ehepartner hinterlassenen Vermögens lediglich Vorerbe. Er kann dann zwar grundsätzlich über die Nachlassgegenstände verfügen, unterliegt dabei allerdings zugunsten der Nacherben einer Reihe von gesetzlichen Beschränkungen. Von diesen Beschränkungen kann der überlebende Ehegatte durch entsprechende testamentarische Verfügung zwar weitgehend befreit werden, nicht befreit werden kann er aber beispielsweise vom Verbot unentgeltlicher Verfügungen oder von der Verpflichtung, ein Nachlassverzeichnis zu erstellen (→ Seite 74).

Wenn ein Ehegatte den anderen Partner nach seinem Tod versorgt wissen will, kommt die Vor- und

Nacherbfolge nicht in Betracht. In diesem Fall ist ein gemeinschaftliches Testament mit Einsetzung des überlebenden Ehegatten als Alleinerben oder das Berliner Testament die richtige Gestaltungsform. Nur wenn der überlebende Ehegatte von den Erträgen des Nachlasses (zum Beispiel Zinserträgen, Mieteinnahmen) oder von seinem sonstigen Einkommen und Vermögen leben kann, kann über die Anordnung der Vor- und Nacherbfolge nachgedacht werden. Aber auch in diesem Fall muss berücksichtigt werden, dass der überlebende Ehegatte unter Umständen auf die Substanz des Nachlasses zurückgreifen muss; deshalb sollte er in jedem Fall als befreiter Vorerbe eingesetzt werden.

Wenn Ehegatten sich in einem gemeinschaftlichen Testament gegenseitig als Vorerben und dritte Personen, in der Regel ihre Kinder, als Nacherben einsetzen, führt dies beim ersten Erbfall zu zwei verschiedenen Vermögensmassen. Der überlebende Ehegatte verfügt dann über den Nachlass, über den er nicht beziehungsweise nur eingeschränkt verfügen darf, und über sein eigenes Vermögen, über das er frei verfügen kann. Die Schlusserben (Kinder) erben dann zwei Vermögensmassen: den Nachlass des erstverstorbenen Elternteils als dessen Nacherben und das Vermögen des zuletztverstorbenen Elternteils als Vollerben.

Gemeinschaftliches Testament mit Vor- und Nacherbfolge
(→ Seite F-13)

Im hinteren Teil des Buchs finden Sie auf Seite F-13 ein **Formulierungsbeispiel** für ein Ehegattentestament mit einer Vor- und Nacherbfolge.

→ **TIPP** Als Gestaltungsmodell kann die Vor- und Nacherbschaft auch dann sinnvoll sein, wenn der Erblasser seinen Ehegatten aus zweiter Ehe versorgen und seine Kinder aus erster Ehe als Nacherben einsetzen will. In diesem Fall muss er seinen Ehegatten als Vorerben und seine Kinder als Nacherben des Ehegatten einsetzen. Das Vermögen fällt dann seinen leiblichen Abkömmlingen zu, während seinem überlebenden Ehegatten zuvor die Nutzungen zustehen.

Als Wiederverheiratungsklausel

Heiratet der im gemeinschaftlichen Testament eingesetzte Ehepartner nach dem Tod des Erstversterbenden erneut und verstirbt er vor seinem zweiten Ehegatten, so geht das an ihn aus dem ersten Erbfall vererbte Vermögen ganz oder teilweise in eine fremde Familie, weil dem zweiten Ehegatten gesetzliche Erb- und Pflichtteilsrechte eingeräumt sind. Das gilt insbesondere auch, wenn aus der zweiten Ehe Kinder hervorgehen. Insgesamt müssen die Kinder aus der ersten Ehe bei der Wiederverheiratung des längerlebenden Ehepartners nach dem ersten Erbfall mit finanziellen Einbußen rechnen (siehe auch Seite 62).

Wiederverheiratungsklausel mit Vor- und Nacherbfolge
(→ Seite F-14)

Im hinteren Teil des Buchs finden Sie auf Seite F-14 **Formulierungsbeispiele** für ein gemeinschaftliches Testament von Eheleuten mit einer Wiederverheiratungsklausel in Form der Vor- und Nacherbfolge.

„Wird der Vorerbe beim Erbfall Eigentümer des Nachlasses?“

Mit dem Erbfall fällt die Erbschaft an den Vorerben. Er wird Inhaber des Nachlasses und Eigentümer der Vermögensgegenstände. Allerdings ist die Erbschaft in der Hand des Vorerben ein Sondervermögen, das rechtlich von seinem übrigen Vermögen getrennt ist. Die Nutzungen gebühren jedoch dem Vorerben.

Dem kann begegnet werden, indem eine sogenannte Wiederverheiratungsklausel in das gemeinschaftliche Testament aufgenommen wird. Ziel ist es, dem beim ersten Erbfall enterbten Kind auf den Zeitpunkt der Wiederverheiratung des längerlebenden Ehegatten eine angemessene Beteiligung am Nachlass zu sichern. Das, was die Ehegatten dem eingesetzten Schusserben (im Regelfall dem Kind) zugedacht haben, soll diesem auch letztlich zukommen.

Eine Möglichkeit, im Fall der Wiederverheiratung des überlebenden Ehegatten die wirtschaftlichen Interessen des im Berliner Testament als Schlusserbe eingesetzten Kindes zu wahren, ist die, den überlebenden Ehegatten für den Fall, dass er wieder heiratet, testamentarisch mit einem Vermächtnis zu beschweren (Näheres → **Seite 101**). Alternativ können sich die Eheleute von vornherein zum Vorerben und ihre Kinder als Nacherben einsetzen und bestimmen, dass der Nacherbfall bei Wiederverheiratung oder Tod des Vorerben eintritt. Es kann aber auch festgelegt werden, dass der überlebende Ehegatte als Vollerbe eingesetzt wird, solange er nicht wieder heiratet. Bei Wiederheirat wird er nur als Vorerbe eingesetzt, die gemeinsamen Kinder sind die Nacherben.

Im Geschiedenentestament

Der Ex-Ehegatte des Erblassers kann dessen Vermögen beziehungsweise Teile davon erwerben, wenn ein gemeinsames Kind stirbt, ohne selbst Abkömmlinge zu hinterlassen, nachdem es Erbe des zuerstversterbenden Elternteils geworden ist. Der überlebende Elternteil wird dann nicht Erbe, wenn das Kind eine anderweitige Verfügung von Todes wegen trifft. Allerdings wird der überlebende Elternteil dann über sein Pflichtteilsrecht nach dem Kind am Vermögen des geschiedenen Ehegatten mittelbar beteiligt, wenn das Kind selbst noch keine Abkömmlinge hinterlassen hat.

Der Erblasser kann die indirekte Teilhabe seines geschiedenen Ehegatten bzw. dessen Verwandten an seinem Nachlass durch die Anordnung der Vor- und Nacherbfolge verhindern. Er kann seine Kin-

Geschiedenentestament mit Vor- und Nacherbfolge (→ Seite F-15)

Im hinteren Teil des Buchs finden Sie auf Seite F-15 ein **Formulierungsbeispiel** für ein Geschiedenentestament mit Anordnung der Vor- und Nacherbfolge.

BEISPIEL

A ist von B geschieden und hat einen Sohn C aus dieser Ehe. Würde A ihren Sohn C als Alleinerben einsetzen, dann würde B, wenn C stirbt und keine Abkömmlinge hinterlässt, gesetzlicher Erbe des Sohnes sein und damit auch das Vermögen von A erben. Wenn C im Erbfall noch minderjährig wäre, stünde die elterliche Sorge über ihn und damit auch die Verwaltung des Nachlasses dem überlebenden Ehegatten allein zu.

der aus der geschiedenen Ehe als befreite Vorerben berufen und bestimmen, welche Personen nach dem Vorerben Nacherben werden sollen. In Betracht kommen in erster Linie die Abkömmlinge des Vorerben, in zweiter Linie die gesetzlichen Erben des Vorerben zum Zeitpunkt des Nacherbfalls mit Ausnahme des geschiedenen Elternteils beziehungsweise dessen Verwandten. Den Zeitpunkt des Nacherbfalls kann der Erblasser frei bestimmen. Falls er keine Bestimmung getroffen hat, tritt der Nacherbfall mit dem Tod des Vorerben ein. Sinnvoll kann es sein, die Vor- und Nacherbschaft zeitlich zu beschränken. Mit der Befristung der Nacherbschaft erreicht der Erblasser, dass seine Kinder zu einem späteren Zeitpunkt doch Vollerben werden und über das ererbte Vermögen durch Verfügung von Todes wegen frei verfügen können.

Bei verschuldeten Erben

Probleme kann es geben, wenn der Erblasser einer verschuldeten Person (zum Beispiel seinem Ehegatten, den Kindern oder anderen Personen) zu Lebzeiten oder durch Verfügung von Todes wegen Vermögen übertragen will. Erbrechtlich muss der Erblasser einerseits verhindern, dass durch die Vermögensübertragung die Gläubiger des Erben, des Pflichtteilsberechtigten oder des Vermächtnisnehmers auf das Vermögen zugreifen können, anderseits will er aber der verschuldeten Person unter Umständen einen angemessenen Unterhalt gewährleisten.

Verschuldeter Abkömmling

Probleme kann es geben, wenn ein Kind zur Verschwendung neigt oder verschuldet ist. Dann besteht die Gefahr, dass das Familienvermögen für die Nachkommen gefährdet ist, weil der Nachlass sofort mit dem Erwerb wegen der Verschwendungssucht oder der Überschuldung des Erwerbers dem Zugriff von dessen Gläubigern ausgesetzt ist. Zwar kann das Kind enterbt werden, es steht ihm aber zumindest der Pflichtteilsanspruch in Höhe der Hälfte seines gesetzlichen Erbteils zu. Dieser Pflichtteil kann dem Kind nur bei schweren Verfehlungen durch Testament entzogen werden.

Wenn ein Abkömmling sich „in einem solchen Maße der Verschwendung ergeben hat oder in einem solchen Maße überschuldet ist, dass der spätere Nachlass erheblich gefährdet ist“, kann der Erblasser diesem zwar den Pflichtteil nicht entziehen, er kann aber testamentarisch dessen Verfügungsrecht über den Pflichtteil in der Form einschränken, dass das Kind nur die Erträge aus dem Pflichtteil behalten, das Vermögen selbst aber nicht angreifen kann. Durch eine solche „Zwangsfürsorge“ wird der spätere Nachlass vor der Verschwendungssucht des Kindes oder vor dem Zugriff seiner Gläubiger bewahrt. Damit schützt der

§ URTEIL

Der Grund für die Beschränkung des Pflichtteils muss bei Errichtung des Testaments und bei Eintritt des Erbfalls konkret vorliegen. Eine erst drohende Überschuldung genügt nicht (OLG Düsseldorf, Az. I-3 Wx 214/08).

Erblasser nicht nur das pflichtteilsberechtigte Kind, sondern sichert mittelbar auch das Familienvermögen für künftige Generationen.

Die sogenannte **Pflichtteilsbeschränkung in guter Absicht** ist nur gegenüber den Abkömmlingen des Erblassers, nicht aber gegenüber seinem Ehegatten oder seinen Eltern zulässig. Er muss sie in seinem Testament anordnen. Folgende Voraussetzungen müssen vorliegen:

- → Das pflichtteilsberechtigte Kind muss entweder „verschwendungssüchtig“ oder „überschuldet“ sein. Verschwendung liegt vor, wenn Vermögen nutzlos vergeudet wird. Allein ein großzügiger Lebensstil oder ein Leben über die Verhältnisse reicht nicht aus. Überschuldung liegt vor, wenn die Verbindlichkeiten das Vermögen überschreiten.
- → Durch die Verschwendungssucht oder Überschuldung muss sich eine erhebliche Gefährdung des Nachlasses ergeben. Es muss also zu erwarten sein, dass der Nachlass entweder durch das Kind vergeudet oder durch die Gläubiger des Kindes gefährdet wird und auf diese Weise verloren geht.

→ **TIPP** Zielsetzung der Pflichtteilsbeschränkung in guter Absicht ist einerseits, die Erbschaft vor dem Zugriff der Gläubiger zu schützen, und andererseits, den pflichtteilsberechtigten Erben daran zu hindern, seine Erbschaft zu verschwenden.

Den optimalen Schutz des Familienvermögens erreicht der Erblasser, wenn er eine Vor- und Nacherbschaft anordnet und diese mit einer Testamentsvollstreckung kombiniert (Näheres zur Anordnung einer Testamentsvollstreckung → Seite 133). Der Erblasser muss das verschwenderische oder überschuldete Kind als Vorerben und dessen gesetzliche Erben als Nacherben einsetzen. Dem pflichtteilsberechtigten Kind bleiben dann die Einkünfte aus dem hinterlassenen Vermögen. Es darf aber keine Vermögenswerte verschenken oder Immobilien aus dem Nachlass verkaufen oder mit Grundpfandrechten (zum Beispiel Grundschulden) belasten. Die Gläubiger des Vorerben können nicht in das Vermögen vollstrecken. Ergänzend kann für die Lebenszeit des Kindes Testamentsvollstreckung angeordnet und dem Kind auch die Verwaltung des hinterlassenen Vermögens entzogen werden. Dem Testamentsvollstrecker obliegt dann die Aufgabe, dem Kind die Einkünfte, die aus dem Nachlass erzielt werden, als laufende Unterhaltszahlung zu überlassen.

→ **TIPP** Wenn der Erblasser in seinem eigenhändigen Testament eine Pflichtteilsbeschränkung in guter Absicht anordnen will, sollte er sich vorher unbedingt von einem Notar oder einem im Erbrecht versierten Anwalt beraten lassen.

Verschuldeter Ehegatte

Auch wenn der Ehegatte verschuldet ist, wird der Erblasser daran interessiert sein, sein zu vererbendes Vermögen dem Zugriff der Gläubiger des Ehegatten zu entziehen, diesem aber möglichst unpfändbare Nutzungen der Vermögenssubstanz (zum Beispiel Mieteinnahmen, Zinserträge) zukommen zu lassen. Dies kann mit der Anordnung

Testament bei verschuldetem Abkömmling mit Anordnung der Vor- und Nacherbfolge (→ Seite F-41)

Ein **Mustertestament** mit Anordnung Vor- und Nacherbfolge bei einem überschuldeten Abkömmling finden Sie auf Seite F-41.

einer Vor- und Nacherbschaft in Verbindung mit einer Testamentsvollstreckung erreicht werden.

- Der Erblasser setzt den verschuldeten Ehegatten als Vorerben ein. Damit ist gewährleistet, dass diesem kein endgültiges Vermögen zufließt.
- Der als Vorerbe eingesetzte Ehegatte kann von den gesetzlichen Beschränkungen, denen der Vorerbe unterliegt (→ Seite 73), befreit oder nicht befreit werden.
- Als Nacherben werden im Testament die Kinder, andere Verwandte oder dritte Personen eingesetzt.
- Der Nacherbfall tritt mit dem Tod des Vorerben ein.
- Die Vor- und Nacherbfolge wird ergänzt durch Anordnung einer Testamentsvollstreckung. Damit werden die Nutzungen aus dem Erbfall vor Zugriffen von Gläubigern des verschuldeten Ehegatten geschützt.

Durch die angeordnete Nacherbschaft wird die Substanz des Vermögens vor einer Verwertung in der Zwangsvollstreckung und in der Insolvenz geschützt. Auf die Nutzungen des Vermögens, die dem Vorerben zustehen, können die Gläubiger des Ehegatten allerdings zugreifen, soweit diese nach den gesetzlichen Vorschriften pfändbar sind. Allerdings ist der Testamentsvollstrecker bei einer Dauertestamentsvollstreckung nicht verpflichtet, die Erträgnisse des Nachlasses alljährlich an den Vorerben herauszugeben.

→ **TIPP** Wenn die Möglichkeit besteht, dass der Ehegatte vor oder nach Eintritt des Erbfalls schuldenfrei wird, ist denkbar, die Testamentsvollstreckung und die Nacherbfolge als auflösende Bedingung mit der Schuldenfreiheit zu verbinden.

Zur Versorgung behinderter oder pflegebedürftiger Personen

Die Anordnung einer Vor- und Nacherbschaft kommt auch in Betracht, wenn der Erblasser ein behindertes oder pflegebedürftiges Kind versorgen will. Lebt ein behindertes Kind im Heim oder bedarf es besonderer Pflege, sind die Kosten in aller Regel so hoch, dass Sozialleistungen in Anspruch genommen werden müssen. Hat das Kind eigenes Vermögen, so muss dieses – bis auf einen geringen Freibetrag – für die entstehenden Kosten eingesetzt werden. Folglich fließt das von den Eltern geerbte Vermögen in der Regel dem Sozialhilfeträger zu, ohne dass das behinderte Kind davon einen echten Vorteil hat. Das gleiche Problem stellt sich auch bei Ehepaaren, wenn ein Ehegatte von Behinderung betroffen ist.

→ **ACHTUNG** Mit der bloßen Enterbung des Kindes kann dieses Problem nicht vom Tisch geschafft werden. Wenn der Erblasser die pflegebedürftige Person enterbt, entsteht ein Pflichtteilsanspruch, den der Sozialhilfeträger auf sich überleiten und anschließend gegen die Erben geltend machen kann. Ebenfalls nicht hilfreich sind Vermögensübertragungen zu Lebzeiten, weil diese sogenannte Pflichtteilsergänzungsansprüche auslösen, die der Sozialhilfeträger ebenfalls auf sich überleiten kann.

Helfen kann das sogenannte **Behindertentestament**. Damit kann der Erblasser erreichen, dass sein Vermögen der Familie erhalten bleibt und ein Zugriff des Sozialhilfeträgers auf dieses Vermögen ausgeschlossen ist. Gleichzeitig kann er durch entsprechende testamentarische Anordnungen sicherstellen, dass die pflegebedürftige Person Zuwendungen erhält, die ihr vom Sozialhilfeträger nicht weggenommen werden dürfen.

§ URTEIL

Für die Beurteilung der Sittenwidrigkeit eines sogenannten Behindertentestaments ist nicht danach zu differenzieren, wie groß das dem behinderten Kind hinterlassene Vermögen ist. Es ist weder eine klar umrissene Wertung des Gesetzgebers noch eine allgemeine Rechtsauffassung festzustellen, dass Eltern einem behinderten Kind ab einer gewissen Größe ihres Vermögens einen über den Pflichtteil hinausgehenden Erbteil hinterlassen müssen, damit es nicht ausschließlich der Allgemeinheit zur Last fällt (OLG Hamm, Az. 10 U 13/16).

Dem Behindertentestament liegt die Anordnung einer Vor- und Nacherbschaft zugrunde:

- Der Erblasser setzt die pflegebedürftige Person in Höhe ihres Erbteils, der zumindest geringfügig über dem gesetzlichen Pflichtteil liegen muss, zum nicht befreiten Vorerben ein. Damit ist gewährleistet, dass der behinderten oder pflegebedürftigen Person kein endgültiges Vermögen zufließt.
- Dem Vorerben stehen die Nutzungen des Vermögens zu. Die Erträge des Nachlasses (zum Beispiel Zinserträge) müssen eingesetzt werden, bevor Sozialhilfe verlangt werden kann.
- Als Nacherbe wird eine andere Person (zum Beispiel der überlebende Ehegatte oder die Geschwister der pflegebedürftigen Person) eingesetzt.
- Der Nacherbfall tritt mit dem Tod des Vorerben ein.
- Die Vor- und Nacherbfolge wird ergänzt durch Anordnung einer Testamentsvollstreckung. Damit werden die Nutzungen aus dem Erbteil vor Zugriffen von Gläubigern des Erben geschützt.
- Der eingesetzte Testamentsvollstrecker hat die Aufgabe, der behinderten Person besondere Annehmlichkeiten zu sichern, die kein Grundbedarf sind, den der Sozialhilfeträger zu gewährleisten hat (zum Beispiel Zuwendung geringerer Geldbeträge, Urlaubsaufenthalte).

Als Alternative zur Vor- und Nacherbschaftsregelung kommt die sogenannte Vermächtnislösung in Betracht. In diesem Fall wird das behinderte Kind nicht als Erbe eingesetzt, sondern ihm ein Vermächtnis zugesprochen, das mindestens die Höhe des Pflichtteils erreichen muss. Es wird eine Dauertestamentsvollstreckung angeordnet. Zuwendungen an das Kind erfolgen nur bis zu der Höhe, auf die der Sozialleistungsträger nicht zugreifen kann.

→ **TIPP** Formal unterscheidet sich das Behindertentestament nicht von anderen Testamentsformen. Inhaltlich sind jedoch besondere Anforderungen zu beachten, die teilweise recht komplex sind. Wer entsprechende testamentarische Anordnungen in seinem Testament treffen will, sollte sich unbedingt von einem Notar oder einem erbrechtlich versierten Anwalt beraten lassen.

Behindertentestament
(→ Seite F-43)

Ein **Mustertestament** mit der Anordnung Vor- und Nacherbfolge bei einem behinderten Kind finden Sie auf Seite F-43.

Enterbung gesetzlicher Erben

Die gesetzlich garantierte Testierfreiheit erlaubt es dem Erblasser, nach seinem freien Belieben Anordnungen und Bestimmungen über sein Vermögen nach dem Tod zu treffen. Dazu gehört auch das Recht, gesetzliche Erben von der Erbfolge auszuschließen. Allerdings steht bestimmten gesetzlichen Erben in Form des sogenannten Pflichtteils ein gesetzlich garantierter Mindestanteil am Nachlass zu.

Für den schnellen Einstieg

1 In welchen Formen können gesetzliche Erben enterbt werden?
→ Seite 87

2 Welche Folgen hat eine Enterbung? → Seite 88

3 Was versteht man unter dem sogenannten Pflichtteil?
→ Seite 90

4 Welche Angehörigen haben Anspruch auf den Pflichtteil?
→ Seite 90

5 Wie wird der Pflichtteil berechnet? → Seite 91

6 Welche Besonderheiten bestehen beim Pflichtteilsanspruch des Ehegatten? → Seite 93

7 Wann und wie kann der Erblasser einem Pflichtteilsberechtigten den Pflichtteil entziehen? → Seite 94

Enterbung durch negatives oder positives Testament

Der Erblasser muss in seinem Testament keinen Erben bestimmen. Er kann sich darauf beschränken, lediglich zu verfügen, dass der Ehegatte oder ein Verwandter von der gesetzlichen Erbfolge ausgeschlossen ist. Zwangsläufig enterbt ist ein gesetzlicher Erbe, wenn der Erblasser über den gesamten Nachlass testamentarisch an eine oder mehrere Personen verfügt, obwohl noch weitere gesetzliche Erben vorhanden sind.

Art und Weise

Die Enterbung eines gesetzlichen Erben kann dadurch erfolgen, dass der Erblasser einen oder mehrere der gesetzlichen Erben von der Erbfolge ausschließt, ohne andere Erben einzusetzen oder seinen gesamten Nachlass an eine oder mehrere Personen vererbt, die nicht zu den gesetzlichen Erben gehören und somit zwangsläufig die gesetzlichen Erben enterben.

→ **WICHTIG** Das Erbrecht eines gesetzlichen Erben kann in vollem Umfang oder nur zu einem Bruchteil ausgeschlossen werden.

Der Erblasser kann durch ein sogenanntes **negatives Testament** einen Verwandten oder seinen Ehegatten von der gesetzlichen Erbfolge ausschließen, ohne einen Erben zu bestimmen. Die Enterbung kann auch in einem gemeinschaftlichen Testament erfolgen; weil eine entsprechende Verfügung jedoch nicht wechselbezüglich ausgestaltet werden kann, ist sie nach dem Tod des erstversterbenden Ehegatten für den Längerlebenden nicht bindend. Die Enterbung eines gesetzlichen Erben muss der Erblasser nicht begründen. Nicht wirksam ausschließen kann der Erblasser das gesetzliche Erbrecht des Fiskus.

Unter Umständen kann sich die Enterbung eines gesetzlichen Erben auch schlüssig aus dem Testament ergeben. In diesem Fall muss allerdings dann der Wille des Erblassers eindeutig zum Ausdruck kommen. Das kann dann der Fall sein, wenn der Erblasser der enterbten Person den Pflichtteil zuwendet.

§ URTEIL

Die in einem eigenhändigen Testament enthaltene Formulierung „jegliche Forderungen von Verwandten (mit denen schon seit Jahrzehnten keinerlei Kontakt mehr besteht) werden ausdrücklich ausgeschlossen", stellt eine Enterbung der Angehörigen dar (OLG Hamm, Az. I-15 W 701/10).

→ **TIPP** Will ein Erblasser sicherstellen, dass die von ihm gewollte Enterbung von bestimmten Personen nach seinem Tod auch ohne langwierigen Rechtsstreit greift, sollte er den betroffenen Personenkreis im Testament genau bezeichnen und so alternative Auslegungsmöglichkeiten ausschließen.

„Kann der Erblasser auch seinen Ehegatten durch Testament enterben?“

Auch die testamentarische Enterbung des Ehegatten ist zulässig. Allerdings hat der Ehegatte neben dem Pflichtteil auch Anspruch auf Ausgleich des Zugewinns, wenn die Eheleute im Güterstand der Zugewinngemeinschaft gelebt haben.

Der Erblasser hat auch die Möglichkeit, durch ein sogenanntes **positives Testament** gesetzliche Erben in der Form zu übergehen, dass er andere Personen testamentarisch zu seinen Erben einsetzt, dabei den gesamten Nachlass vergibt und damit zwangsläufig gesetzliche Erben enterbt.

BEISPIEL

Die Eheleute A und B haben ein Berliner Testament errichtet und sich gegenseitig als Alleinerben eingesetzt. Nach dem Tod des längerlebenden Elternteils sollen die gemeinsamen Kinder C und D zu gleichen Teilen erben. Nach dem Tod eines Ehegatten wird der überlebende Ehegatte Alleinerbe. Damit sind beim ersten Erbfall die Kinder zwangsläufig enterbt.

§ URTEIL

Die Aufteilung des Nachlasses in einer letztwilligen Verfügung zwischen der ehelichen Familie einerseits und der Mutter der nichtehelichen Kinder, die lediglich als deren Ersatzerben bestimmt sind, andererseits kann als schlüssige Enterbung der nichtehelichen Kinder durch Vergabe des Nachlasses an andere zu werten sein (BGH, Az. IV ZR 93/05).

Folgen

Wer von der gesetzlichen Erbfolge ausgeschlossen wurde, wird so behandelt, als würde er zur Zeit des Erbfalls nicht mehr leben. Der Ausschluss führt also zur gesetzlichen Erbfolge ohne den Ausgeschlossenen. Wird ein Verwandter der ersten drei Ordnungen ausgeschlossen (Näheres zu den Ordnungen → Seite 17), treten an dessen Stelle seine Abkömmlinge.

→ **WICHTIG** Die Enterbung eines Verwandten gilt grundsätzlich nur für seine Person und betrifft nicht seine Abkömmlinge. Wenn der Erblasser die Enterbung auch auf die Abkömmlinge des enterbten Verwandten erstrecken will, muss er dies in seinem Testament ausdrücklich erklären.

BEISPIEL

Der geschiedene A hat drei Kinder, B, C und D. Durch entsprechende Verfügung im Testament wird Kind B, das seinerseits bereits zwei Kinder hat, enterbt. Weitere testamentarische Anordnungen hat A nicht getroffen. In diesem Fall ist B von der Erbfolge ausgeschlossen. Dessen Erbteil erben die beiden Kinder zu gleichen Teilen.

Ist der Ehegatte durch eine negative Verfügung im Testament von der Erbfolge ausgeschlossen, erhöhen sich die gesetzlichen Erbteile der Verwandten.

BEISPIEL

A ist verheiratet und hat zwei Kinder. Durch entsprechende testamentarische Verfügung schließt er seine Gattin von der Erbfolge aus. Damit fällt ihr gesetzlicher Erbteil (die Hälfte des Nachlasses) an die beiden Kinder. Diese erben jeweils die Hälfte des Nachlasses.

Die Enterbung eines gesetzlichen Erben berührt dessen Pflichtteilsrecht nicht. Der Pflichtteil kann nur unter besonderen Voraussetzungen entzogen werden. Die Entziehung kann nur durch ein Testament oder einen Erbvertrag erfolgen. Der Entziehungsgrund muss konkret angegeben werden. Allgemeine Feststellungen (zum Beispiel „wegen des Lebenswandels des Sohnes“) reichen nicht aus (→ Seite 94).

Enterbung gesetzlicher Erben (→ Seite F-15 f., F-56)

Im hinteren Teil des Buchs finden Sie auf Seite F-15 f. **Formulierungsbeispiele** für die Enterbung eines gesetzlichen Erben sowie Textbausteine für die Enterbung seiner Abkömmlinge. Ferner steht Ihnen auf Seite F-56 eine **Checkliste** zur Verfügung, in der die wichtigsten Fragen im Zusammenhang mit der Enterbung zusammengestellt sind.

Pflichtteilsanspruch des enterbten Ehegatten und naher Verwandter

Zwar ist dem Erblasser gesetzlich das Recht eingeräumt, nach seinem Belieben über sein Vermögen nach dem Tod zu verfügen, diese Testierfreiheit wird allerdings beschränkt durch den sogenannten Pflichtteil. Damit will das Gesetz den nächsten Angehörigen einen Mindestanteil am hinterlassenen Vermögen garantieren.

Den Pflichtteilsanspruch kann der Erblasser den pflichtteilsberechtigten Personen nur in wenigen Ausnahmefällen entziehen. Und damit der Erblasser das Pflichtteilsrecht zu Lebzeiten nicht umgeht, ist den Pflichtteilsberechtigten der sogenannte Pflichtteilsergänzungsanspruch eingeräumt, wenn der Erblasser zu Lebzeiten Schenkungen gemacht hat.

→ **WICHTIG** Das Pflichtteilsrecht ist nicht identisch mit dem Erbrecht. Dem Pflichtteilsberechtigten steht nicht wie dem Erben der Nachlass zu. Am Nachlassvermögen selbst ist der Pflichtteilsberechtigte nicht beteiligt. Ihm steht nur ein schuldrechtlicher Geldanspruch gegen den oder die Erben zu, dagegen keine Rechte an den Nachlassgegenständen.

Pflichtteilsberechtigte Angehörige

Der Kreis der pflichtteilsberechtigten Personen ist gesetzlich festgelegt. Dazu zählen nur die nächsten Familienangehörigen des Erblassers, das sind seine Abkömmlinge, soweit sie erbberechtigt sind, seine Eltern und sein Ehegatte.

Pflichtteilsberechtigt sind zunächst die **Abkömmlinge des Erblassers**, also seine Kinder, Enkel, Urenkel und so weiter, auch nichteheliche und adoptierte Kinder. Entferntere Abkömmlinge kommen allerdings nur dann zum Zug, wenn der nähere Abkömmling keinen Pflichtteil verlangen kann oder das ihm Hinterlassene nicht annimmt. Lebt also noch ein Kind des Erblassers, ist dessen Kind, der Enkel des Erblassers, vom Pflichtteilsrecht ausgenommen.

Auch den **Eltern des Erblassers** steht ein Pflichtteilsrecht zu. Sie kommen aber nur dann zum Zug, wenn kein nach der gesetzlichen Erbfolge vorgehender Abkömmling vorhanden ist, der den Pflichtteil verlangen kann oder das ihm Hinterlassene annimmt.

→ **WICHTIG** Nicht pflichtteilsberechtigt sind die entfernteren Verwandten des Erblassers, insbesondere seine Geschwister, Onkel, Tanten, Neffen und Nichten. Auch dem nichtehelichen Lebenspartner steht kein Pflichtteil zu.

„Welche Folgen hat es, wenn der Pflichtteilsberechtigte zu Lebzeiten des Erblassers bereits eine Schenkung erhalten hat?"

Der Pflichtteilsberechtigte muss sich den Wert der Schenkung auf seinen Pflichtteil anrechnen lassen, wenn dies vom Erblasser so bestimmt war. Dies geschieht dadurch, dass der Wert der Schenkung dem Nachlass hinzugerechnet wird und aus der Summe dann der Pflichtteil berechnet und von diesem Betrag dann die Schenkung abgezogen wird.

Pflichtteilsberechtigt ist auch der **Ehegatte des Erblassers**. Dessen Pflichtteilsrecht setzt voraus, dass eine rechtsgültige Ehe besteht. Kein Pflichtteilsrecht hat der Partner einer geschiedenen Ehe. Und das Pflichtteilsrecht des überlebenden Ehegatten ist auch dann ausgeschlossen, wenn zur Zeit des Todes des Erblassers die Voraussetzungen für die Scheidung der Ehe gegeben waren und der Erblasser die Scheidung beantragt oder ihr zugestimmt hatte.

Voraussetzungen für den Pflichtteilsanspruch

Neben der Pflichtteilsberechtigung setzt der Pflichtteilsanspruch die Enterbung des gesetzlichen Erben voraus. Pflichtteilsberechtigte Personen haben also nur dann einen Pflichtteilsanspruch, wenn sie von der Erbfolge ausgeschlossen wurden. Nicht enterbt und damit nicht pflichtteilsberechtigt sind Personen, die auf Ihr Erb- und Pflichtteilsrecht verzichtet haben. Entsprechendes gilt grundsätzlich für Personen, die die Erbschaft ausgeschlagen haben. Von diesem Grundsatz bestehen allerdings Ausnahmen:

→ Der überlebende Ehegatte kann die Erbschaft ausschlagen und neben dem realen Ausgleich des Zugewinns den Pflichtteil verlangen (→ Seite 93).

→ Wird ein durch Testament zugewendeter Erbteil mit der Vor- oder Nacherbfolge, einer Testamentsvollstreckung, einer Teilungsanordnung, einem Vermächtnis oder einer Auflage belastet, und ist das hinterlassene Vermögen höher als der Pflichtteil, so kann der Pflichtteilsberechtigte die Erbschaft ausschlagen und seinen Pflichtteil verlangen. Damit erhält der Pflichtteilsberechtigte allerdings wertmäßig weniger, als ihm nach dem Testament oder dem Erbvertrag zustehen würde.

→ Gesetzlich verhindert wird auch der Fall, dass der Erblasser dem Pflichtteilsberechtigten ein Vermächtnis anstelle seines Pflichtteils aufdrängt. Ist ein Pflichtteilsberechtigter mit einem Vermächtnis bedacht, so kann er dieses ausschlagen und den Pflichtteil verlangen.

Höhe und Berechnung des Pflichtteils

Der Pflichtteil beträgt die Hälfte des gesetzlichen Erbteils. Er folgt aus der Pflichtteilsquote und dem Wert des Nachlasses zum Zeitpunkt des Erbfalls.

Ermittlung der Pflichtteilsquote
Für die Pflichtteilsquote ist maßgebend, wie hoch der gesetzliche Erbteil desjenigen wäre, der seinen Pflichtteil verlangt. Die Höhe des Erbteils wie-

derum hängt von der Zahl der gesetzlichen Erben und der Zusammensetzung ab (wegen der Einzelheiten der gesetzlichen Erbfolge → Seite 15).

Zur Feststellung der Pflichtteilsquote werden nicht nur die tatsächlichen Erben berücksichtigt. Mitgezählt wird auch, wer wegen Enterbung, Ausschlagung der Erbschaft oder Erbunwürdigkeit nicht Erbe geworden ist. Auch wer auf seinen Pflichtteil verzichtet hat, wird mitgezählt, nicht aber, wer auf seinen Erbteil verzichtet hat. Die Pflichtteilsquote wird also geringer, je mehr Erben es gibt. Schließlich hängt die Höhe des Erbteils von der Anzahl der Erben ab, was sich mittelbar dann natürlich auf die Höhe des Pflichtteils auswirkt.

BEISPIEL

A hinterlässt seine vier Kinder B, C, D und E. B hat im Weg der vorweggenommenen Erbfolge bereits ein Baugrundstück erhalten und im Gegenzug auf seinen Erbteil verzichtet. Zu Alleinerben zu jeweils gleichen Teilen sind C und D eingesetzt. C hat allerdings die Erbschaft ausgeschlagen. E wurde im Testament enterbt. Bei der Berechnung des Pflichtteils wird trotz Erbausschlagung C mitgezählt, nicht aber B, der auf seinen Erbteil verzichtet hat. Es bleiben also fiktiv drei Erben, C, D und E, deren Erbteil jeweils ein Drittel des Nachlasses betragen würde. Der Pflichtteil des enterbten E beträgt also ein Sechstel, die Hälfte seines gesetzlichen Erbteils von einem Drittel.

Für die Erb- und Pflichtteilsansprüche des überlebenden Ehegatten sind der eheliche Güterstand und die Anzahl der Miterben maßgebend (wegen der Besonderheiten des Pflichtteilsanspruchs des Ehegatten → Seite 93).

Ermittlung des Nachlasswerts

Für die Höhe des Pflichtteils ist neben der Anzahl der gesetzlichen Erben auch der Wert des Nachlasses maßgebend. Zum Nachlass gehören alle vermögensrechtlichen Positionen des Erblassers. In Betracht kommen insbesondere Bargeld, Guthaben auf Girokonten, Sparkonten und Sparverträgen, Wertpapiere, Darlehensforderungen, Beteiligungen an Personen- und Kapitalgesellschaften, Grundstücke, Eigentumswohnungen, Erbbaurechte, Kraftfahrzeuge, Hausratsgegenstände, Urheber- und Patentrechte.

Nicht zum Aktivnachlass gehören insbesondere laufende Forderungen auf Gehalt oder Rente, Gegenstände, die zum Voraus des Ehegatten zählen (→ Seite 24), gemietete und geleaste Gegenstände, Lebensversicherungen, die über eine Bezugsberechtigung außerhalb des Nachlasses an eine Person übergehen, Vermögensrechte, die mit dem Tod des Erblassers enden (zum Beispiel Nießbrauch, Wohnrecht).

Vom Aktivnachlass sind die zum Zeitpunkt des Erbfalls bestehenden Schulden des Erblassers abzuziehen. Nach dem Erbfall entstehende Schulden sind abzugsfähig, wenn deren Rechtsgrund auf den Erbfall zurückzuführen ist. Zum Passivnachlass gehören unter anderem Darlehensschulden, die Zugewinnausgleichsforderung des überlebenden Ehegatten, Beerdigungskosten, Anwalts- und Gerichtskosten, soweit sie mit dem Erbfall zusammenhängen, Kosten der Nachlassverwaltung und -sicherung, Steuerschulden des Erblassers, der Kapitalwert eines Nießbrauchs oder Wohnrechts, Rückforderungsansprüche des Sozialhilfeträgers.

Nicht abzugsfähig sind unter anderem Pflichtteils- und Pflichtteilsergänzungsansprüche, Kosten der Erbschaftsteuererklärung, Erbschaftsteuer, Vermächtnisse, Auflagen, Kosten der laufenden Grabpflege, Kosten der Testamentsvollstreckung, wenn diese dem Pflichtteilsberechtigten keinen Vorteil bringen.

Der Pflichtteil richtet sich nach dem Wert des Nachlasses. Der Pflichtteilsberechtigte ist wirtschaftlich so zu stellen, als sei der Nachlass beim Tod des Erblassers in Geld umgesetzt worden. Maßgebend bei der Bewertung ist also grundsätzlich der Verkaufswert (Verkehrswert) des jeweiligen Nachlassgegenstands. Eine vom Erblasser getroffene Wertbestimmung ist nicht maßgebend.

Für die Wertermittlung ist der Zeitpunkt des Erbfalls maßgebend. Nachträgliche Wertsteigerungen oder Wertminderungen werden nicht berücksichtigt. Für Bankguthaben ist der Wert zum Zeitpunkt des Erbfalls einschließlich Zinsen maßgebend. Für Wertpapiere ist der mittlere Tageskurs anzusetzen. Der Wert von Kraftfahrzeugen ist durch ein Sachverständigengutachten oder über die Schwacke-Liste zu ermitteln.

Schwierigkeiten bereitet häufig die Bewertung von Haushaltsgegenständen, Möbeln, technischen Geräten und Kleidungsstücken. Sie sind häufig nur schwer verkäuflich. Ihr Wert ist durch Schätzung zu ermitteln, wenn die Sachverständigenkosten in einem angemessenen Verhältnis zum Wert der Nachlassgegenstände stehen.

Für die Bewertung von Immobilien gelten folgende Grundsätze:

→ Unbebaute Grundstücke sind nach dem Wert gleichwertiger Grundstücke zu bewerten. Maßgebend sind insbesondere die von den Städten und Gemeinden geführten Kaufpreissammlungen und die darauf abgestellten Bodenrichtwerte.

→ Für das selbst genutzte Ein- oder Zweifamilienhaus und die selbst genutzte Eigentumswohnung ist das Sachwertverfahren maßgebend. Der Sachwert richtet sich nach dem Bodenwert und den Herstellungskosten. Wertmindernde Umstände wie Reparaturstau, das Alter oder Bauschäden sind zu berücksichtigen.

→ Fremdgenutzte Immobilien werden nach dem Ertragswertverfahren bewertet, das auf den jährlichen Reinertrag der Immobilie abstellt.

Besonderheiten beim Pflichtteilsrecht des Ehegatten

Bei der Höhe des Pflichtteils des Ehegatten ist auch entscheidend, in welchem Güterstand die Eheleute während der Ehe gelebt haben.

Pflichtteil bei der Zugewinngemeinschaft
Im gesetzlichen Güterstand der Zugewinngemeinschaft wird beim Tod des Ehegatten der Zugewinn in der Regel pauschal ausgeglichen. Der dem überlebenden Ehegatten zustehende Erbteil wird um ein Viertel erhöht (im Einzelnen → Seite 22).

Wird der Ehegatte enterbt, kann er den Ausgleich des konkret errechneten Zugewinns verlangen. Dazu werden Anfangsvermögen zum Zeitpunkt der Eheschließung und Endvermögen beim Tod des Ehegatten miteinander verglichen. Der Überschuss muss dann ausgeglichen werden. Neben dem Ausgleich des Zugewinns kann der Ehegatte den Pflichtteil nach dem nicht erhöhten Erbteil verlangen (sogenannter **kleiner Pflichtteil**). Nach dieser sogenannten **güterrechtlichen Lösung** steht also dem enterbten oder nicht mit einem Vermächtnis bedachten Ehegatten der konkret berechnete Zugewinn zuzüglich des Pflichtteils in Höhe der Hälfte des nicht um den pauschalen Zugewinnausgleich erhöhten Erbteils zu. Neben Erben der ersten Ordnung hat der Ehegatte dann grundsätzlich einen Pflichtteil von einem Achtel.

Wurde der überlebende Ehegatte durch testamentarische Verfügung zu gering bedacht, kann er den sogenannten **großen Pflichtteil** geltend machen. Das wird auch als **erbrechtliche Lösung** bezeichnet. In diesem Fall kann der Ehegatte neben dem Pflichtteil den um ein Viertel erhöhten Erbteil verlangen. Dann entfällt der konkrete Ausgleich des Zugewinns. Diesen großen Pflichtteil kann also der Ehegatte verlangen, soweit er auf eine Erbquote eingesetzt ist, die unter seinem Pflichtteil liegt (Zusatzpflichtteil) oder er lediglich mit einem Vermächtnis bedacht wurde, dessen Wert ebenfalls unter dem Pflichtteil liegt (Pflichtteilsrestanspruch).

BEISPIELE

A enterbt seine Ehefrau und setzt seine beiden Kinder zu gleichen Teilen als Erben ein. Der Ehefrau steht der Pflichtteil in Höhe der Hälfte des gesetzlichen Erbteils zu (50 Prozent von $1/4 = 1/8$). Daneben kann sie den konkret berechneten Zugewinnausgleich geltend machen.

A setzt seine beiden Kinder als Erben ein. Seiner Ehefrau wendet er als Vermächtnis seine Briefmarkensammlung zu, die allerdings wesentlich weniger wert ist als der ihr gesetzlich zustehende Erbteil. Deshalb steht der Ehefrau der Pflichtteil (abzüglich des Werts der Briefmarkensammlung) zu. Der Pflichtteil beträgt die Hälfte des gesetzlichen Erbteils ($= 1/8$). Daneben steht der Ehefrau noch der pauschale Zugewinnausgleich von einem Viertel zu (großer Pflichtteil: $1/4 + 1/8 = 3/8$)

Pflichtteil bei Gütertrennung

Leben die Eheleute im Güterstand der Gütertrennung, so findet nach Beendigung der Ehe kein Zugewinnausgleich statt. Für die Höhe des gesetzlichen Erbteils des Ehegatten und mithin auch für die Höhe des Pflichtteils ist maßgebend, ob und gegebenenfalls wie viele Kinder aus der Ehe hervorgegangen sind (→ Seite 23). Auch bei der Gütertrennung steht dem Ehegatten der Pflichtteil in Höhe der Hälfte seines gesetzlichen Erbteils zu.

Bei keinem oder einem Kind erbt der Ehegatte die Hälfte des Nachlasses. Der Pflichtteil beträgt also ein Viertel. Bei zwei Kindern steht dem Ehegatten ein gesetzlicher Erbteil in Höhe von einem Drittel zu. Der Pflichtteil beträgt mithin ein Sechstel. Bei mehr als zwei Kindern hat der Ehegatte Anspruch auf ein Viertel des Nachlasses und damit auf einen Pflichtteil von einem Achtel.

Schuldner des Pflichtteils

Der Pflichtteilsanspruch richtet sich grundsätzlich gegen den Erben. Der Pflichtteilsberechtigte kann sowohl gegen den einzelnen als auch gegen alle Miterben gemeinsam vorgehen. Die Erben haften als Gesamtschuldner.

Vor der Teilung des Nachlasses haftet jeder Erbe für den Pflichtteilsanspruch. Durch die sogenannte Einrede des ungeteilten Nachlasses kann der einzelne Miterbe jedoch erreichen, dass er nur mit seinem Anteil am Nachlass, nicht jedoch mit seinem sonstigen Vermögen haftet. **Nach der Teilung des Nachlasses** haftet jeder Miterbe nur für den seinem Erbteil entsprechenden Teil des Pflichtteils.

Entziehung des Pflichtteils durch Testament

Der Pflichtteil soll den nächsten Angehörigen des Erblassers einen Mindestanteil an dessen Vermögen nach seinem Tod sichern. Deshalb wird die Testierfreiheit des Erblassers, also dessen Recht,

nach Belieben mit seinem Vermögen nach seinem Tod zu verfügen, gesetzlich beschränkt. Die Möglichkeiten des Erblassers, nahe Angehörige vollständig auszuschließen, werden so begrenzt.

Unabhängig davon kann der Erblasser in wenigen Ausnahmefällen nahen Angehörigen auch den gesetzlich garantierten Pflichtteil entziehen. Die Gründe, auf die sich der Erblasser berufen kann, sind im Gesetz abschließend geregelt. Dabei handelt es sich um eine Aufzählung von Sachverhalten, die ein außergewöhnlich schweres Fehlverhalten gegenüber dem Erblasser darstellen, sodass es für diesen unzumutbar wird, diese Person gegen seinen Willen auch nur mit einem Mindestanteil in Form des Pflichtteils an seinem Nachlass teilhaben zu lassen.

Die Entziehung des Pflichtteils muss vom Erblasser angeordnet werden. Der Entziehungsgrund muss zur Zeit der Errichtung des Testaments bestanden und in der Verfügung angegeben werden. Falsche oder fehlende Gründe machen die Pflichtteilsentziehung unwirksam.

Mit der Entziehung des Pflichtteils entfallen für den pflichtteilsberechtigten Angehörigen alle Ansprüche gegen den Nachlass. Die Pflichtteilsentziehung kommt also letztlich den Erben zugute.

§ URTEIL

Ein Pflichtteilsberechtigter kann schon zu Lebzeiten des Erblassers Klage auf Feststellung gegen ihn erheben, dass die in seinem Testament unter Bezug auf bestimmte Vorfälle angeordnete Pflichtteilsentziehung unwirksam ist (BGH, Az. IV ZR 123/03).

Gründe für die Entziehung
Der Erblasser kann einem Pflichtteilsberechtigten den Pflichtteil nur entziehen, wenn einer der im Gesetz abschließend genannten Gründe vorliegt. Im Gesetz aufgeführt sind die Fälle, in denen der Erblasser einem Abkömmling den Pflichtteil entziehen kann. Die aufgeführten Entziehungsgründe gelten jedoch entsprechend für die Entziehung des Eltern- und Ehegattenpflichtteils.

„Nach dem Leben trachten“: Einem Abkömmling kann der Pflichtteil entzogen werden, wenn er dem Erblasser, dem Ehegatten des Erblassers, einem anderen Abkömmling oder einer dem Erblasser nahestehenden Person nach dem Leben trachtet. Ausreichend sind bereits eine Vorbereitungshandlung, der Versuch, Anstiftung oder Beihilfe, nicht dagegen die bloße mündliche Äußerung über eine Tötungsabsicht.

Verbrechen oder schweres vorsätzliches Verbrechen: Dem Abkömmling kann auch dann der Pflichtteil entzogen werden, wenn er sich eines Verbrechens oder eines schweren vorsätzlichen Vergehens gegen eine der oben genannten Personen schuldig macht. „Verbrechen“ sind rechtswidrige Taten, die im Mindestmaß mit einer Freiheitsstrafe von einem Jahr oder darüber bedroht sind. „Vergehen“ sind rechtswidrige Taten, die im Mindestmaß mit einer geringeren Freiheitsstrafe oder mit Geldstrafe bedroht sind. Ob es sich um ein schweres Vergehen handelt, richtet sich nach den konkreten Umständen des Einzelfalls. Als Straftaten kommen unter anderem Körperverletzung, Betrug, Beleidigung oder Untreue in Betracht. Eine strafgerichtliche Verurteilung ist keine Voraussetzung für die Entziehung des Pflichtteils.

Böswillige Verletzung der Unterhaltspflicht: Eine Pflichtteilsentziehung kommt auch in Betracht, wenn der Pflichtteilsberechtigte die ihm dem Erblasser gegenüber gesetzlich obliegende Unterhaltspflicht böswillig verletzt hat. Konkret geht es dabei um die Verletzung der Barunterhaltspflicht, also um Geldleistungen. Die gesetzliche Unterhaltspflicht setzt eine Bedürftigkeit des Erblassers und das Leistungsvermögen des Pflichtteilsberechtigten voraus. „Böswilligkeit“ setzt in jedem Fall voraus, dass der leistungsfähige Pflichtteilsberechtigte die Bedürftigkeit des Erblassers kennt und der Unterhaltspflicht trotz bestehender Leistungsfähigkeit nicht nachkommt.

§ URTEIL

Allein die Veruntreuung von Geld durch ein Kind rechtfertigt noch nicht die Entziehung des Pflichtteils. Verfehlungen gegen das Eigentum oder das Vermögen des Erblassers berechtigten nur dann zur Entziehung des Pflichtteils, wenn sie nach ihrer Natur und ihrer Begehungsweise eine grobe Missachtung des Eltern-Kind-Verhältnisses darstellen und deswegen eine schwere Kränkung des Erblassers bedeuten. Zu berücksichtigen sind auch die wirtschaftliche Situation und der Umstand, dass das Kind das Geld alsbald zurückzahlen wollte (OLG Hamm, Az. 10 U 111/06).

§ URTEIL

Da Unterhalt grundsätzlich nur als Geldleistung geschuldet wird, kann die Entziehung des Pflichtteils nicht auf die Versagung persönlicher Pflege im Krankheitsfall gestützt werden. Für eine böswillige Verletzung der Unterhaltspflicht genügt nicht die bloße Leistungsverweigerung; diese muss vielmehr auf einer verwerflichen Gesinnung beruhen (OLG Frankfurt a. M., Az. 15 U 61/12).

„Wer muss beweisen, dass der Grund für die Pflichtteilsentziehung vorliegt?“

Die Beweislast, dass der im Testament angegebene Grund für die Pflichtteilsentziehung besteht, trägt der Schuldner des Pflichtteils, also der Erbe.

Rechtskräftige Verurteilung: Die Entziehung des Pflichtteils ist auch möglich, wenn der Pflichtteilsberechtigte wegen einer vorsätzlichen Straftat zu einer Freiheitsstrafe von mindestens einem Jahr ohne Bewährung rechtskräftig verurteilt wird und dessen Teilhabe am Nachlass deshalb für den Erblasser unzumutbar ist. Gleiches gilt, wenn die Unterbringung des Abkömmlings in einem psychiatrischen Krankenhaus oder in einer Entziehungsanstalt wegen einer ähnlich schwerwiegenden vorsätzlichen Tat rechtskräftig angeordnet wird. Neben dem Vorliegen der Straftat muss es für den Erblasser unzumutbar sein, den Verurteilten am Nachlass teilhaben zu lassen. Das ist der Fall, wenn die Straftat den persönlichen in der Familie gelebten Wertvorstellungen des Erblassers in hohem Maße widerspricht. Bei besonders schweren Straftaten, die mit erheblichen Freiheitsstrafen geahndet werden, liegt dies in der Regel nahe.

BEISPIEL

Wird der Pflichtteilsberechtigte wegen Mordes an einem Kind zu lebenslanger Freiheitsstrafe rechtskräftig verurteilt und die besondere Schwere der Schuld festgestellt, so liegt die Vermutung der Unzumutbarkeit der Nachlassteilhabe für den Erblasser nahe. Hier wird es regelmäßig ausreichen, wenn der Erblasser in der letztwilligen Verfügung den Pflichtteil entzieht und dies mit der Begehung der Straftat begründet.

Der Grund für die Entziehung des Pflichtteils ist nur dann formgerecht erklärt, wenn der Erblasser im Testament zumindest einen zutreffenden Kernsachverhalt angibt. Dabei muss der Sachverhalt mindestens stichwortartig niedergelegt werden. Damit soll verhindert werden, dass die Erben später Entziehungsgründe „nachschieben“ können. Es muss auch ersichtlich sein, gegen wen sich welche Verfehlungen, Vergehen oder Verbrechen des Pflichtteilsberechtigten gerichtet haben. Unklare und unvollständige Formulierungen im Testament führen zur Unwirksamkeit der Pflichtteilsentziehung.

§ URTEIL

Wer einen pflichtteilsberechtigten Angehörigen enterben möchte, muss die Gründe für die Enterbung nachvollziehbar dokumentieren. Durch die Bezugnahme auf ein ärztliches Attest wird der Entziehungsgrund nicht formwirksam im Testament festgehalten (OLG Frankfurt a. M., Az. 4 U 208/04).

Verzeihung

Das Recht des Erblassers, dem Pflichtteilsberechtigten den Pflichtteil zu entziehen, entfällt durch eine sogenannte Verzeihung. Eine solche liegt vor, wenn der Erblasser nach außen zum Ausdruck gebracht hat, dass er das schwere Fehlverhalten des Pflichtteilsberechtigten nicht mehr als unzumutbar für eine Teilhabe am Nachlass empfindet. Die

„Muss die Verzeihung im Testament verfügt werden?“

Für die Verzeihung ist gesetzlich keine besondere Form vorgeschrieben. Sie muss nicht – wie die Entziehung des Pflichtteils – testamentarisch erfolgen, sondern kann vom Erblasser auch dadurch zum Ausdruck gebracht werden, dass er zum Pflichtteilsberechtigten wieder eine „normale“ Beziehung aufnimmt.

Verzeihung bedarf keiner Form. Entscheidend ist, dass aus dem Verhalten des Erblassers der Rückschluss gezogen werden kann, dass er dem Pflichtteilsberechtigten sein Fehlverhalten verziehen hat. Die Verzeihung kann auch durch schlüssiges Verhalten des Erblassers erfolgen.

BEISPIEL

Von einer Verzeihung ist auszugehen, wenn der Erblasser dem Pflichtteilsberechtigten, dem er den Pflichtteil entzogen hat, ein Vermächtnis zuwendet.

Die Verzeihung setzt nicht voraus, dass sich der Erblasser und der Pflichtteilsberechtigte versöhnt haben. Es muss auch nicht ein inniges Verhältnis zum Pflichtteilsberechtigten wiederhergestellt werden. Ausreichend ist vielmehr, dass wieder normale familiäre Beziehungen stattfinden.

§ URTEIL

Ein Verzeihen kann auch darin gesehen werden, dass der Erblasser dem Pflichtteilsberechtigten nach der erfolgten Pflichtteilsentziehung ein Privatdarlehen in beträchtlicher Höhe (hier ca. 40.000 Euro) gewährt hat (OLG Hamm, Az. 10 U 111/06).

Liegt eine Verzeihung vor, so wird die im Testament angeordnete Entziehung des Pflichtteils unwirksam. Und für die Zukunft kann der Erblasser eine Pflichtteilsentziehung nicht mehr auf den verziehenen Sachverhalten stützen.

Entziehung des Pflichtteils (→ Seite F-16, F-57)

Im hinteren Teil des Buchs finden Sie auf Seite F-16 ein **Formulierungsbeispiel** für ein Testament mit der Entziehung des Pflichtteils. Ferner finden Sie auf Seite F-57 eine **Checkliste**, in der die wichtigsten Fragen im Zusammenhang mit den Pflichtteilsansprüchen naher Angehöriger zusammengestellt sind.

Zuwendung von Vermächtnissen

In seinem Testament kann der Erblasser nicht nur abweichend von der gesetzlichen Erbfolge Erben einsetzen, er kann auch Personen einen Vermögensvorteil zuwenden, ohne dass diese die rechtliche Stellung eines Erben erlangen. Das Gesetz bezeichnet diese Art von Zuwendungen als Vermächtnisse. Sie sind ein wichtiges Gestaltungsmittel bei der Errichtung eines Testaments.

Für den schnellen Einstieg

1 Was ist unter einem Vermächtnis zu verstehen und wie unterscheidet es sich von anderen erbrechtlichen Gestaltungsmitteln? → Seite 101

2 Wie kann der Erblasser das Vermächtnis als Gestaltungsinstrument einsetzen? → Seite 103

3 Welche Anordnungen kann der Erblasser in Bezug auf den Vermächtnisnehmer treffen? → Seite 103

4 Wer muss ein im Testament angeordnetes Vermächtnis erfüllen? → Seite 104

5 Was kann alles Gegenstand eines Vermächtnisses sein? → Seite 108 ff.

6 Wann fällt das Vermächtnis an und wann wird es fällig? → Seite 113

7 Wie kann der Erblasser sicherstellen, dass der Beschwerte das angeordnete Vermächtnis tatsächlich erfüllt? → Seite 114

Vermächtnis als testamentarisches Gestaltungsmittel

Das Vermächtnis ist für den Erblasser ein flexibles Instrument für seine Nachlassplanung, weil er nicht in dem Maße wie bei der Erbeinsetzung einschränkenden gesetzlichen Bestimmungen unterworfen ist. Vor allem erlaubt die Gestaltungsform des Vermächtnisses dem Erblasser, eine gegenständliche Verteilung des Nachlasses vorzunehmen.

Der Erblasser muss das Vermächtnis in seinem Testament anordnen. In einem gemeinschaftlichen Testament von Eheleuten kann es wechselbezüglich ausgestaltet sein (→ Seite 40).

Abgrenzung des Vermächtnisses zu anderen Gestaltungsinstrumenten

Für seine Verfügungen im Testament ist es wichtig, dass der Erblasser das Vermächtnis von den anderen erbrechtlichen Gestaltungsmitteln, insbesondere von der Erbeinsetzung, der Auflage und der Teilungsordnung unterscheidet.

Erbeinsetzung oder Vermächtnis
Von der Erbeinsetzung unterscheidet sich das Vermächtnis dadurch, dass dem Begünstigten (Vermächtnisnehmer) nicht die Stellung eines Erben eingeräumt ist. Er ist nicht unmittelbar am Nachlass beteiligt, sondern erwirbt lediglich einen Anspruch gegen den Beschwerten (im Regelfall die Erben). Diese wichtige Unterscheidung wird bei eigenhändigen Testamenten, die ohne fachkundige Beratung errichtet werden, häufig nicht beachtet. Die Unterscheidung ist allerdings wichtig, weil der Erbe und der Vermächtnisnehmer eine völlig unterschiedliche Rechtsstellung haben.

Will der Erblasser in seinem Testament eine Person in der Form begünstigen, dass diese in seine „rechtlichen Fußstapfen“ treten und als Rechtsnachfolger seine vererbbaren Rechte und Pflichten (auch bestehende Nachlassverbindlichkeiten) übernehmen soll, muss er die betreffende Person als Erben einsetzen. Dies sollte auch klar und eindeutig zum Ausdruck gebracht werden. Will der Erblasser dagegen einer Person lediglich eine Zuwendung aus dem Nachlass zukommen lassen (zum Beispiel ein bestimmter Geldbetrag oder ein Nachlassgegenstand), so muss ein Vermächtnis angeordnet werden. Unabhängig davon enthält das Gesetz Auslegungsregeln für den Fall, dass aus einem Testament nicht eindeutig hervorgeht, ob es sich um eine Erbeinsetzung oder ein Vermächtnis handelt (→ Seite 53).

Vermächtnis oder Auflage
Mit einer Auflage im Testament kann der Erblasser seine Erben beschweren. Er kann den Erben zu einer Leistung verpflichten, ohne dass eine andere Person dadurch begünstigt wird (zum Beispiel Pflicht ein Tier zu versorgen). Durch eine Auflage kann aber auch eine andere Person begünstigt werden (zum Beispiel Spende an den Tierschutzverein). Im Gegensatz zum Vermächtnis hat jedoch der durch eine Auflage Begünstigte keinen Anspruch auf die Leistung (→ Seite 119).

§ URTEIL

Auch wenn das Vermögen einer Erblasserin im Wesentlichen aus einem Hausgrundstück besteht, stellt dessen Zuwendung an einen von mehreren Abkömmlingen in einem handschriftlichen Testament keine Erbeinsetzung, sondern ein Vermächtnis dar, wenn die Erblasserin die Zuwendung dahin formuliert hat, sie "vermache" einem ihrer Söhne das betreffende Grundstück. Zwar kann die Zuwendung eines Gegenstandes, namentlich einer Immobilie wie dem Hausgrundstück des Erblassers, eine Erbeinsetzung sein, wenn entweder der Nachlass dadurch erschöpft wird oder wenn sein objektiver Wert das übrige Vermögen an Wert so erheblich übertrifft, dass der Erblasser ihn offensichtlich als seinen wesentlichen Nachlass angesehen hat. Auszugehen ist aber von den Vorstellungen des Erblassers im Zeitpunkt der Testamentserrichtung über die voraussichtliche Zusammensetzung seines Nachlasses und den Wert der in diesen fallenden Gegenstände (OLG Düsseldorf, Az. I-3 Wx 141/13).

→ **WICHTIG** Will der Erblasser einem Dritten einen Vermögensvorteil verschaffen und diesem einen klagbaren Anspruch auf die Leistung einräumen, muss er ihm testamentarisch ein Vermächtnis zuwenden.

Will der Erblasser dagegen nur eine Leistungspflicht der Erben begründen, dem Begünstigten dagegen keinen Leistungsanspruch einräumen, muss er eine Auflage ins Testament aufnehmen. Die Erfüllung der Auflage können nur der Erbe, der Miterbe und derjenige verlangen, welchem der Wegfall des mit der Auflage zunächst Beschwerten zugutekommen würde, nicht aber der durch die Auflage Begünstigte. Die Anordnung einer Auflage empfiehlt sich im Gegensatz zum Vermächtnis auch, wenn sich der Erblasser hinsichtlich der Person des Bedachten noch nicht festlegen kann. Dann kann die Bestimmung der begünstigten Person auch einem Dritten überlassen werden. Und allein die Anordnung einer Auflage kommt in Betracht, wenn der Erblasser noch nicht einmal konkrete Vorstellungen über den begünstigten Personenkreis hat, weil in diesem Fall ein sogenanntes **Bestimmungsvermächtnis** nur zulässig ist, wenn der Kreis der möglichen Begünstigten hinreichend durch den Erblasser bestimmt ist (→ Seite 110).

Vorausvermächtnis oder Teilungsanordnung

Sowohl mit einem sogenannten Vorausvermächtnis als auch mit einer Teilungsanordnung kann der Erblasser auf die Art und Weise, wie sein Vermögen unter mehreren Miterben aufgeteilt wird, Einfluss nehmen. Hintergrund ist, dass in einer Erbengemeinschaft eine Teilung in Natur unter den Miterben ausgeschlossen ist, wenn sich im Nachlass unteilbare Sachen (zum Beispiel ein Grundstück) befinden. Streitigkeiten unter den Miterben sind in diesen Fällen vorprogrammiert.

Sowohl mit einem Vorausvermächtnis (→ Seite 108) als auch mit einer Teilungsanordnung (→ Seite 125) kann der Erblasser festlegen, welcher Miterbe welchen Nachlassgegenstand erhalten soll. Ein Vorausvermächtnis liegt vor, wenn dem Miterben zusätzlich zu seinem Erbteil ein Vermögensvorteil zugewendet wird, den er sich – anders als bei einer Teilungsanordnung des Erblassers – nicht auf seinen Erbteil anrechnen lassen muss.

Will der Erblasser Anordnungen über die Aufteilung des Nachlasses unter den Miterben treffen, kann er entweder einem Miterben ein Vorausvermächtnis zuwenden oder er kann testamentarisch eine Teilungsanordnung verfügen. Soll einem Miterben ein Nachlassgegenstand ohne Anrechnung auf seinen Erbteil zugewendet werden, muss der Erblasser testamentarisch ein Vorausvermächtnis anord-

„Ist der Vermächtnisnehmer Erbe?"

Die Zuwendung eines Vermächtnisses macht den Bedachten nicht zum Erben. Der Vermächtnisnehmer tritt also nicht in die Rechte und Pflichten des Erblassers. Er erwirbt nur einen Anspruch auf den ihm zugewendeten Gegenstand aus dem Nachlass.

nen. Will dagegen der Erblasser, dass der Miterbe einen Wertausgleich aus seinem eigenen Vermögen in der Höhe zu zahlen hat, in der der Wert des zugewendeten Nachlassgegenstands den Wert seines Erbteils übersteigt, muss er eine entsprechende Teilungsanordnung ins Testament aufnehmen.

Vermächtnis als flexibles Gestaltungsinstrument

Das Vermächtnis ist ein flexibles und gutes Instrument, um die Wünsche und Vorstellungen des Erblassers bei der Vermögensübertragung von Todes wegen zu realisieren. Die Vorteile:

→ Der Erblasser kann einzelne Vermögensgegenstände Personen zuwenden, die nicht Erbe sein, gleichwohl aber entsprechend seinen persönlichen Wünschen am Nachlass beteiligt werden sollen.

→ Mit einem Vermächtnis kann einer Person etwas zugewendet werden, ohne diese zum Erben einsetzen zu müssen. Der Erblasser kann also einer Person einen Anspruch auf Übertragung einzelner Vermögenswerte einräumen, ohne dass diese Person wie seine Erben im Weg der Gesamtrechtsnachfolge in seine Rechte und Pflichten eintritt.

→ Der Erblasser hat die Möglichkeit, durch die Anordnung von Vermächtnissen sein Vermögen auf mehrere Köpfe zu verteilen, was unter erbschaftsteuerlichen Gesichtspunkten von Vorteil sein kann.

→ Der Erblasser kann einen gesetzlichen Erben enterben, diesen aber gleichzeitig durch ein ausgesetztes Vermächtnis entschädigen. Das kann zum Beispiel sinnvoll sein, wenn er Streit unter den Miterben einer Erbengemeinschaft befürchtet und deshalb eine bestimmte Person (zum Beispiel ein nichteheliches Kind) nicht Mitglied einer Erbengemeinschaft werden soll.

→ Der Erblasser kann eine ihm nahestehende Person (zum Beispiel den Ehegatten) begünstigen, ohne ihn zum Erben einsetzen zu müssen. Durch die Anordnung eines Vermächtnisses kann er die betreffende Person wirtschaftlich versorgen und unmittelbar seine Kinder oder Enkel als Erben einsetzen. Das verhindert, dass Vermögen zweimal besteuert wird.

→ Mit der Anordnung eines Vermächtnisses besteht die Möglichkeit, Personen von einem bestimmten Verhalten abzuhalten. So kann der Erblasser zum Beispiel durch Vermächtnisse im Berliner Testament verhindern, dass die zunächst enterbten Kinder beim Tod des Erstversterbenden ihren Pflichtteil gegenüber dem überlebenden Ehegatten geltend machen und diesen unter Umständen damit in finanzielle Schwierigkeiten bringen (→ Seite 61).

→ Durch die Zuwendung eines Vorausvermächtnisses kann der Erblasser außerhalb des Erbteils und über diesen hinaus einen Vermögensvorteil zuweisen. Er kann so einzelne Miterben gegenüber den anderen Miterben wertmäßig begünstigen.

→ Bei der Zuwendung eines Vermächtnisses unterliegt der Erblasser nicht den einschränkenden gesetzlichen Bestimmungen wie bei der Erbeinsetzung. So kann ein Vermächtnis auch einem noch nicht gezeugten Kind zugewendet werden. Der Anfall des Vermächtnisses erfolgt dann mit der Geburt. Die Person des durch ein Vermächtnis Begünstigten muss nicht vom Erblasser selbst bestimmt werden. Es reicht aus, dass der Erblasser die Vermächtnisnehmer nur allgemein als Personenkreis festlegt und die endgültige Auswahl dem Erben oder einem Dritten überlässt (zum sogenannten Bestimmungsvermächtnis → Seite 110).

→ **TIPP** Wird ein Vermächtnis in einem gemeinschaftlichen Testament von Eheleuten angeordnet, kann es wechselbezüglich und damit bindend ausgestaltet werden (Einzelheiten → Seite 40).

Begünstigter und Beschwerter des Vermächtnisses

Die durch ein Vermächtnis begünstigte Person wird als Vermächtnisnehmer bezeichnet. Diese hat einen klagbaren Anspruch auf Zuwendung des vermachten Nachlassgegenstands. Mit einem Vermächtnis beschwert wird, sofern vom Erblasser nicht anderes bestimmt ist, der Erbe. Der Erblasser kann auch mehrere Personen beschweren.

Vermächtnisnehmer

Der Erblasser kann ein Vermächtnis jeder rechtsfähigen Person zuwenden. In Betracht kommen auch juristische Personen (zum Beispiel ein Verein). Vermächtnisnehmer kann auch eine noch nicht gezeugte Person sein. Der Erblasser kann also beispielsweise auch erhofften Enkeln ein Vermächtnis zuwenden. In diesem Fall fällt das Vermächtnis im Zeitpunkt der Geburt des Kindes an.

Bestimmung des Vermächtnisnehmers

Regelmäßig wird der Erblasser in seinem Testament festlegen, welcher Person ein bestimmter Gegenstand zuzuwenden ist. In diesem Fall bestimmt der Erblasser testamentarisch den Vermächtnisnehmer. Der Erblasser kann allerdings auch mehrere mit einem Vermächtnis in der Weise bedenken und die Auswahl unter mehreren Bedachten dem Erben oder einem Dritten überlassen (zum sogenannten Bestimmungsvermächtnis → Seite 110). Der Erblasser kann zwar mehrere Vermächtnisnehmer benennen, unter denen dann der Beschwerte auswählen kann, wer endgültig die

Zuwendung erhalten soll, er darf allerdings die Auswahl nicht völlig in das Belieben des Beschwerten stellen. Vielmehr muss der Personenkreis, aus dem der Vermächtnisnehmer letztlich bestimmt werden darf, hinreichend genau bestimmt und überschaubar sein. Zu dem Personenkreis, die mit einem Vermächtnis bedacht werden können, können auch der Erbe, der mit dem Vermächtnis beschwert wird, und der Dritte gehören, der darüber zu entscheiden hat, wer letztlich das Vermächtnis erhält (zum Beispiel ein Testamentsvollstrecker).

→ **TIPP** Wenn der Erblasser durch Testament eine Zuwendung machen will, den bedachten Personenkreis aber nicht festlegen kann oder will (zum Beispiel bei einer Spende an einen „wohltätigen Zweck"), sollte er eine Auflage anordnen. In diesem Fall muss der begünstigte Personenkreis nicht weiter angegeben werden.

Hat der Erblasser den in Betracht kommenden Personenkreis nicht hinreichend bestimmt, kann unter Umständen seine Anordnung als Auflage aufrechterhalten bleiben, wenn er den Zweck für die Zuwendung festgelegt hat.

BEISPIEL

Durch die Verfügung des Erblassers, dass an „verschiedene Vereine und wohltätige oder gemeinnützige Anstalten sowie bedürftige Personen" eine Spende erfolgen soll, ist der Personenkreis der Vermächtnisnehmer nicht hinreichend bestimmt. Die Verfügung kann jedoch in eine Auflage umgedeutet werden, allerdings mit der Folge, dass für die „Begünstigten" kein Anspruch auf die Zuwendung besteht.

Der Erblasser kann sowohl dem mit dem Vermächtnis Beschwerten (in der Regel dem Erben) als auch einem Dritten (zum Beispiel dem Testamentsvollstrecker) die Bestimmung des Vermächtnisnehmers überlassen. Benennt der Erblasser keinen Bestimmungsberechtigten, so entscheidet der Beschwerte als Schuldner des Vermächtnisses (in der Regel der Erbe), wer die Zuwendung erhalten soll.

Einsetzung eines Ersatzvermächtnisnehmers

Lebt der durch ein Vermächtnis Begünstigte zur Zeit des Erbfalls nicht mehr, so ist das Vermächtnis unwirksam. Der Anspruch auf die Zuwendung geht dann nicht auf die Erben des Vermächtnisnehmers über. Die Unwirksamkeit des Vermächtnisses kommt dem Beschwerten zugute, weil dieser das Vermächtnis nicht mehr erfüllen muss.

Für den Fall, dass der durch das angeordnete Vermächtnis Bedachte wegfällt, also beispielsweise vor dem Erbfall verstirbt oder das Vermächtnis ausschlägt, kann der Erblasser einen Ersatzvermächtnisnehmer bestimmen (zum sogenannten Ersatzvermächtnis → Seite 111). In diesem Fall hat der Ersatzvermächtnisnehmer Anspruch auf die Zuwendung, wenn der zunächst berufene Vermächtnisnehmer wegfällt.

→ **ACHTUNG** Will der Erblasser einen Ersatzvermächtnisnehmer bestimmen, so sollte er in seinem Testament ausdrücklich eine entsprechende Verfügung treffen. Unabhängig davon kann die Anordnung eines Ersatzvermächtnisses unter Umständen auch stillschweigend erfolgen. Ist nämlich der Vermächtnisnehmer ein Abkömmling des Erblassers, so wird gesetzlich vermutet, dass dessen Erben zu Ersatzerben berufen sein sollen, wenn der zunächst bedachte Abkömmling nach der Errichtung des Testaments wegfällt.

Lebt der Bedachte zur Zeit des Erbfalls nicht mehr und hat der Erblasser keinen Ersatzvermächtnisnehmer bestimmt, so kann sich durch Auslegung des Testaments ergeben, dass in diesem Fall die Abkömmlinge des verstorbenen Vermächtnisnehmers bedacht sind.

Gemeinschaftliches Vermächtnis

Der Erblasser kann nicht nur einer Person, sondern auch mehreren Personen denselben Vermächtnisgegenstand zuweisen. In diesem Fall handelt es sich dann um ein gemeinschaftliches Vermächtnis (→ Seite 111). Die Anteile an demselben Gegenstand kann der Erblasser testamentarisch festlegen. Hat der Erblasser nichts anderes bestimmt, steht jedem Vermächtnisnehmer der gleiche Anteil am Vermächtnisgegenstand zu.

Fällt ein Vermächtnisnehmer vor oder nach dem Erbfall weg (zum Beispiel Tod des Vermächtnisnehmers oder Ausschlagung des Vermächtnisses), tritt die sogenannte **Anwachsung** ein. In diesem Fall wächst der Anteil des weggefallenen Vermächtnisnehmers den übrigen Bedachten nach dem Verhältnis ihrer Anteile an.

→ **TIPP** Der Erblasser kann die Anwachsung testamentarisch ausschließen. Dies geschieht in der Regel dadurch, dass er einen Ersatzvermächtnisnehmer einsetzt (siehe oben).

Vor- und Nachvermächtnisnehmer

Der Erblasser kann in seinem Testament ein sogenanntes **Nachvermächtnis** anordnen (→ Seite 111). In diesem Fall wird derselbe Nachlassgegenstand zeitlich nacheinander verschiedenen Personen mit der Maßgabe zugewendet, dass bei Eintritt eines Termins oder einer Bedingung (zum Beispiel Erreichen eines bestimmten Alters des Nachvermächtnisnehmers) der erste Vermächtnisnehmer den Gegenstand an den zweiten Vermächtnisnehmer herauszugeben hat. Der Erblasser kann auch mehrere Nachvermächtnisfälle hintereinander anordnen.

Bis zum Eintritt des Nachvermächtnisfalls darf der Vorvermächtnisnehmer den Gegenstand nutzen. Mit dem Eintritt des Nachvermächtnisfalls hat der Nachvermächtnisnehmer einen klaren Anspruch gegen den Vorvermächtnisnehmer auf Herausgabe des Nachlassgegenstands. Mit dem Nachvermächtnis beschwert ist also der Vorvermächtnisnehmer.

BEISPIEL

Der Erblasser bestimmt in seinem Testament, dass sein Bruder nach seinem Tod die Briefmarkensammlung erhalten soll. Der Sohn seines Bruders, also der Neffe des Erblassers, soll dann letztlich die Briefmarkensammlung erhalten, wenn er das 18. Lebensjahr vollendet hat. Dann hat der Neffe des Erblassers einen klagbaren Anspruch auf Herausgabe der Briefmarkensammlung gegenüber seinem Vater.

Beschwerter

Beschwerung mit einem Vermächtnis bedeutet, dass der Beschwerte verpflichtet ist, den Vermächtnisanspruch des Vermächtnisnehmers (Begünstigten) zu erfüllen. Es kann nur derjenige mit einem Vermächtnis beschwert werden, dem der Erblasser etwas aus dem Nachlass zugewendet hat, der also Erbe oder Vermächtnisnehmer ist. Wer zum Beispiel durch eine Bezugsberechtigung einer Lebensversicherung begünstigt wird, kann nicht mit einem Vermächtnis beschwert werden.

Durch ein Vermächtnis können auch mehrere beschwert werden. In diesem Fall sind die Beschwer-

„Gibt es für Vermächtnisse eine wertmäßige Beschränkung?"

Nein. Das Vermächtnis kann sogar den gesamten Nachlass aufzehren und den Erben nichts mehr übrig lassen.

ten dann ohne abweichende Anordnung des Erblassers nach dem Verhältnis ihrer Erbteile beschwert.

Erbe als Beschwerter

Sofern der Erblasser in seinem Testament nichts anderes bestimmt, ist der Erbe Beschwerter. Er muss das testamentarische Vermächtnis erfüllen. Mit einem Vermächtnis können sowohl der gesetzliche als auch der testamentarische Erbe beschwert werden. Sind Miterben beschwert, können alle oder einzelne Miterben betroffen sein. Auch ein Ersatzerbe kann mit einem Vermächtnis belastet sein. Er haftet für die Erfüllung aber erst, wenn der Ersatzerbfall eintritt, also der zunächst eingesetzte Erbe weggefallen ist (zur Ersatzerbschaft → Seite 56).

Hat der Erblasser Vor- und Nacherbfolge angeordnet und nicht näher bestimmt, wer für angeordnete Vermächtnisse haften soll, ist die Erbschaft als solche beschwert. In diesem Fall ist bis zum Eintritt des Nacherbfalls der Vorerbe beschwert. Er ist befugt, das Vermächtnis aus der Erbschaft zu erfüllen. Nach Eintritt des Nacherbfalls geht eine noch nicht erfüllte Vermächtnisschuld auf den Nacherben über (zur Vor- und Nacherbschaft → Seite 65).

Vermächtnisnehmer als Beschwerter

Mit einem Vermächtnis kann der Erblasser auch einen Vermächtnisnehmer beschweren. In diesem Fall handelt es sich um ein sogenanntes **Untervermächtnis**. Das Untervermächtnis wird erst fällig, wenn der Hauptvermächtnisnehmer berechtigt ist, seinerseits die Erfüllung des Vermächtnisses zu verlangen. Durch entsprechende Anordnung kann der Erblasser allerdings die Fälligkeit des Untervermächtnisses hinausschieben.

Wegfall des Beschwerten

Sofern der Erblasser in seinem Testament nichts anderes verfügt hat, bleibt das Vermächtnis auch dann wirksam, wenn der Beschwerte nicht Erbe oder Vermächtnisnehmer wird (zum Beispiel weil der Beschwerte vor dem Erbfall verstorben ist oder die Erbschaft ausgeschlagen hat). Mit dem Vermächtnis beschwert ist dann derjenige, welchem der Wegfall des zunächst Berufenen unmittelbar zustattenkommt. Beschwert ist dann

- → anstelle des zunächst berufenen gesetzlichen Erben der nächstfolgende gesetzliche Erbe,
- → anstelle des testamentarisch eingesetzten Erben der Ersatzerbe oder der gesetzliche Erbe,
- → bei einem Untervermächtnis der Ersatzvermächtnisnehmer des Hauptvermächtnisses.

Gegenstände des Vermächtnisses

Ein Vermächtnis setzt immer die Zuwendung eines „Vermögensvorteils" an die bedachte Person voraus, ohne dass der Vermächtnisnehmer als Erbe eingesetzt ist. Vermächtnisgegenstand kann jede Leistung sein, neben Sachen insbesondere auch Rechte. Deshalb muss zwischen verschiedenen Vermächtnisarten unterschieden werden.

„Vermögensvorteil" als Vermächtnisgegenstand

Gegenstand eines Vermächtnisses muss immer ein „Vermögensvorteil" sein. Im Gegensatz zur Auflage (→ Seite 115) muss also der Bedachte begünstigt werden. Es muss sich um eine unentgeltliche Zuwendung handeln. Nicht erforderlich ist allerdings, dass der Begünstigte durch die Zuwendung wirtschaftlich bessergestellt wird.

Gegenstände eines Vermächtnisses können insbesondere sein:

- → die Übertragung von Eigentum an bestimmten Gegenständen (zum Beispiel Auto),
- → die Übertragung von Rechten (zum Beispiel Nießbrauch an Sachen und Rechten, lebenslanges Wohnrecht, Urheberrecht) und
- → die Einräumung von Forderungsrechten (zum Beispiel Anspruch auf Rückzahlung eines Darlehens oder auf Aufnahme in eine Gesellschaft).

→ **WICHTIG** Der Gegenstand eines Vermächtnisses muss im Testament nicht abschließend bestimmt sein. So sind also auch Wahlvermächtnisse, Gattungsvermächtnisse oder Zweckvermächtnisse zulässig (siehe unten), bei denen der Beschwerte, der Bedachte oder ein Dritter den Vermächtnisgegenstand bestimmen.

Vermächtnisarten

Nach ihrem Inhalt stehen dem Erblasser verschiedene Vermächtnisarten zur Verfügung.

Vorausvermächtnis
Von einem Vorausvermächtnis spricht man, wenn der Erblasser das Vermächtnis dem Erben selbst zuwendet. Das Vorausvermächtnis erhält der Erbe ohne Anrechnung auf seinen Erbteil zusätzlich

Anordnung von Vermächtnissen (→ Seite F-17, F-58)

Im hinteren Teil des Buchs finden Sie auf Seite F-17 **Formulierungsbeispiele** für die verschiedenen Vermächtnisarten. Ferner ist auf Seite F-58 eine **Checkliste** abgebildet, in der die wichtigsten Fragen im Zusammenhang mit der Anordnung eines Vermächtnisses zusammengestellt sind.

vorab aus dem Nachlass. Die Erbquoten werden dann nach dem verbleibenden Nachlass ohne den vermachten Gegenstand berechnet.

> **BEISPIEL**
>
> Der Erblasser setzt seine beiden Kinder A und B jeweils zur Hälfte zu seinen Erben ein. A erhält darüber hinaus ohne Anrechnung auf seinen Erbteil das Wertpapierdepot des Erblassers.

Mit einem Vorausvermächtnis hat der Erblasser die Möglichkeit, einen einzelnen Miterben gegenüber den anderen Miterben wertmäßig zu begünstigen.

Stückvermächtnis

Mit einem Stückvermächtnis kann dem Vermächtnisnehmer ein bestimmter Gegenstand zugewendet werden. Das Stückvermächtnis ist der Regelfall eines Vermächtnisses. Gegenstand des Vermächtnisses ist meist eine Sache, in Betracht kommen aber auch eine Forderung oder ein Recht.

> **BEISPIEL**
>
> Der Erblasser setzt seine beiden Kinder A und B jeweils zur Hälfte zu seinen Erben ein. Seinem Freund vermacht er seine Münzsammlung, seiner Haushälterin sein Auto.

Voraussetzung für die Wirksamkeit des Stückvermächtnisses ist, dass der Gegenstand zum Zeitpunkt des Erbfalls zum Nachlass gehört. Gehört der Gegenstand selbst nicht zum Nachlass, stand dem Erblasser aber beim Erbfall ein Anspruch auf Leistung des vermachten Gegenstands zu, so gilt der Leistungsanspruch als vermacht. Gehört der vermachte Gegenstand beim Erbfall nicht mehr zum Nachlass, weil er nach der Anordnung des Vermächtnisses untergegangen oder dem Erblasser entzogen worden ist, so gilt der Wertersatz als vermacht.

Gattungsvermächtnis

Der Erblasser kann sich darauf beschränken, den vermachten Gegenstand nur der Gattung nach zu bestimmen und die Gattungsmerkmale zu beschreiben. Das Gattungsvermächtnis kann sich nur auf körperliche Gegenstände, nicht auf Forderungen oder Rechte beziehen. Als Gattungsmerkmale kommen gemeinschaftliche Merkmale wie Typ, Sorte oder Preis in Betracht. Der Beschwerte schuldet beim Gattungsvermächtnis einen Gegenstand, der die vom Erblasser festgelegten Gattungsmerkmale aufweist, nicht aber – wie beim Stückvermächtnis – einen Gegenstand, der bestimmte individuelle Eigenschaften hat. Die konkrete Bestimmung des Gegenstands kann dem Beschwerten, dem Bedachten oder einem Dritten obliegen. Wenn der Erblasser keine Anordnung getroffen hat, bestimmt der Beschwerte den vermachten Gegenstand.

> **BEISPIEL**
>
> Der Erblasser vermacht seiner Nichte ein Gemälde des Malers XY.

Wahlvermächtnis

Mit einem Wahlvermächtnis begünstigt der Erblasser den Vermächtnisnehmer in der Form, dass dieser von mehreren Gegenständen nur den einen oder den anderen erhalten soll. Die Vermächtnisgegenstände können individuell oder nur der Gattung nach bestimmt sein.

Wahlberechtigt ist in erster Linie der mit dem Vermächtnis Beschwerte, also im Regelfall der Erbe. Die Wahl kann vom Erblasser aber auch dem Bedachten oder einem Dritten übertragen werden. Im Zweifel steht das Wahlrecht dem Beschwerten zu.

BEISPIEL

Der Erblasser vermacht seiner Schwester eines seiner drei Autos. Die Schwester kann zwischen einem VW, einem Jeep und einem BMW wählen.

Bestimmungsvermächtnis
Beim Bestimmungsvermächtnis kann der Beschwerte oder Dritte den Bedachten aus mehreren vom Erblasser Benannten auswählen. Allerdings muss der Erblasser im Testament den Personenkreis, aus dem der Bedachte ausgewählt werden soll, hinreichend bestimmt und überschaubar vorgeben. Die Auswahl des Vermächtnisnehmers darf also nicht völlig in das Belieben des Bestimmungsberechtigten gestellt werden (→ Seite 104).

BEISPIEL

Der Erblasser vermacht seine Wertpapiere seinen Neffen A, B oder C. Die Entscheidung, welcher Neffe letztlich die Wertpapiere erhält, soll der im Testament eingesetzte Erbe treffen.

Zweckvermächtnis
Mit einem Zweckvermächtnis kann der Erblasser den Zweck des Vermächtnisses bestimmen und es im Übrigen dem Beschwerten oder Dritten (zum Beispiel dem Testamentsvollstrecker) überlassen, den Vermächtnisgegenstand zu bestimmen. Der Vermächtniszweck muss so genau bezeichnet sein, dass der Bestimmungsberechtigte ausreichende Anhaltspunkte für die Ausübung seines Ermessens hat. Andernfalls ist das Zweckvermächtnis unwirksam.

BEISPIEL

Der Erblasser vermacht seinem Enkel einen nicht näher bezifferten Geldbetrag für das Studium. Die Höhe des Geldbetrags soll seine Tochter als Alleinerbin festlegen.

Verschaffungsvermächtnis
Grundsätzlich ist das Vermächtnis eines bestimmten Gegenstands unwirksam, wenn dieser Gegenstand zur Zeit des Erbfalls nicht zur Erbschaft gehört. Die Unwirksamkeit tritt aber nicht ein, wenn der Erblasser den Gegenstand dem Bedachten auch für den Fall zuwendet, dass er nicht zur Erbschaft gehört. Dann spricht man von einem Verschaffungsvermächtnis. Der Beschwerte muss dem Vermächtnisnehmer den vermachten Gegenstand beschaffen. Als verschaffungsfähige Gegenstände kommen alle Gegenstände in Betracht, die auch Gegenstand eines Vermächtnisses sein können (zum Beispiel körperliche Gegenstände).

BEISPIEL

Der Erblasser vermacht seinem Bruder ein Auto der Marke XY, das der von ihm eingesetzte Erbe noch erwerben soll.

Forderungsvermächtnis
Der Erblasser kann dem durch ein Vermächtnis Begünstigten auch eine ihm zustehende Forderung

(zum Beispiel Guthaben auf einem Bankkonto, Rückzahlungsforderung aus einem Darlehen) vermachen. In diesem Fall hat der Vermächtnisnehmer gegenüber dem Beschwerten Anspruch auf Übertragung der Forderung nebst Zinsen seit dem Anfall des Vermächtnisses.

BEISPIEL

Der Erblasser überträgt seinem Kind seinen Anspruch als Darlehensgeber auf Rückzahlung eines Darlehens aus einem Darlehensvertrag.

Bei einem Forderungsvermächtnis ist die dem Erblasser zustehende Forderung der zugewendete Vermögensvorteil. Ist die Forderung zum Zeitpunkt des Erbfalls bereits erfüllt, ist im Zweifel der noch im Nachlass befindliche Gegenstand beziehungsweise die Geldsumme als vermacht anzusehen.

Untervermächtnis
Der Erblasser kann im Testament auch den Vermächtnisnehmer mit einem Vermächtnis beschweren. In diesem Fall spricht man von einem Untervermächtnis. Das Untervermächtnis wird erst fällig, wenn der Hauptvermächtnisnehmer berechtigt ist, seinerseits Erfüllung des Hauptvermächtnisses zu verlangen.

BEISPIEL

Der Erblasser vermacht seinem Neffen 50.000 Euro. Dieses Hauptvermächtnis wird mit einem Untervermächtnis in der Weise belastet, dass der Neffe einem anderen Neffen hundert Flaschen Wein kaufen und diesem übereignen soll.

Nachvermächtnis
Der Erblasser kann testamentarisch auch mehrere Personen hintereinander als Vermächtnisnehmer einsetzen. Man spricht dann von einem Nachvermächtnis. In diesem Fall hat der Vorvermächtnisnehmer zu einem bestimmten Zeitpunkt oder Ereignis den Vermächtnisgegenstand an den Nachvermächtnisnehmer herauszugeben (wegen der Einzelheiten siehe → Seite 111).

Ersatzvermächtnis
Der Erblasser kann für den Fall, dass der durch das angeordnete Vermächtnis Bedachte wegfällt, also beispielsweise vor dem Erbfall verstirbt oder das Vermächtnis ausschlägt, einen Ersatzvermächtnisnehmer bestimmen. Der Ersatzvermächtnisnehmer hat dann Anspruch auf die Zuwendung, wenn der zunächst berufene Vermächtnisnehmer wegfällt (wegen der Einzelheiten → Seite 105).

BEISPIEL

Der Erblasser vermacht seinem Freund die Münzsammlung und ordnet an, dass das Vermächtnis seinem Bruder zufallen soll, wenn der zunächst bestimmte Vermächtnisnehmer verstirbt.

Gemeinschaftliches Vermächtnis
Durch ein gemeinschaftliches Vermächtnis wird mehreren Personen derselbe Gegenstand vermacht. Es werden also mehrere Vermächtnisnehmer nebeneinander berufen (→ Seite 106).

Nießbrauchsvermächtnis
Der Nießbrauch ist das unvererbliche und unübertragbare dingliche Recht, einen Gegenstand in Besitz zu nehmen, zu verwalten und zu bewirtschaften und die Nutzungen daraus zu ziehen. Gegenstand des Nießbrauchs kann der gesamte Nach-

lass oder ein Teil des Nachlasses sein. Durch ein Nießbrauchsvermächtnis kann beispielsweise die wirtschaftliche Versorgung des überlebenden Ehegatten oder eines nahen Verwandten sichergestellt werden.

> **BEISPIEL**
>
> Der Erblasser setzt seine Kinder A und B als Alleinerben ein. Seiner Frau sollen bis zu ihrem Lebensende die Nutzungen aus den Immobilien zustehen.

Rentenvermächtnis
Mit einem Rentenvermächtnis können einem Begünstigten periodisch wiederkehrende Leistungen in Geld auf Lebenszeit oder während eines genau festgelegten Zeitraums vermacht werden. Die Geldleistung kann als Leibrente oder als dauernde Last gewährt werden sein.

Eine **Leibrente** liegt vor, wenn dem Begünstigten auf Lebenszeit aus einem selbstständigen einheitlichen Schuldverhältnis wiederkehrende gleichmäßige Leistungen zu erbringen sind. Gesetzlich ist eine Leibrente im Voraus zu erbringen. Von einer **dauernden Last** ist auszugehen, wenn die in Zeitabschnitten zu erbringende Leistung nicht in gleicher Höhe fällig ist, sondern sich nach den persönlichen Verhältnissen des Begünstigten oder Verpflichteten richtet. Bei der Leibrente handelt es sich also um eine gleichbleibende Geldleistung, bei der dauernden Last sind dagegen die Bedürftigkeit des Berechtigten und die Leistungsfähigkeit des Zahlungspflichtigen maßgebend.

> **BEISPIEL**
>
> Der Erblasser vermacht seinem Sohn bis zur Vollendung des 25. Lebensjahrs einen bestimmten Geldbetrag.

Wohnungsrechtsvermächtnis
Mit einem Wohnungsrechtsvermächtnis kann dem Begünstigten ein zeitlich befristetes oder lebenslanges Wohnrecht an einer Wohnung zugewendet werden. Durch ein solches Vermächtnis erwirbt der Vermächtnisnehmer ein Recht, das ihm die Berechtigung verschafft, ein bestimmtes Grundstück (mit einem darauf stehenden Haus) oder eine Eigentumswohnung zu Wohnzwecken zu benutzen. Gleichzeitig wird der Eigentümer von der Nutzung ausgeschlossen. Die Immobilie ist also mit einem Wohnungsrecht „belastet“.

Mit Eintragung des Wohnungsrechts im Grundbuch ist der Inhaber des Rechts auch vor einer Veräußerung der Immobilie durch den Eigentümer geschützt. Auch im Fall des Verkaufs der Immobilie bleibt die Belastung mit dem Wohnungsrecht bestehen. Zudem kann ein neuer Eigentümer vom Inhaber des Wohnungsrechts nicht verlangen, dass dieser die Nutzung des Hauses oder der Wohnung unterlässt.

> **BEISPIEL**
>
> Die Ehefrau des Erblassers erhält im Weg des Vermächtnisses ein lebenslanges und unentgeltliches dingliches Wohnungsrecht an der Dachgeschosswohnung seines Zweifamilienhauses. Sie ist berechtigt, die zum gemeinschaftlichen Gebrauch der Hausbewohner bestimmten Anlagen und Einrichtungen, insbesondere den Keller, den Speicher und den Garten, mitzubenutzen. Die Ausübung des Wohnungsrechts kann sie Dritten überlassen.

Anfall und Fälligkeit des Vermächtnisses

Es muss zwischen dem Anfall und der Fälligkeit des Vermächtnisses unterschieden werden. Vom Anfall des Vermächtnisses spricht man, wenn es darum geht, wann der Anspruch auf das Vermächtnis entsteht. Eine andere Frage ist, wann das Vermächtnis vom Beschwerten zu erfüllen ist.

Anfall

Der Anspruch des Vermächtnisnehmers auf die Leistung entsteht grundsätzlich mit dem Erbfall. Ausnahmen bestehen, wenn das Vermächtnis unter einer Bedingung angeordnet oder befristet wurde.

Anfall mit dem Erbfall
Sofern der Erblasser nichts anderes angeordnet hat, tritt der Anfall des Vermächtnisses mit dem Erbfall, also mit dem Tod des Erblassers ein. Ab diesem Zeitpunkt hat der Vermächtnisnehmer gegen den Beschwerten Anspruch auf Leistung des Vermächtnisgegenstands. Ob der Erblasser die Erbschaft angenommen hat, hat keine Bedeutung.

Anfall bei einer Bedingung
Hat der Erblasser das Vermächtnis unter einer aufschiebenden Bedingung angeordnet, so fällt das Vermächtnis erst mit dem Eintritt der Bedingung an, wenn die Bedingung erst nach dem Erbfall eingetreten ist.

Anfall bei einer Befristung
Hat der Erblasser für die Erfüllung des Vermächtnisses einen Termin bestimmt, so fällt das Vermächtnis mit dem Eintritt des Termins an, wenn der Termin erst nach dem Erbfall liegt.

BEISPIEL

Der Erblasser hat für seine Nichte für den Fall, dass sie ein BWL-Studium erfolgreich absolviert, ein Geldvermächtnis von 5.000 Euro angeordnet. Also fällt das Vermächtnis mit dem erfolgreichen Abschluss des Studiums an.

Fälligkeit

Vom Anfall des Vermächtnisses ist die Fälligkeit zu unterscheiden. Sofern der Erblasser nichts anderes angeordnet hat, ist das Vermächtnis sofort mit dem Anfall des Vermächtnisses fällig. Der Vermächtnisnehmer kann also grundsätzlich sofort Erfüllung verlangen.

Über die Fälligkeit des Vermächtnisses kann der Erblasser entsprechende testamentarische Anordnungen treffen. In diesem Fall können dann die Zeitpunkte der Entstehung und Fälligkeit voneinander abweichen. Der Erblasser kann auch die Fälligkeit in das Belieben des Beschwerten stellen. Sofern in diesem Fall nichts anderes festgelegt ist, wird dann das Vermächtnis mit dem Tod des Beschwerten fällig.

Sicherstellung des Vermächtnisanspruchs

Zwar erwirbt der Vermächtnisnehmer mit dem Erbfall einen Anspruch gegen den Beschwerten, den vermachten Gegenstand zu verlangen, er ist aber darauf angewiesen, dass der Beschwerte den Anspruch auch tatsächlich erfüllt. Deshalb kann es unter Umständen sinnvoll sein, dass der Erblasser Vorkehrungen für die Erfüllung des angeordneten Vermächtnisses trifft.

Nicht selten ist ein mit einem Vermächtnis Beschwerter – selbst nach rechtskräftiger Verurteilung – nur widerwillig bereit, nach Anfall und Fälligkeit des Vermächtnisses dieses auch tatsächlich zu erfüllen. Wenn der Erblasser sicherstellen will, dass dem Vermächtnisnehmer tatsächlich die Leistung des Vermächtnisgegenstands zukommt, sollte er durch entsprechende testamentarische Verfügung die Erfüllung des Vermächtnisses sicherstellen. In Betracht kommen insbesondere die Bevollmächtigung des Bedachten und die Einsetzung eines Testamentsvollstreckers.

→ **TIPP** Ein Vermächtnisanspruch auf Grundstücksübertragung ab dem Erbfall kann durch Eintragung einer Grundbuchvormerkung gesichert werden.

Bevollmächtigung des Vermächtnisnehmers

Der Erblasser kann den Vermächtnisnehmer bevollmächtigen, sich nach dem Erbfall den Vermächtnisgegenstand selbst zu übertragen. Die Erteilung der Vollmacht kann unmittelbar im Testament oder in einer gesonderten Vollmachtsurkunde erfolgen.

→ **ACHTUNG** Es besteht die Gefahr, dass die Vollmacht nach Eintritt des Erbfalls von den Erben widerrufen wird. Sicherer als die Erteilung einer Vollmacht ist deshalb die Ernennung eines Testamentsvollstreckers.

Einsetzung eines Testamentsvollstreckers

Der Erblasser kann den Vermächtnisnehmer zum Testamentsvollstrecker mit der alleinigen Aufgabe einsetzen, nach dem Erbfall das Vermächtnis gegenüber sich selbst zu erfüllen. Die Beschränkung des Testamentsvollstreckers auf die Erfüllung des Vermächtnisses ist rechtlich zulässig. Sie wird im Testamentsvollstreckerzeugnis angegeben.

Sicherung des Vermächtnisanspruchs (→ Seite F-20)

Im hinteren Teil des Buchs finden Sie auf Seite F-20 **Formulierungsbeispiele** für die Sicherstellung der Vermächtniserfüllung.

Anordnung von Auflagen

Mit einer Auflage kann der Erblasser seine Erben oder einen Vermächtnisnehmer zu einer Leistung verpflichten, ohne einem anderen das Recht auf die Leistung einzuräumen. Im Unterschied zum Vermächtnis muss bei der Auflage niemand begünstigt werden.

Für den schnellen Einstieg

1 Was ist unter einer Auflage zu verstehen und wie unterscheidet sie sich von anderen erbrechtlichen Gestaltungsmitteln? → Seite 117

2 Wie kann der Erblasser die Auflage als Gestaltungsinstrument einsetzen? → Seite 118

3 Was kann Inhalt einer Auflage sein? → Seite 119

4 Welche Arten von Auflagen werden unterschieden? → Seite 120

5 Welche Folgen hat eine unwirksame oder unmögliche Auflage? → Seite 121

6 Wer ist Beschwerter und Begünstigter einer Auflage? → Seite 123

7 Wer kann die Vollziehung einer Auflage verlangen? → Seite 124

Auflage als testamentarisches Gestaltungsmittel

Neben dem Vermächtnis ist die Auflage für den Erblasser im Rahmen seiner Nachlassplanung ein flexibles testamentarisches Gestaltungsmittel, um seine Wünsche und Vorstellungen umzusetzen. Sie kommt vor allem als Nebenbestimmung zu einer Erbeinsetzung oder einem Vermächtnis in Betracht, durch die der Erbe oder der Vermächtnisnehmer bestimmten Einschränkungen bei einer erbrechtlichen Zuwendung unterworfen wird.

Der Erblasser kann seine Erben oder Vermächtnisnehmer im Testament zu einer Leistung verpflichten, ohne einem anderen ein Recht auf die Leistung zuzuwenden. Im Gegensatz zur Erbeinsetzung und zum Vermächtnis braucht der Inhalt einer Auflage keine Zuwendung zu sein, sondern mit ihr wird eine Verpflichtung auferlegt, ohne dass einem Bedachten ein Anspruch eingeräumt wird. Gleichwohl kann mit einer Auflage auch eine Zuwendung verbunden sein und eine Person begünstigt werden. Im Gegensatz zum Vermächtnisnehmer hat aber die durch eine Auflage begünstigte Person keinen Anspruch auf die Leistung.

Abgrenzung der Auflage zu anderen Gestaltungsinstrumenten

Die Auflage ist insbesondere zum Vermächtnis, zur Zuwendung unter einer Bedingung und zur bloßen Empfehlung abzugrenzen.

Vom Vermächtnis unterscheidet sich die Auflage dadurch, dass beim Vermächtnis ein Vermögensvorteil zugewendet wird und ein Bedachter vorhanden sein muss, während bei der Auflage keine Zuwendung vorhanden sein muss. Durch eine Auflage kann zwar auch eine andere Person begünstigt werden (zum Beispiel Spende an den Tierschutzverein), im Gegensatz zum Vermächtnis, das einen schuldrechtlichen Anspruch auf den Vermächtnisgegenstand beinhaltet, hat jedoch der Begünstigte keinen Anspruch auf die Leistung (→ Seite 101). Deshalb ist die Auflage auch nicht als Zuwendung anzusehen.

Von der Zuwendung unter einer aufschiebenden Bedingung unterscheidet sich die Auflage dadurch, dass bei der Bedingung die Wirksamkeit der Zuwendung vom Eintritt eines entsprechenden Ereignisses abhängig gemacht wird, während bei der Auflage die Verpflichtung unbedingt ist und sofort entsteht. Und selbst wenn der Bedachte das Ereignis selbst herbeiführen kann (sogenannte Potestativbedingung), steht es immer noch in seinem Belieben, ob er die Bedingung erfüllen will oder nicht.

Von einer bloßen Empfehlung oder einem Wunsch des Erblassers steht es im Gegensatz zur Auflage, die eine rechtliche Verpflichtung begründet, im freien Belieben des Erben oder des Vermächtnis-

„Wie wird eine Auflage erbschaftsteuerlich behandelt?“

Der Erwerb einer Auflage (zum Beispiel Geldzuwendung) ist für den Begünstigten erbschaftsteuerpflichtig. Der Erbe kann die Auflage als Nachlassverbindlichkeit vom Nachlasswert abziehen.

nehmers, ob dieser Folge geleistet wird oder nicht. Gegebenenfalls muss durch Auslegung ermittelt werden, ob der Erblasser in seinem Testament lediglich einen Wunsch geäußert hat oder ob es sich um eine Auflage handelt.

Auflage als flexibles Gestaltungsinstrument

Mit dem erbrechtlichen Instrument der Auflage kann der Erblasser im Rahmen seiner Nachlassplanung eine Reihe von Vorstellungen und Wünschen umsetzen:

- Weil eine Auflage keinen Begünstigten voraussetzt, kann der Erblasser mit ihr eigene Zwecke für die Zeit nach seinem Tod verfolgen und so auch auf das Verhalten der von ihm mit Zuwendungen bedachten Personen über seinen Tod hinaus Einfluss nehmen (zum Beispiel Verpflichtung zur Grabpflege). Insbesondere kann er auch die Verwaltung seines Vermögens durch die Erben steuern (zum Beispiel Verbot, Wertpapiere zu verkaufen, ein Grundstück zu veräußern, einen bestimmten Beruf zu ergreifen oder eine bestimmte Ausbildung zu absolvieren).
- Wie beim Vermächtnis kann der Erblasser einem Begünstigten eine Zuwendung zukommen lassen, ohne diesem allerdings einen Anspruch auf die Leistung einzuräumen. Damit setzt er seine Erben nicht – wie beim Vermächtnis – dem Druck des mit der Auflage Bedachten aus.
- Anders als bei der Erbeinsetzung kann der Erblasser einem Dritten die endgültige Auswahl von Begünstigten überlassen. Durch eine sogenannte Zweckauflage kann der Erblasser bestimmen, welchem Zweck die Auflage dienen soll, es aber dem Beschwerten oder einem Dritten (zum Beispiel einem Testamentsvollstrecker) überlassen, an welche Person die Leistung erfolgen soll.
- Bei der Auflage ist kein unmittelbar Berechtigter erforderlich. Deshalb können mit diesem Gestaltungsmittel auch Zuwendungen an nicht rechtsfähige Begünstigte erfolgen (zum Beispiel nicht rechtsfähige Personenvereinigungen, Tiere).

→ **TIPP** Ein Vorteil der Auflage ist, dass sie zeitlich unbefristet wirksam ist und nicht der Verjährung unterliegt. Damit können durch eine Auflage auch dauernde Zwecke verfolgt werden.

Inhalt der Auflage

Mit einer Auflage kann der Beschwerte zu einem bestimmten Verhalten veranlasst werden. Es ist nicht notwendig, dass die Leistung einer anderen Person zugutekommt. Es muss sich auch nicht um eine vermögenswerte Leistung handeln. Die Zuwendung von Geld- und Sachleistungen kann wie beim Vermächtnis in verschiedenen Arten und Formen erfolgen. Auflagen, die sittenwidrige Zwecke verfolgen, sind unwirksam.

Die Auflage muss sich nicht auf Gegenstände des Nachlasses, sie kann sich vielmehr auch auf andere Vermögensbereiche des Beschwerten beziehen. Aus der Auflage muss sich nicht der Begünstigte beziehungsweise der begünstigte Personenkreis ergeben, es ist vielmehr ausreichend, wenn der Erblasser den Zweck der Auflage hinreichend beschreibt, während er es dem Beschwerten oder einem Dritten (zum Beispiel einem Testamentsvollstrecker) überlässt, den konkreten Leistungsgegenstand näher zu bestimmen.

Der Erblasser muss die Auflage in seinem Testament anordnen. In einem gemeinschaftlichen Testament von Eheleuten kann die Auflage wechselbezüglich ausgestaltet sein (→ Seite 40).

Auflagen ohne Begünstigung

Mit einer Auflage kann der Erblasser den Beschwerten zu einem Tun oder Unterlassen veranlassen. In Betracht kommt jedes Verhalten, was Gegenstand eines schuldrechtlichen Vertrags sein kann. Um vermögenswerte Leistungen muss es sich dabei nicht handeln.

BEISPIELE

- Grabpflege oder die Vornahme der Bestattung in einer bestimmten Weise
- Unterlassung der Veräußerung eines Nachlassgegenstands
- Pflicht, ein Tier zu pflegen und zu versorgen
- Fortführung eines Unternehmens
- Pflicht, das vermachte Geld in einer bestimmten Weise für eine bestimmte Zeit anzulegen

Nicht selten ordnet der Erblasser in Form einer Auflage Regelungen über seine Bestattung an. Allerdings erfährt der Beschwerte regelmäßig erst nach der Bestattung von diesen Festlegungen, weil das Testament häufig erst einige Wochen nach dem Todesfall eröffnet wird. Sinnvoll ist es deshalb, Bestattungsregelungen nicht als Auflage in das Testament aufzunehmen, sondern eine gesonderte Bestattungsverfügung zu verfassen oder eine Vertrauensperson zu bevollmächtigen, die Bestattung im gewünschten Sinn vorzunehmen.

„Wann ist eine Auflage fällig?"

Maßgebend ist in erster Linie die Anordnung des Erblassers über die Fälligkeit der Leistung. Hat der Erblasser keine entsprechende Anordnung getroffen, wird die Leistung im Zweifel erst mit dem Tod des Beschwerten fällig.

Auflagen mit Begünstigung

Durch eine Auflage kann einem Begünstigten ein Vermögensvorteil zugewendet werden. Im Gegensatz zum Vermächtnis hat der Begünstigte jedoch grundsätzlich keinen Anspruch auf die Leistung. Die Vollziehung einer Auflage können nur der Erbe, der Miterbe und derjenige verlangen, welchem der Wegfall des mit der Auflage zunächst Beschwerten unmittelbar zustattenkommen würde.

BEISPIELE

- Geldzahlungen an eine bestimmte Person
- Sachleistungen an eine bestimmte Person
- Pflicht, eine Immobilie an eine bestimmte Einrichtung zu übertragen
- Pflicht, einer Stiftung finanzielle Mittel zukommen zu lassen
- Pflicht, einem Begünstigten einen Gegenstand zu verschaffen

→ **TIPP** Soll der im Testament Begünstigte einen eigenen vollziehbaren Anspruch auf die Leistung erhalten, sollte von der Anordnung einer Auflage abgesehen werden, es sei denn, es wird ein Testamentsvollstrecker benannt, der die Auflage zu vollziehen hat (→ Seite 124). Soll dem Begünstigten selbst ein Anspruch auf die Leistung eingeräumt werden, ist das Vermächtnis das richtige testamentarische Gestaltungsmittel.

Arten von Auflagen

In Anlehnung an das Vermächtnis (→ Seite 108) ist zwischen verschiedenen Arten von Auflagen zu unterscheiden.

Gattungsauflage
Bei einer Gattungsauflage ist dem Beschwerten aufgegeben, eine Leistung zu erbringen, die nicht konkret, sondern nur ihrer Art beziehungsweise Gattung nach bestimmt ist (zum Beispiel Zuwendung eines Autos oder eine Immobilie). In diesem Fall muss der Beschwerte eine den Verhältnissen des Begünstigten entsprechende Sache leisten.

Wahlauflage
Bei einer Wahlauflage gestattet der Erblasser dem Beschwerten, den Begünstigten unter mehreren möglichen Zuwendungsempfängern zu bestimmen.

BEISPIEL

Der Erblasser verpflichtet seine Erben, an einen gemeinnützigen Verein einen bestimmten Geldbetrag für den Umweltschutz zu zahlen. An welchen gemeinnützigen Verein die Spende erfolgt, bestimmen die Erben.

Zweckauflage
Ordnet der Erblasser testamentarisch eine Zweckauflage an, beschränkt er sich darauf, den Zweck

der Auflage festzulegen, während es möglich ist, dass der Beschwerte oder ein Dritter, die Leistung bestimmt. Bei einer Zweckauflage kann es auch dem Beschwerten oder dem Dritten überlassen werden, an welche Person die Leistung erfolgen soll.

Verschaffungsauflage
Als Verschaffungsauflage wird eine Auflage bezeichnet, durch die dem Beschwerten aufgegeben wird, eine Sache zu beschaffen, die zum Zeitpunkt des Erbfalls nicht zur Erbschaft gehört (zum Beispiel Erwerb eines Autos für den Begünstigten).

Ersatzauflage
Bei einer Ersatzauflage bestimmt der Erblasser eine Person zum (Ersatz-) Begünstigten, wenn die zunächst begünstigte Person vor oder nach dem Erbfall wegfällt.

Unwirksame und unmögliche Auflagen

Nicht zulässig sind sittenwidrige Auflagen, so beispielsweise eine Anordnung, gesetzwidrig zu handeln oder eine Straftat zu begehen. Unwirksam ist auch eine Auflage, deren Realisierung unmöglich ist. Ist eine Auflage unwirksam, so wird dadurch nicht zwangsläufig die unter der Auflage gemachte Zuwendung unwirksam. Gegebenenfalls muss das Testament ausgelegt werden, wobei in diesem Zusammenhang zu prüfen ist, ob der Erblasser die Zuwendung auch ohne die Auflage gemacht hätte.

Ist es unmöglich, eine Auflage zu erfüllen, so entfällt die Auflage. Hat allerdings der Beschwerte die Unmöglichkeit der Vollziehung der Auflage selbst verschuldet, kann der Begünstigte von diesem den Ersatz des Wertes verlangen, also den Geldwert, den dieser für die Erfüllung der Auflage hätte ausgeben müssen.

BEISPIEL

Der Erblasser hat seinem Neffen ein Vermächtnis nur deshalb zugewandt, damit dieser dann entsprechend der gemachten Auflage sein Grab pflegt. Dieser Zusammenhang wurde auch im Testament zum Ausdruck gebracht. Würde diese Auflage wegen Unwirksamkeit wegfallen, hätte sich der Erblasser nicht verpflichtet gesehen, seinem Neffen die Zuwendung zu machen.

Erbrechtliche Auflagen (→ Seite F-21, F-59)

Im hinteren Teil des Buchs finden Sie auf Seite F-21 **Formulierungsbeispiele** für die Anordnung einer Auflage. Ferner sind auf Seite F-59 in einer **Checkliste** die wichtigsten Fragen im Zusammenhang mit der Anordnung von Auflagen zusammengestellt.

Beschwerter und Begünstigter der Auflage

Mit einer Auflage können sowohl der Erbe als auch der Vermächtnisnehmer beschwert werden. Im Zweifel ist der Erbe beschwert. Durch eine Auflage muss es nicht notwendigerweise einen Begünstigten geben. Gleichwohl können mit einer Auflage auch Zuwendungen an einen Begünstigten verbunden sein.

Beschwerter

Als Beschwerter wird bezeichnet, wer die Auflage erfüllen muss. In Betracht kommen nur der Erbe und der Vermächtnisnehmer. Fehlt die Bestimmung eines Beschwerten, so ist der Erbe beschwert.

Mit einer Auflage beschwert werden können **Erben und Miterben**. Mehrere Erben sind im Verhältnis ihrer Erbteile beschwert. Ist vom Erblasser eine Vor- und Nacherbfolge angeordnet, kann auch der Vorerbe mit einer Auflage beschwert sein. Der Nacherbe wird erst mit dem Eintritt des Nacherb-

„Welche Folgen hat es, wenn dem Beschwerten die Vollziehung der Auflage möglich ist, er aber die Umstände der Unmöglichkeit verschuldet hat?“

In diesem Fall muss der Beschwerte den Teil der Zuwendung herausgeben, den er für die Vollziehung der Auflage hätte verwenden müssen. Empfangsbefugt ist derjenige, dem der Wegfall des Beschwerten unmittelbar zustattenkommen würde.

falls Erbe; er kann also nicht mit einer Auflage beschwert werden, die vor Eintritt des Nacherbfalls zu erbringen ist.

Mit einer Auflage kann auch ein **Vermächtnisnehmer** beschwert werden. Mehrere beschwerte Vermächtnisnehmer sind – sofern der Erblasser nichts anderes angeordnet hat – im Verhältnis ihrer Vermächtnisanteile beschwert.

Sofern der Erblasser in seinem Testament nichts anderes verfügt hat, bleibt die Auflage grundsätzlich auch dann wirksam, wenn der Beschwerte nicht Erbe oder Vermächtnisnehmer wird (zum Beispiel weil der Beschwerte vor dem Erbfall verstorben ist oder die Erbschaft ausgeschlagen hat). Mit der Auflage beschwert ist dann derjenige, welchem der Wegfall des zunächst Berufenen unmittelbar zustattenkommt. Beschwert ist dann – wenn der Erbe beschwert ist – anstelle des zunächst berufenen gesetzlichen Erben der nächstfolgende gesetzliche Erbe beziehungsweise anstelle des testamentarisch eingesetzten Erben der Ersatzerbe oder der gesetzliche Erbe.

→ **ACHTUNG** Handelt es sich um eine Handlung, die vom beschwerten Erben oder Vermächtnisnehmer nur persönlich vorgenommen werden kann (zum Beispiel Fortführung eines Unternehmens), erlischt die Auflage mit dem Tod des Beschwerten.

Begünstigter

Eine erbrechtliche Auflage muss nicht zwangsläufig mit einer Begünstigung einer anderen Person verbunden sein. Gleichwohl kann der Erblasser durch eine Auflage auch Zuwendungen an dritte Personen anordnen. In Betracht kommen natürliche und juristische Personen (zum Beispiel Verein), daneben aber auch nicht rechtsfähige Empfänger (zum Beispiel Institutionen). Der Erblasser kann die Bestimmung, an wen Leistungen erfolgen sollen, auch dem Beschwerten oder Dritten überlassen. Anders als beim Vermächtnis braucht der Erblasser den Personenkreis der Begünstigten nicht einmal genau zu umschreiben. Allerdings muss der Zweck der Auflage festgelegt sein (→ Seite 120).

Vollziehung der Auflage

Weil bei einer Auflage kein Begünstigter vorhanden sein muss beziehungsweise einem Begünstigten kein Anspruch auf die Erfüllung der Auflage zusteht, ist gesetzlich der Personenkreis festgelegt, der vom Beschwerten die Vollziehung der Auflage verlangen kann. Damit ist sichergestellt, dass die Durchführung der Auflage nicht in das Belieben des Beschwerten gestellt ist.

Erbe als Vollziehungsberechtigter

Der Erbe kann Vollziehung der Auflage verlangen, wenn ein Vermächtnisnehmer beschwert ist. Gegebenenfalls kann der Erbe die Vollziehung im Klageweg durchsetzen. Auch ein Miterbe kann verlangen, dass eine testamentarisch angeordnete Auflage vollzogen wird, wenn ein anderer Miterbe oder ein Vermächtnisnehmer beschwert ist.

Sonstige Vollziehungsberechtigte

Auch alle Personen, denen der Wegfall des mit der Auflage zunächst Beschwerten unmittelbar zustattenkommen würde (sogenannte Wegfallbegünstigte) können die Vollziehung der Auflage verlangen. In Betracht kommen insbesondere

- → die nächstberufenen gesetzlichen Erben, wenn gesetzliche Erbfolge gilt,
- → die testamentarisch eingesetzten Erben oder Ersatzerben, wenn durch Testament von der gesetzlichen Erbfolge abgewichen wird,
- → der Erbe, falls ein Vermächtnisnehmer mit der Auflage beschwert wird,
- → der Miterbe gegenüber dem beschwerten Miterben.

Der Erblasser kann durch Testament einen Testamentsvollstrecker einsetzen und diesem die Vollziehung der Auflage übertragen. Unabhängig davon bleibt der Erbe weiterhin vollziehungsberechtigt. Die zuständige Behörde ist vollziehungsberechtigt, wenn die Vollziehung der Auflage im öffentlichen Interesse liegt. Davon ist in der Regel auszugehen, wenn die Auflage einem gemeinnützigen Zweck dient.

Die Ausübung des Vollziehungsrechts steht im Belieben des Berechtigten. Nur der Testamentsvollstrecker muss kraft seines Amts eine angeordnete Auflage durchführen. Dieser ist verpflichtet, die letztwillige Verfügung des Erblassers zur Ausführung zu bringen.

Sicherung der Vollziehung einer Auflage (→ Seite F-22)

Im hinteren Teil des Buchs finden Sie auf Seite F-22 ein **Formulierungsbeispiel** für die Sicherstellung der Vollziehung der Auflage durch Einsetzung eines Testamentsvollstreckers.

Teilungsanordnung und Teilungsverbot

Wenn die Erbschaft auf mehrere Erben übergeht, entsteht eine Erbengemeinschaft. Der Nachlass ist dann gemeinschaftliches Vermögen der Miterben. Der Erblasser kann für die Nachlassaufteilung, die sogenannte Auseinandersetzung, unter den Miterben Teilungsanordnungen festlegen und den jeweiligen Miterben Nachlassgegenstände zuweisen beziehungsweise Lasten auferlegen. Er kann aber auch die Teilung des Nachlasses unter den Miterben ausschließen.

Für den schnellen Einstieg

1 Was ist unter einer Teilungsanordnung zu verstehen und wie unterscheidet sie sich von anderen erbrechtlichen Gestaltungsmitteln? → Seite 127

2 Wie kann der Erblasser die Teilungsanordnung als Gestaltungsinstrument einsetzen? → Seite 128

3 Welche Wirkung hat eine Teilungsanordnung? → Seite 129

4 Wie kann der Erblasser sicherstellen, dass die Teilungsanordnung auch ausgeführt wird? → Seite 129

5 Was ist unter einem Teilungsverbot zu verstehen und wie kann der Erblasser dieses einsetzen? → Seite 130

6 Welche Wirkung haben Auseinandersetzungsbeschränkungen? → Seite 132

7 Wie kann der Erblasser die Durchsetzung des Teilungsverbots sicherstellen? → Seite 132

Teilungsanordnung

Wenn mehrere Personen erben, ist der Nachlass gemeinschaftliches Vermögen der Erben. Jedem Miterben steht dann der im Testament oder – wenn gesetzliche Erbfolge gilt – der gesetzlich festgelegte Bruchteil zu. Ein Miterbe allein kann nicht über einzelne Nachlassgegenstände verfügen. Will der Erblasser Regelungen treffen, wie die Miterben die einzelnen Nachlassgegenstände untereinander aufteilen sollen, muss er eine Teilungsanordnung treffen.

Gegenständliche Erbeinsetzung nicht zulässig

Wenn der Erblasser mehrere Personen als Erben einsetzt, muss sich die Erbeinsetzung auf einen Bruchteil (zum Beispiel die Hälfte oder ein Viertel des Nachlasses) beziehen. Auf den Miterben geht nur der ihm zugewendete Bruchteil des Vermögens über. Die Miterben bilden dann eine Erbengemeinschaft. Wenn testamentarisch mehrere Erben eingesetzt werden, ohne dass deren Erbteile bestimmt sind, so erben die Miterben grundsätzlich zu gleichen Teilen.

Eine Erbeinsetzung kann nicht in der Form vorgenommen werden, dass der Erblasser seinen Erben einzelne Gegenstände zuwendet, beispielsweise mit der Formulierung „Mein Sohn soll die Eigentumswohnung, meine Tochter das Wertpapierdepot erben“. Er muss einen Erben bestimmen, der seine Gesamtrechtsnachfolge antritt (→ Seite 15), der also auch beispielsweise für Nachlassverbindlichkeiten haftet. Die gegenständliche Erbeinsetzung ist nicht zulässig. Hat der Erblasser in seinem Testament nur einzelne Gegenstände zugewendet, so handelt es sich dabei um Vermächtnisse (→ Seite 99), nicht aber um eine Erbeinsetzung. In diesem Fall gilt für den Rest des Nachlasses gesetzliche Erbfolge.

Abgrenzung der Teilungsanordnung zu anderen Gestaltungsinstrumenten

Die Teilungsanordnung ist insbesondere von der Erbeinsetzung, der Auflage und dem Vorausvermächtnis abzugrenzen.

Teilungsanordnung und Erbeinsetzung
Die testamentarische Einsetzung von Erben hat die Wirkung, dass diese in die Rechte und Pflich-

§ URTEIL

Wendet der Erblasser in einem notariellen Testament drei als Erben bezeichneten Personen bestimmte Vermögensgegenstände seines Nachlasses zu, die den gesamten Nachlass erschöpfen, so kann hierin abweichend von der gesetzlichen Auslegungsregel eine Erbeinsetzung auf den Bruchteil des Vermögens liegen, der den Wert der jeweils zugewandten Gegenstände im Verhältnis zum Gesamtwert des beim Erbfall vorhandenen Vermögens in Verbindung mit einer Teilungsanordnung entspricht (OLG Celle, Az. 6 W 82/02).

„Wann kann eine testamentarische Teilungsanordnung sinnvoll sein?"

Nicht selten gibt es in einer Erbengemeinschaft Streit unter den Miterben wegen der Verteilung der Nachlassgegenstände. Da jeder Miterbe die Auseinandersetzung verlangen kann, besteht die Gefahr, dass bei Uneinigkeit und Streit wirtschaftliche Werte zerschlagen werden. Deshalb kann es sinnvoll sein, dass der Erblasser selbst Vermögensgegenstände an die Miterben zuweist.

ten des Erblassers eintreten und seine Gesamtrechtsnachfolger werden. Dagegen beinhaltet eine Teilungsanordnung lediglich Regelungen, welche Nachlassgegenstände ein Miterbe erhalten soll, ohne ihn wertmäßig besser zu stellen. Der zugeteilte Nachlassgegenstand wird wertmäßig auf den Erbteil des Miterben angerechnet. Übersteigt der Wert eines Nachlassgegenstands den Wert des Erbteils des Miterben, muss er den anderen Miterben einen Ausgleich leisten.

Teilungsanordnung und Auflage
Die erbrechtliche Auflage setzt keine Zuwendung voraus. Wird gleichwohl eine Person begünstigt, so hat sie keinen direkten Anspruch auf die Leistung (→ Seite 119). Vielmehr ist jeder Miterbe verpflichtet, die Ausführung der Auflage von den übrigen Miterben zu verlangen.

Teilungsanordnung und Vorausvermächtnis
Bei der Teilungsanordnung wird der Nachlassgegenstand, den der Erblasser einem Miterben zugewandt hat, wertmäßig voll auf dessen Erbteil angerechnet. Der Miterbe soll also vermögensmäßig nicht bessergestellt werden. Dagegen will der Erblasser bei einem Vorausvermächtnis den Miterben neben seinem eigentlichen Erbteil einen weiteren Vormögensvorteil zuwenden (Einzelheiten → Seite 102).

Teilungsanordnung als testamentarisches Gestaltungsmittel

Die Teilungsanordnung kommt als erbrechtliches Gestaltungsmittel dann in Betracht, wenn der Erblasser über die Erbeinsetzung hinaus Regelungen über die Verteilung der Nachlassgegenstände unter den Miterben treffen will. Er kann damit – unter Einbeziehung entsprechender Sicherungsmittel (siehe unten) – die Auseinandersetzung unter den Miterben, also die Aufteilung des Nachlasses beeinflussen. Insgesamt kann der Erblasser nicht nur die Erbfolge abweichend von den gesetzlichen Regelungen festlegen, sondern auch den Miterben den Nachlass endgültig zuordnen.

BEISPIEL

Der Erblasser setzt seine beiden Kinder A und B zu gleichen Teilen als Erben ein. Er legt fest, dass A die Eigentumswohnung und das Hausgrundstück, B die Wertpapiere und die Gemäldesammlung erhalten soll. Gleichzeitig bestimmt er eine Ausgleichspflicht: Wenn die einem Miterben zugedachten Werte einen höheren Wert als der dem Miterben zustehende Erbteil darstellen, muss der Begünstigte diesen ausgleichen.

→ **ACHTUNG** Sind die vom Erblasser eingesetzten Erben auch gleichzeitig pflichtteilsberechtigt, muss er darauf achten, dass der jeweils zugewendete Erbteil nicht geringer ist als der Pflichtteilsanspruch. Andernfalls kann der durch den Ausschluss der Ausgleichspflicht benachteiligte Erbe seinen Zusatzpflichtteil verlangen.

Form

Der Erblasser muss Teilungsanordnungen in seinem Testament bestimmen. Es ist nicht erforderlich, dass im Testament auch Erbeinsetzungen vorgenommen werden; Teilungsanordnungen können auch angeordnet werden, wenn gesetzliche Erbfolge gilt.

Eine Teilungsanordnung kann auch in einem gemeinschaftlichen Testament von Eheleuten festgelegt werden. Allerdings kann die Verfügung nicht wechselbezüglich ausgestaltet werden; die Anordnung kann also jederzeit widerrufen werden.

Wirkung

Die testamentarische Teilungsanordnung hat (lediglich) schuldrechtliche Wirkung. Das bedeutet, dass den Miterben ein Anspruch auf Aufstellung eines entsprechenden Teilungsplans zusteht. Die den Miterben zugewiesenen Nachlassgegenstände müssen diesen noch besonders übertragen werden.

Mit einer Teilungsanordnung kann der Erblasser zwar verfügen, dass der Nachlass entsprechend seinen Anordnungen unter den Erben aufgeteilt wird, seine Anordnungen führen aber nicht von selbst zur Aufteilung. Die Erben sind also, wenn sie sich untereinander einig sind, nicht gehindert, eine andere Verteilung vorzunehmen.

→ **ACHTUNG** Wenn der Erblasser eine andere Verteilung verhindern will, muss er eine Testamentsvollstreckung anordnen. Er kann aber auch, wenn ihm die Aufteilung entsprechend seiner Anordnung besonders wichtig ist, die Erbeinsetzung unter der Bedingung vornehmen, dass der Nachlass entsprechend seiner Anordnung aufgeteilt wird (siehe unten).

Nachlassteilung nach billigem Ermessen eines Dritten

Statt selbst nähere Anordnungen zu treffen, kann der Erblasser die Auseinandersetzung unter den Miterben in das billige Ermessen eines Dritten stellen. Als Dritten kann der Erblasser auch einen Miterben oder einen Testamentsvollstrecker berufen. Aufgabe des Dritten ist, einen Auseinandersetzungsplan aufzustellen.

Sicherstellung der Erfüllung

Wie oben dargelegt, haben Teilungsanordnungen nur schuldrechtliche Wirkung. Deshalb besteht für den Erblasser keine Gewähr, dass sie auch ausgeführt werden. Die Erben können einvernehmlich von diesen abweichen. Wenn der Erblasser sicher-

Teilungsanordnung (→ Seite F-22)

Im hinteren Teil des Buchs finden Sie auf Seite F-22 ein **Formulierungsbeispiel** für eine Teilungsanordnung. Auf Seite F-60 sind in einer **Checkliste** die wichtigsten Fragen im Zusammenhang mit der Teilungsanordnung zusammengestellt.

stellen will, dass seine Teilungsanordnungen tatsächlich umgesetzt werden, muss er entsprechende testamentarische Vorkehrungen treffen. Dabei hat der Erblasser insbesondere folgende Möglichkeiten:

- Der Erblasser kann einen Testamentsvollstrecker einsetzen und diesem die Durchführung der Teilungsanordnung übertragen.

- Der Erblasser kann die Teilungsanordnung zum Inhalt einer alle Miterben belastenden Auflage machen. Das ist jedoch nur sinnvoll, wenn ein Vollziehungsberechtigter (zum Beispiel Ersatzerbe) vorhanden ist, der dazu bereit ist, die Erfüllung der Auflage zu erzwingen.

- Der Erblasser kann die Einsetzung der Erben im Testament mit der Bedingung verknüpfen, dass diese die Teilungsanordnung einhalten. Verstoßen die Erben gegen diese Bedingung, müssen sie die Erbschaft wieder herausgeben (zur sogenannten auflösenden Bedingung → Seite 54).

Teilungsverbot

Jeder Miterbe ist jederzeit berechtigt, die Auseinandersetzung der Erbengemeinschaft zu verlangen. Will der Erblasser das verhindern, kann er die Auseinandersetzung insgesamt oder die Verteilung einzelner Nachlassgegenstände verhindern oder von der Einhaltung einer Kündigungsfrist abhängig machen. Ein solches Teilungsverbot unterliegt jedoch sachlichen und zeitlichen Beschränkungen.

Ausschluss der Erbauseinandersetzung

Der Erblasser hat die Möglichkeit, die Auseinandersetzung der Miterben zur Aufteilung des Nachlasses zu verbieten und somit den Nachlass ganz oder teilweise als Einheit zu erhalten. Er kann auch die Auseinandersetzung erschweren, indem beispielsweise nicht jeder Miterbe, sondern nur die Mehrheit der Erben die Auseinandersetzung verlangen kann. Schließlich hat der Erblasser auch die Möglichkeit, die Auseinandersetzung von der Einhaltung einer Kündigungsfrist abhängig zu machen und so sicherzustellen, dass den Miterben ausreichend Zeit für die Vorbereitung der Auseinandersetzung bleibt.

→ **WICHTIG** Motiv für ein Teilungsverbot kann sein, dass der Erblasser das Vermögen oder Teile davon als Einheit erhalten oder eine vorschnelle Verschleuderung des Nachlasses verhindern will. Er kann durch ein Teilungsverbot aber auch gewährleisten, dass seine Erben den Nachlass erst dann unter sich auf-

„Was sollte der Erblasser vor der Anordnung eines Teilungsverbots bedenken?“

Ein Teilungsverbot, also das Verbot der Erbauseinandersetzung, kann zu einem Dauerstreit zwischen den Erben führen; insoweit kann die letztwillige Verfügung gerade das Gegenteil des vom Erblasser Gewollten bewirken.

teilen, wenn sie ein bestimmtes Alter erreicht haben. Und der Ausschluss der Erbauseinandersetzung kommt auch dann in Betracht, wenn einzelnen Miterben Zeit gegebenen werden soll, die Auszahlung anderer Miterben zu finanzieren.

BEISPIEL

Der Erblasser setzt seine Ehefrau und seine beiden Kinder als Erben ein. Er möchte seiner Frau mögliche Streitigkeiten bei der Erbauseinandersetzung ersparen und ordnet ein Teilungsverbot bis zum Tod seiner Ehefrau an.

Der Erblasser hat die Möglichkeit, die Auseinandersetzung gegenständlich und personell eingeschränkt auszuschließen:

- Die Beschränkung der Auseinandersetzung kann sich auf den gesamten Nachlass oder nur auf bestimmte Nachlassgegenstände (zum Beispiel eine oder alle Immobilien) beziehen.
- Der Erblasser kann die Auseinandersetzungsbeschränkung an alle Miterben oder nur an einen bestimmten Stamm der Familie richten.

Form

Der Erblasser muss das Teilungsverbot in seinem Testament bestimmen. Es ist nicht erforderlich, dass im Testament auch Erbeinsetzungen vorgenommen werden. Teilungsanordnungen können auch angeordnet werden, wenn gesetzliche Erbfolge gilt. Ein Teilungsverbot kann auch in einem gemeinschaftlichen Testament von Eheleuten festgelegt werden. Allerdings kann die Verfügung nicht wechselbezüglich ausgestaltet werden; das Verbot kann also jederzeit widerrufen werden (→ Seite 40).

Grenzen

Ein testamentarisches Teilungsverbot kann der Erblasser nur innerhalb der gesetzlich vorgegebenen Grenzen anordnen. Diese sachlichen beziehungsweise zeitlichen Grenzen sollen die Interessen der Miterben wahren und einen allzu weitgehenden Einfluss des Erblassers auf die Auseinandersetzung beschränken.

Teilungsverbot **(→ Seite F-23)**

Im hinteren Teil des Buchs finden Sie auf Seite F-23 ein **Formulierungsbeispiel** für ein Teilungsverbot.

Trotz Teilungsverbots kann ein Miterbe die Auseinandersetzung verlangen, wenn ein wichtiger Grund vorliegt. Was als wichtiger Grund anzusehen ist, hängt von den konkreten Umständen des Einzelfalls ab. Ein wichtiger Grund kann beispielsweise die Verschlechterung des Nachlasses oder die Verfeindung der Miterben sein. Kein wichtiger Grund liegt vor, wenn ein Miterbe wegen Geldbedarfs die Auseinandersetzung durchführen will.

Ein nur auf Zeit angeordnetes testamentarisches Teilungsverbot tritt im Zweifel mit dem Tod eines Miterben außer Kraft.

Die Anordnung des Erblassers wird unwirksam, wenn dreißig Jahre verstrichen sind. Sind natürliche Personen Miterben, kann der Erblasser anordnen, dass die Auseinandersetzungsbeschränkung auch nach Ablauf von dreißig Jahren bis zum Eintritt eines bestimmten Ereignisses in der Person eines Miterben gilt (zum Beispiel Heirat oder Tod eines Miterben). Der Erblasser kann auch anordnen, dass die Beschränkung der Auseinandersetzung bis zum Eintritt einer angeordneten Nacherbschaft oder bis zum Anfall eines ausgesetzten Vermächtnisses gelten soll.

→ **TIPP** Unabhängig von der rechtlichen Zulässigkeit sollte der Erblasser überprüfen, ob ein testamentarisches Teilungsverbot zweckmäßig ist. Aus gutem Grund soll nach dem Gesetz der Nachlass möglichst schnell unter den Miterben aufgeteilt werden. So soll verhindert werden, dass Miterben – und gegebenenfalls deren Rechtsnachfolger – mit unterschiedlichen Interessen ohne sachlichen Grund über Jahrzehnte in eine Erbengemeinschaft eingebunden werden.

Wirkung

Testamentarische Teilungsbeschränkungen bewirken, dass kein Miterbe gegen die übrigen Miterben einen Anspruch auf Auseinandersetzung hat. Auch dem Nachlassgericht ist es untersagt, an der Auseinandersetzung mitzuwirken.

→ **ACHTUNG** Mit einem Teilungsverbot kann der Erblasser zwar verbieten, die Auseinandersetzung des Nachlasses vorzunehmen, sind sich allerdings die Erben untereinander einig, sind sie nicht gehindert, sich über das Verbot hinwegzusetzen. Will der Erblasser das verhindern, muss er das Teilungsverbot durch entsprechende testamentarische Anordnungen sicherstellen (siehe unten).

Sicherstellung der Durchsetzung

Auseinandersetzungsbeschränkungen haben nur schuldrechtliche Wirkung. Deshalb besteht für den Erblasser keine Gewähr, dass sie auch ausgeführt werden. Die Erben können einvernehmlich von diesen abweichen. Wenn der Erblasser sicherstellen will, dass seine Anordnung tatsächlich umgesetzt wird, muss er entsprechende testamentarische Vorkehrungen treffen. Dabei hat der Erblasser insbesondere folgende Möglichkeiten:

- Der Erblasser kann einen Testamentsvollstrecker einsetzen und diesen mit der Durchsetzung des Teilungsverbots beauftragen.
- Der Erblasser kann die Einsetzung der Erben im Testament mit der Bedingung verknüpfen, dass diese das Teilungsverbot einhalten. Verstoßen die Erben gegen diese Bedingung, müssen sie die Erbschaft wieder herausgeben (zur sogenannten auflösenden Bedingung → **Seite 55**).

Anordnung der Testamentsvollstreckung

Der Erblasser kann in seinem Testament einen oder mehrere Testamentsvollstrecker ernennen und so über seinen Tod hinaus Einfluss auf den Nachlass nehmen. Mit der Anordnung der Testamentsvollstreckung kann der Erblasser sicherstellen, dass sein letzter Wille durchgesetzt wird. Letztlich beschränkt er damit zwangsläufig Entscheidungsbefugnisse der durch sein Testament Begünstigten.

Für den schnellen Einstieg

Testamentsvollstreckung als testamentarisches Gestaltungsmittel

Es gibt viele gute Gründe für den Erblasser, durch Testament einen Testamentsvollstrecker zu ernennen und sicherzustellen, dass seine testamentarischen Anordnungen auch tatsächlich durchgeführt werden. Der Erblasser kann so insbesondere auf die Verwendung seines Vermögens Einfluss nehmen, unter Umständen aber auch zur Wahrung des Familienfriedens nach dem Erbfall beitragen.

Zweck der Testamentsvollstreckung

Die Testamentsvollstreckung bezweckt im Wesentlichen den Schutz des Nachlasses und den Schutz der Erben, einzelner Miterben oder anderer Personen, die durch das Testament begünstigt werden. Daneben kann sie zur Vereinfachung der Nachlassabwicklung beitragen.

Schutz der Erben
Grund für die Anordnung der Testamentsvollstreckung durch den Erblasser kann der Schutz der Erben sein. Wenn der Erblasser in einer Erbengemeinschaft Streit unter den Miterben befürchtet, kann eine Testamentsvollstreckung zur Entschärfung dieser Konflikte beitragen, wenn dem Testamentsvollstrecker Verfügungsbefugnisse über den Nachlass eingeräumt werden und er seine Befugnisse und Kompetenzen objektiv und neutral ausübt. Der Testamentsvollstrecker kann wie ein Schiedsrichter fungieren und den Willen des Erblassers durch geeignete Maßnahmen sicherstellen.

Durch die Einsetzung eines Testamentsvollstreckers wird ein verschuldeter Erbe vor seinen privaten Gläubigern geschützt. Durch die Trennung des Nachlassvermögens vom Privatvermögen des Erben ist gewährleistet, dass die privaten Gläubiger des Erben keinen Zugriff auf den Nachlass besitzen. Das Gesetz schützt ausdrücklich den Nachlass, der unter der Verwaltung eines Testamentsvollstreckers steht, sodass dieser nicht von Gläubigern des Erben gepfändet werden kann, um deren Ansprüche zu bedienen.

Wenn ein pflegebedürftiger oder behinderter Erbe auf staatliche Unterstützung (zum Beispiel Sozialhilfe) angewiesen ist, muss er zunächst sein eigenes Privatvermögen verbrauchen. Erst dann kann er staatliche Hilfe erhalten. Durch die Anordnung der Testamentsvollstreckung kann dem Sozialamt der Zugriff auf den Nachlass entzogen werden. Deshalb ist die Anordnung der Testamentsvollstreckung ein wesentliches Element des sogenannten Behindertentestaments (→ Seite 83).

Die Anordnung der Testamentsvollstreckung ist geeignet, minderjährige Erben vor dem Zugriff Dritter zu schützen. Für den minderjährigen Erben verwaltet der gesetzliche Vertreter den Nachlass. Dieser kann allerdings unter Umständen fachlich oder persönlich ungeeignet sein. Wird für das Erbe des Minderjährigen Testamentsvollstreckung angeordnet, bedarf der Testamentsvollstrecker in der Regel weder der Zustimmung des gesetzlichen Vertreters noch des Vormundschaftsgerichts.

Wenn in einer Erbengemeinschaft einem Miterben die Testamentsvollstreckung übertragen wird, kann diesem eine stärkere Stellung gegenüber den anderen Miterben eingeräumt werden. Vom Erblasser kann das gewollt sein, weil er beispielsweise den Miterben (zum Beispiel den überlebenden Ehegatten) besonders schützen oder gegenüber den anderen Miterben privilegieren will.

Die Abwicklung des Nachlasses kann mitunter aufwendig sein (zum Beispiel Schriftverkehr mit dem Nachlassgericht, Erstellung eines Nachlassverzeichnisses, Sichtung aller Unterlagen und Verträge, Erfüllung von Auflagen und Vermächtnissen, Abgabe der Erbschaftsteuererklärung). Es gibt viele Gründe, weshalb die Erben diese Aufgaben nicht selbst wahrnehmen können.

→ **TIPP** Vor allem wenn Erben zu alt oder zu jung, zu unerfahren oder zu gebrechlich sind, den Nachlass selbst abzuwickeln, kann ein fachkundiger Testamentsvollstrecker die Erben zu ihrem Vorteil entlasten.

Schutz des Nachlasses

Die Anordnung einer Testamentsvollstreckung kann dem Schutz des Nachlasses zugutekommen. Mit einer Testamentsvollstreckung kann unter Umständen der Nachlass vor Wertverlusten geschützt werden, indem dieser für eine bestimmte Dauer der Verwaltung der Erben entzogen wird. So kann beispielsweise jeder Miterbe in einer Erbengemeinschaft jederzeit und ohne Angabe von Gründen die Teilung verlangen. Eine Teilung zur Unzeit kann wirtschaftliche Werte zerschlagen und Vermögensverluste der Erben zur Folge haben. Die Einsetzung eines erfahrenen und fachkundigen Testamentsvollstreckers, der über die Verwaltung, den Zeitpunkt und die Art und Weise der Auseinandersetzung entscheidet, kann die Erben vor finanziellen Nachteilen schützen.

Im Zusammenhang mit der Abwicklung eines Nachlasses müssen die Erben viele Angelegenheiten wahrnehmen, die teilweise auch eine bestimmte Sachkunde voraussetzen (zum Beispiel steuerliche Kenntnisse). Vor allem bei einem größeren oder komplizierten Nachlass (zum Beispiel wenn Nachlassverbindlichkeiten bestehen) lauern überall Fallstricke, die einen Erben ohne rechtliche oder steuerliche Kenntnisse regelmäßig überfordern. Durch eine Testamentsvollstreckung kann den Erben eine fachkundige Person zur Seite gestellt werden, die sie bei der Verwaltung und der Teilung des Nachlasses mit Rat und Tat unterstützt.

Durch eine Testamentsvollstreckung kann der Nachlass vor dem Zugriff ungeeigneter, überforderter und möglicherweise böswilliger Erben geschützt werden, deren Interessen dem Willen des Erblassers entgegenstehen. Ein Testamentsvollstrecker kann somit die Erben unter Umständen auch vor sich selbst schützen.

Nicht selten ist es ausreichend, wenn sich eine Testamentsvollstreckung auf eine Übergangszeit nach dem Erbfall beschränkt. In dieser Zeit kann dann der Testamentsvollstrecker die wichtigsten Nachlassangelegenheiten für die Erben wahrnehmen.

Sicherstellung erbrechtlicher Anordnungen

Mit einer Testamentsvollstreckung kann der Erblasser sicherstellen, dass seine testamentarischen Anordnungen tatsächlich ausgeführt werden. Kraft Gesetzes ist der Testamentsvollstrecker verpflichtet, dass diese Anordnungen durchgeführt werden.

„Welches Risiko besteht bei der Einsetzung eines Testamentsvollstreckers?“

Es besteht das Risiko, dass der eingesetzte Testamentsvollstrecker seine Rechtsstellung missbraucht und nicht immer nur zum Nutzen des hinterlassenen Vermögens einsetzt. Gegen seinen Willen kann er nur in einem komplizierten gerichtlichen Verfahren entlassen werden.

Hat der Erblasser ein Vermächtnis oder eine Auflage angeordnet, kann der Erblasser dem Testamentsvollstrecker die Ausführung des Vermächtnisses beziehungsweise der Auflage als einzige Aufgabe übertragen (→ Seite 99, 115).

Der Erblasser kann testamentarisch eine Teilungsanordnung verfügen, wenn mehrere Personen Erbe werden. In ihr trifft der Erblasser im Testament eine Anordnung, wie ein oder mehrere Nachlassgegenstände bei der Auseinandersetzung unter den Miterben verteilt werden sollen. Allerdings sind die Miterben, wenn sie sich untereinander einig sind, nicht gehindert, eine andere Verteilung vorzunehmen. Mit der Anordnung einer Testamentsvollstreckung kann der Erblasser dies verhindern (→ Seite 129).

Testamentarische Gestaltungsmöglichkeiten

Der Testamentsvollstrecker hat die Verfügungen des Erblassers auszuführen. Über den Umfang seiner Befugnisse entscheidet der Erblasser durch eine entsprechende Verfügung in seinem Testament. Je nach der jeweiligen Aufgabe des Testamentsvollstreckers wird zwischen verschiedenen Arten der Testamentsvollstreckung unterschieden. Der Erblasser kann durch entsprechende testamentarische Anordnung die Testamentsvollstreckung beschränken oder erweitern.

Regelmäßige Aufgaben des Testamentsvollstreckers

Zu den regelmäßigen Befugnissen eines Testamentsvollstreckers gehören – wenn der Erblasser durch Testament nichts anderes bestimmt hat – die Ausführung der letztwilligen Verfügungen, die Auseinandersetzung unter den Miterben und, solange es zur Erfüllung der Aufgaben notwendig ist, die Verwaltung des Nachlasses.

Ausführung der letztwilligen Verfügung

Der Testamentsvollstrecker hat die letztwillige Verfügung des Erblassers zur Ausführung zu bringen (sogenannte **Abwicklungsvollstreckung**). Welche Pflichten er in diesem Zusammenhang zu erfüllen hat, richtet sich in erster Linie nach dem Willen des Erblassers. Zu den dem Testamentsvollstrecker obliegenden Aufgaben gehört es insbesondere, Anordnungen wie Vermächtnisse und Auflagen, die übrigen Nachlassverbindlichkeiten, Teilungsanordnungen und die steuerlichen Pflichten zu erfüllen.

Auseinandersetzung der Miterben

Wenn mehrere Erben vorhanden sind, hat der Testamentsvollstrecker nicht nur die Aufgabe, die letztwilligen Verfügungen des Erblassers auszuführen, er hat darüber hinaus auch die Auseinandersetzung unter den Miterben herbeizuführen. Es gehört in diesem Fall also zu seiner Pflicht, den Nachlass unter den Miterben aufzuteilen. In diesem Zusammenhang hat der Testamentsvollstrecker zunächst die Nachlassverbindlichkeiten zu erfüllen und den verbleibenden Überschuss unter den Miterben entsprechend deren Erbteilen zu verteilen.

Verwaltung des Nachlasses

Im Rahmen der Ausführung der letztwilligen Verfügungen des Erblassers und – bei mehreren Erben – der Verteilung des Nachlasses unter den Miterben hat der Testamentsvollstrecker auch den Nachlass zu verwalten. In diesem Zusammenhang obliegt ihm unter anderem die Sicherung und Erhaltung des Vermögens. Die Verwaltungsbefugnis beginnt mit der Annahme des Amts. Ab diesem Zeitpunkt ist der Testamentsvollstrecker berechtigt, den Nachlass in Besitz zu nehmen und über die Nachlassgegenstände zu verfügen.

Beschränkungen der Testamentsvollstreckung

Der Erblasser kann in seinem Testament die Befugnisse des Testamentsvollstreckers inhaltlich, gegenständlich und zeitlich beschränken.

Inhaltliche Beschränkungen

Inhaltliche Beschränkungen der Testamentsvollstreckung sind in mehrfacher Hinsicht möglich:

- → Die Anordnung der Testamentsvollstreckung kann sich auf bestimmte Gegenstände des Nachlasses beschränken (zum Beispiel die Verwaltung der vermieteten Immobilien).
- → Der Erblasser kann die Testamentsvollstreckung auf den Erbteil eines Erben beschränken.
- → Die Anordnung der Testamentsvollstreckung kann sich auf einen bestimmten Aufgabenkreis (etwa die Erfüllung von Vermächtnissen) beschränken.
- → Dem Testamentsvollstecker können bestimmte Geschäfte untersagt werden (zum Beispiel der Verkauf von Immobilien oder die Aufnahme von Verbindlichkeiten).
- → Verfügungen des Testamentsvollstreckers können von der Zustimmung der Erben abhängig gemacht werden.
- → Dem Testamentsvollstrecker kann die bloße Beaufsichtigung der Erben übertragen werden.

Sofern die Testamentsvollstreckung inhaltlich beschränkt ist, stehen die entsprechenden Befugnisse automatisch den Erben zu.

> **BEISPIEL**
>
> Der Erblasser überträgt dem Testamentsvollstrecker nur eine einzelne Aufgabe (zum Beispiel Verwaltung eines Mehrfamilienhauses, Vollziehung einer Auflage), ohne dass er die Auseinandersetzung der Erbengemeinschaft vorzunehmen hat.

Gegenständliche Beschränkungen

Die Testamentsvollstreckung kann sich auf den gesamten Nachlass oder nur auf bestimmte Nachlassgegenstände (zum Beispiel Immobilien) beschränken. Eine entsprechende Anordnung trifft der Erblasser im Testament. Unterliegen der Ver-

Abwicklungsvollstreckung (→ Seite F-23)

Im hinteren Teil des Buchs finden Sie auf Seite F-23 ein **Formulierungsbeispiel** für die Anordnung einer Abwicklungsvollstreckung.

„Unterliegt die Testamentsvollstreckung der Überwachung durch das Nachlassgericht?"

Nein. Das Nachlassgericht ist zu einer Überwachung des Testamentsvollstreckers weder berufen noch ermächtigt. Und auch der Erblasser kann den Testamentsvollstrecker nicht der Überwachung des Nachlassgerichts unterstellen.

waltung des Testamentsvollstreckers nur einzelne Nachlassgegenstände, so bezieht sich sein Verwaltungsrecht automatisch nur auf diesen Teil des Nachlasses.

→ **WICHTIG** Hat der Erblasser im Testament nichts anderes verfügt, erfasst die angeordnete Testamentsvollstreckung den gesamten Nachlass und betrifft alle Erben.

Zeitliche Beschränkungen

Der Erblasser kann verfügen, dass der Nachlass nach seinem Tod über längere Zeit unter Testamentsvollstreckung steht. Eine entsprechende Anordnung kann beispielsweise bei minderjährigen, pflegebedürftigen oder behinderten Erben sinnvoll sein. Die Dauervollstreckung kann zeitlich befristet oder an ein bestimmtes Ereignis (zum Beispiel das Erreichen eines bestimmten Lebensalters des Erben) gebunden sein. Sie endet normalerweise spätestens dreißig Jahre nach dem Erbfall. Der Erblasser kann allerdings auch anordnen, dass die Testamentsvollstreckung bis zum Tod des Erben oder des Testamentsvollstreckers oder bis zum Eintritt eines bestimmten Ereignisses in der Person des Erben oder des Testamentsvollstreckers fortdauern soll.

Erweiterung der Befugnisse des Testamentsvollstreckers

Die Befugnisse des Testamentsvollstreckers können vom Erblasser im gesetzlichen Rahmen erweitert werden.

Dauervollstreckung

Wurde nur eine „Testamentsvollstreckung" verfügt, handelt es sich um eine sogenannte Abwicklungsvollstreckung. Diese stellt den Regelfall dar und gilt, wenn der Erblasser die Aufgaben des Testamentsvollstreckers nicht anders bestimmt hat.

Der Testamentsvollstrecker soll dafür Sorge tragen, dass das Vermögen in geordneter Weise auf den oder die Erben übergeht. In diesem Fall verwaltet allein der Testamentsvollstrecker den Nachlass und nur er allein kann über die Nachlassgegenstände verfügen. Zu den Hauptpflichten des Testamentsvollstreckers gehören bei der Abwicklungsvollstreckung die Verwaltung des Nachlasses, die

Dauervollstreckung
(→ Seite F-23)

Im hinteren Teil des Buchs finden Sie auf Seite F-23 ein **Formulierungsbeispiel** für die Anordnung einer Dauervollstreckung.

Erstellung eines Nachlassverzeichnisses, die Zahlung der Schulden, die Erfüllung von Vermächtnissen, Auflagen und Pflichtteilsansprüchen und die Verteilung des Nachlasses unter den Erben.

Der Erblasser kann auch anordnen, dass der Nachlass nach seinem Tod noch längere Zeit von einem Testamentsvollstrecker verwaltet wird. Eine solche Dauervollstreckung kommt unter anderem zur Anwendung, wenn der Erbe nicht ausreichend qualifiziert oder minderjährig und damit nicht imstande ist, das Vermögen zu verwalten, er behindert ist oder die Erben untereinander zerstritten sind.

Die Dauervollstreckung kann zeitlich befristet oder an ein bestimmtes Ereignis (zum Beispiel Volljährigkeit des Erben) gebunden werden. Sie endet normalerweise dreißig Jahre nach Ihrem Tod. Der Erblasser kann jedoch anordnen, dass die Verwaltung bis zum Tod des Erben oder des Testamentsvollstreckers oder bis zum Eintritt eines anderen Ereignisses in der Person des einen oder des anderen fortdauern soll.

Erweitere Verpflichtungsbefugnis

Der Testamentsvollstrecker hat den Nachlass ordnungsgemäß zu verwalten. In diesem Zusammenhang kann er auch Verbindlichkeiten für den Nachlass eingehen, sofern dies zur ordnungsgemäßen Verwaltung des Nachlasses erforderlich ist. Gesetzlich ist somit die Vertretungsbefugnis des Testamentsvollstreckers im Außenverhältnis auf den Bereich der ordnungsgemäßen Verwaltung beschränkt.

Durch Testament kann der Erblasser den Testamentsvollstrecker von der gesetzlichen Beschränkung bei Eingehung von Verbindlichkeiten befreien und so diesen ermächtigen, Verbindlichkeiten für den Nachlass auch dann einzugehen, wenn dies nicht zur ordnungsgemäßen Verwaltung erforderlich ist. Schenkungen aus dem Nachlass darf der Erblasser aber auch in diesem Fall nicht vornehmen.

Befreiung von gesetzlichen Verpflichtungen

Dem Testamentsvollstrecker obliegen gegenüber den Erben kraft Gesetzes bestimmte Verpflichtungen. Im Rahmen seiner Testierfreiheit kann der Erblasser ihn von diesen Verpflichtungen befreien. Bei einigen grundlegenden Verpflichtungen funktioniert dies allerdings nicht. Das dient dem Schutz des Erben und soll diesem ein Mindestmaß an Rechten gegenüber dem Testamentsvollstrecker gewährleisten.

Der Erblasser kann den Testamentsvollstrecker unter anderem von folgenden Pflichten gegenüber den Erben nicht befreien:

- Erstellung und Mitteilung eines Nachlassverzeichnisses,
- Pflicht zur Auskunftserteilung,
- Pflicht zur Rechnungslegung,
- Herausgabepflicht des Nachlasses an die Erben,
- Schadenersatzpflicht des Testamentsvollstreckers.

→ **ACHTUNG** Verfügungen des Erblassers im Testament, die gegen diese Befreiungsverbote verstoßen, sind unwirksam. Wirksam bleibt allerdings die testamentarische Anordnung der Testamentsvollstreckung.

Anordnung der Testamentsvollstreckung

Die Anordnung der Testamentsvollstreckung erfolgt durch Testament. Sie muss vom Erblasser persönlich erfolgen. Der Erblasser kann den Testamentsvollstrecker selbst bestimmen, es besteht allerdings auch die Möglichkeit, die Ernennung einem Dritten oder dem Nachlassgericht zu überlassen.

Anordnung durch Testament

Die Anordnung der Testamentsvollstreckung muss durch Testament erfolgen. Es ist nicht möglich, dass Testamentsvollstreckung zu Lebzeiten durch einen Vertrag angeordnet wird. Wird eine Person testamentarisch zum Testamentsvollstrecker ernannt, liegt darin zugleich die Anordnung der Testamentsvollstreckung.

Die Anordnung der Testamentsvollstreckung muss durch den Erblasser persönlich erfolgen. Lediglich die Person des Testamentsvollstreckers kann unter bestimmten Voraussetzungen durch Dritte bestimmt werden (siehe unten). Der Erblasser kann es nicht den Erben überlassen, ob Testamentsvollstreckung stattfindet.

Die Anordnung einer Testamentsvollstreckung ist auch in einem gemeinschaftlichen Testament von Eheleuten möglich. Allerdings kann die Verfügung nicht wechselbezüglich ausgestaltet werden; die Anordnung kann also jederzeit widerrufen werden (→ Seite 40). Haben Ehegatten im gemeinschaftlichen Testament Testamentsvollstreckung angeordnet, so ist im Zweifel anzunehmen, dass diese für beide Erbfälle, also sowohl beim Tod des zuerst- als auch beim Tod des zuletztversterbenden Ehegatten gilt.

Ernennung des Testamentsvollstreckers

Es ist zwischen der Anordnung der Testamentsvollstreckung und der Ernennung des Testamentsvollstreckers zu unterscheiden (siehe oben). Während die Anordnung der Testamentsvollstreckung höchstpersönlich durch den Erblasser erfolgen muss, kann der Erblasser testamentarisch anordnen, dass die Person des Testamentsvollstreckers im Rahmen der gesetzlichen Regelungen durch Dritte bestimmt wird.

Ernennung durch den Erblasser
Im Regelfall wird der Erblasser selbst einen oder mehrere Testamentsvollstrecker bestimmen. Sinnvoll ist es, für den Fall, dass der zunächst ernannte Testamentsvollstrecker vor oder nach der Annahme des Amts wegfällt, einen Ersatztestamentsvollstrecker zu ernennen.

Ernennung durch Dritte
Der Erblasser kann die Bestimmung der Person des Testamentsvollstreckers auch einem Dritten überlassen. Voraussetzung ist, dass die Person, die den Testamentsvollstrecker benennen darf, geschäftsfähig ist. Auch dem Erben oder dem Vorerben kann es überlassen werden, den Testamentsvollstrecker zu bestimmen.

„Auf was sollte der Erblasser bei der Auswahl der Person des Testamentsvollstreckers besonders achten?"

Wichtig ist, dass der Erblasser eine Person seines Vertrauens zum Testamentsvollstrecker beruft. Vor allem bei einem komplizierten Nachlass und zerstrittenen Erben ist es zudem entscheidend, dass der Testamentsvollstrecker fachlich versiert ist. Vor der Bestimmung des Testamentsvollstreckers im Testament sollte unbedingt auch geklärt werden, ob die in Aussicht genommene Person auch bereit ist, das Amt des Testamentsvollstreckers zu übernehmen.

Der Dritte kann nach seinem Belieben jede Person auswählen, die die persönlichen Voraussetzungen für die Ausübung des Amts des Testamentsvollstreckers erfüllt. Die Entscheidung steht im freien Ermessen des Dritten. Die Bestimmung erfolgt durch Erklärung des Dritten gegenüber dem Nachlassgericht. Sie muss in öffentlich beglaubigter Form abgegeben werden.

Ernennung durch das Nachlassgericht

Der Erblasser kann durch Testament das Nachlassgericht ersuchen, den Testamentsvollstrecker zu bestimmen. Über die Auswahl der Person hat das Nachlassgericht nach pflichtgemäßem Ermessen zu entscheiden. In diesem Zusammenhang hat das Gericht unter anderem den mutmaßlichen Willen des Erblassers, die Eignung der Person und deren Vergütungsanspruch zu berücksichtigen.

§ URTEIL

In der Formulierung im Testament „Die Bestimmung des Testamentsvollstreckers erfolgt gesondert privatschriftlich." ist kein Ersuchen gegenüber dem Nachlassgericht zu sehen, von dort einen Testamentsvollstrecker zu bestimmen. Ebenso wenig ist ein Dritter benannt worden, der eine persönliche Auswahl vornehmen könnte (OLG Frankfurt a. M., Az. 20 W 158/16).

Person des Testamentsvollstreckers

Dem Erblasser steht es grundsätzlich frei, welche Person er zum Testamentsvollstrecker bestimmt. Voraussetzung ist lediglich, dass die betreffende Person voll geschäftsfähig ist und nicht unter Vermögensbetreuung steht. Zum Testamentsvollstrecker können sowohl natürliche als auch juristische Personen (zum Beispiel GmbH) bestimmt werden, ebenso Personengesellschaften (zum Beispiel OHG oder KG).

Anordnung einer Testamentsvollstreckung (→ Seite F-24, F-61)

Im hinteren Teil des Buchs finden Sie auf Seite F-24 **Formulierungsbeispiele** für die Anordnung der Testamentsvollstreckung. Ferner finden Sie auf Seite F-61 eine **Checkliste,** in der die wichtigsten Fragen im Zusammenhang mit der Einsetzung eines Testamentsvollstreckers zusammengestellt sind.

Grundsätzlich kann auch ein Rechtsanwalt zum Testamentsvollstrecker bestimmt werden, es sei denn, dass dieser zuvor gegen den Träger des zu verwaltenden Vermögens tätig gewesen ist. Auch Notare können als Testamentsvollstrecker eingesetzt werden. Nicht zulässig ist allerdings die Ernennung eines Notars, der das Testament beurkundet hat. Einer Behörde kann die Testamentsvollstreckung nicht übertragen werden. Unzulässig ist die Ernennung des Trägers eines Heims, des Heimleiters oder eines Heimbeschäftigten zum Testamentsvollstrecker, wenn für das Amt über einen Aufwendungsersatz hinaus eine Vergütung gezahlt wird. Steuerberater, Wirtschaftsprüfer und Banken können ohne Weiteres zum Testamentsvollstrecker berufen werden.

→ **ACHTUNG** Zum alleinigen Testamentsvollstrecker kann der Alleinerbe nicht eingesetzt werden, weil er sich nicht selbst beschränken kann. Er kann allerdings neben einer anderen Person zum Mitvollstrecker ernannt werden. In einer Erbengemeinschaft kann ein Miterbe zum Testamentsvollstrecker bestimmt werden. Allerdings sollte der Erblasser bedenken, dass in diesem Fall die Aufgaben und Befugnisse des Testamentsvollstreckers mit den Interessen der Miterben kollidieren können. Auch ein Vermächtnisnehmer kann zum Testamentsvollstrecker berufen werden.

Rechte und Pflichten des Testamentsvollstreckers

Der Testamentsvollstrecker hat die Stellung eines Treuhänders. Es ist ein privates Amt. Der Testamentsvollstrecker ist weder Vertreter des Erblassers noch der Erben. Er ist verpflichtet, den Willen des Erblassers auszuführen und die vom Erblasser vorgegebenen Ziele zu realisieren. Im Rahmen der Verwaltung des Nachlasses wird er allerdings auch im Interesse der Erben tätig. Gesetzlich sind dem Testamentsvollstrecker Rechte und Befugnisse eingeräumt, damit er seine Aufgaben erfüllen kann.

Mit Eintritt des Erbfalls gehen das Eigentum und der Besitz des Nachlasses auf die Erben über, selbst wenn Testamentsvollstreckung angeordnet ist. Der Testamentsvollstrecker muss sich also zunächst den Besitz an den Nachlassgegenständen verschaffen. Danach hat er den Nachlass zu verwalten. Dabei hat er die Anordnungen des Erblassers zu beachten. Von der Verwaltungsbefugnis ist die **Verfügungsbefugnis** zu unterscheiden. Danach ist der Testamentsvollstrecker berechtigt, über Nachlassgegenstände zu verfügen (zum Beispiel Nachlassgegenstände zu veräußern oder Immobilien zu belasten). Diese Verfügungen wirken unmittelbar für und gegen die Erben. Gegenüber den Erben obliegen dem Testamentsvollstrecker eine Reihe von Informationspflichten. Für seine Tätigkeit kann der Testamentsvollstrecker eine angemessene Vergütung verlangen, sofern der Erblasser nichts anderes bestimmt hat.

Inbesitznahme des Nachlasses

Der Testamentsvollstrecker hat das Recht, den Nachlass in Besitz zu nehmen. Im Rahmen der Inbesitznahme muss er sich die tatsächliche Gewalt über die Nachlassgegenstände verschaffen. Nimmt der Testamentsvollstrecker den Nachlass in Besitz, ist damit zugleich die Trennung des Nachlassvermögens vom Privatvermögen der Erben verbunden. Weigern sich die Erben, den Besitz des Nachlasses herauszugeben, kann der Testamentsvollstrecker auf Besitzverschaffung klagen.

→ **ACHTUNG** Nachlassgegenstände, die der Testamentsvollstrecker nicht zur Erfüllung seiner Aufgaben benötigt, hat er den Erben auf deren Verlangen zur freien Verfügung zu überlassen. Mit der Überlassung erlischt sein Recht zur Verwaltung der Nachlassgegenstände.

Wenn der Testamentsvollstrecker den Nachlass in Besitz hat, hat er ein Nachlassverzeichnis aufzustellen. Dieses Verzeichnis ist das wichtigste Kontrollmittel des Erben. Es ist den Erben unverzüglich nach Annahme des Amtes mitzuteilen. Im Nachlassverzeichnis sind alle Nachlassgegenstände und Nachlassrechte, die der Verwaltung des Testamentsvollstreckers unterliegen, und die bekannten Nachlassverbindlichkeiten aufzulisten.

Ordnungsgemäße Verwaltung des Nachlasses

Der Testamentsvollstrecker hat den Nachlass zu verwalten. Dazu ist er berechtigt und verpflichtet. Die Nachlassverwaltung hat „ordnungsgemäß", also gemäß den vom Erblasser gestellten Aufgaben sachgerecht und vollständig zu erfolgen. Dazu gehören eine Reihe von Einzelpflichten. So ist der Testamentsvollstrecker unter anderem verpflichtet,

- → das Nachlassvermögen im Sinn eines umsichtigen und soliden Geschäftsführers zu verwalten,
- → Nachlassrechte (zum Beispiel Forderungen aus einem Darlehensvertrag) geltend zu machen,
- → etztwillige Verfügungen des Erblassers auf ihre Wirksamkeit zu überprüfen, bevor er sie ausführt,
- → Verkehrssicherungspflichten im Zusammenhang mit einem Nachlassgegenstand zu beachten (zum Beispiel Beachtung der Räum- und Streupflicht bei Grundstücken),
- → den Erben Nachlassgegenstände herauszugeben, die er nicht zur Erfüllung seiner Aufgaben benötigt,
- → Haftungsbeschränkungen für die Erben bei Überschuldung des Nachlasses einzuleiten.

Bei der Verwaltung hat der Testamentsvollstrecker auch besondere Anordnungen des Erblassers zu beachten, soweit diese testamentarisch getroffen wurden.

> **BEISPIEL**
>
> Der Testamentsvollstrecker muss die Anordnung im Testament beachten, bestimmte Nachlassgegenstände nicht zu veräußern oder Erträge aus dem Nachlass mündelsicher anzulegen.

Verfügungsbefugnis

Der Testamentsvollstrecker ist berechtigt, über die Nachlassgegenstände zu verfügen. Diese Verfügungsbefugnis erstreckt sich – wenn sich aus dem Testament nichts anderes ergibt – auf den gesamten verwaltungsfähigen Nachlass. Die Verfügung über Nachlassgegenstände ist die Grundlage dafür, dass der Testamentsvollstrecker die letztwilligen Anordnungen des Erblassers ausführen, Nachlassverbindlichkeiten erfüllen und die Auseinandersetzung unter mehreren Erben vornehmen kann.

„Verfügungen" des Testamentsvollstreckers sind alle einseitigen oder vertraglichen Rechtsgeschäfte, durch die Rechte übertragen, geändert oder aufgehoben werden.

> **BEISPIEL**
>
> Zu Verfügungen des Erblassers gehören die Veräußerung von Nachlassgegenständen, die Belastung von Grundstücken, der Verzicht auf Forderungen oder die Kündigung von Verträgen.

„Darf der Erbe über Nachlassgegenstände verfügen, wenn es einen Testamentsvollstrecker gibt?“

Nein. Der Erbe hat bis zur Auseinandersetzung keine Verfügungsbefugnis über Nachlassgegenstände. Der Testamentsvollstrecker muss allerdings Nachlassgegenstände an die Erben herausgeben, die er nicht für die Erfüllung seiner Aufgaben benötigt.

Die Verfügungsbefugnis des Testamentsvollstreckers ist in zweifacher Hinsicht beschränkt:

→ **Unentgeltliche Verfügungen** (zum Beispiel Schenkungen) darf der Erblasser grundsätzlich nicht vornehmen. Sie sind nur erlaubt, soweit sie einer sittlichen Pflicht oder einer auf den Anstand zu nehmenden Rücksicht entsprechen. In Betracht kommen insbesondere die üblichen Geschenke zu besonderen Gelegenheiten wie Geburtstagen, Hochzeiten oder Weihnachten.

→ Geschützt wird der Nachlass auch durch das Verbot sogenannter **Insichgeschäfte**. Der Testamentsvollstrecker darf grundsätzlich keine Rechtsgeschäfte mit sich selbst als Privatperson oder als Vertreter eines Dritten abschließen. Ein gleichwohl abgeschlossenes Rechtsgeschäft ist schwebend unwirksam und kann durch Genehmigung der Erben geheilt werden.

§ URTEIL

Der Testamentsvollstrecker kann zur Erfüllung einer wirksamen Nachlassverbindlichkeit ein Grundstück an sich selbst auflassen, wenn ein entsprechendes Vermächtnis, eine Teilungsanordnung oder eine Auflage zu seinen Gunsten besteht (OLG Düsseldorf, Az. I-3 Wx 41/13).

Über die gesetzlichen Verfügungsbeschränkungen hinaus muss der Testamentsvollstrecker auch solche Beschränkungen beachten, die vom Erblasser angeordnet wurden. So kann der Erblasser etwa testamentarisch anordnen, dass Verfügungen nur mit Zustimmung eines Dritten (zum Beispiel des Erben) erfolgen dürfen. Ferner müssen vom Erblasser Vorgaben hinsichtlich der Auseinandersetzung des Nachlasses (beispielsweise eine Teilungsanordnung) berücksichtigt werden.

Informationspflichten

Dem Testamentsvollstrecker obliegen Benachrichtigungs-, Auskunfts- und Rechenschaftspflichten.

Benachrichtigungspflicht

Der Testamentsvollstrecker hat die Erben über seine Tätigkeit regelmäßig zu benachrichtigen. Er hat diese darüber zu informieren, wie es um den Nachlass steht. Die Benachrichtigungspflicht besteht auch dahin gehend, dass der Testamentsvollstrecker den Erben aufklären und vor Risiken warnen muss.

Ob und wann der Testamentsvollstrecker zur Benachrichtigung der Erben verpflichtet ist, richtet sich nach den Umständen des konkreten Einzelfalls. Seiner Benachrichtigungspflicht hat der Testamentsvollstrecker unverzüglich und unaufgefordert zu erfüllen. Eine Form ist für die Benachrichtigung nicht vorgeschrieben.

Auskunftspflicht
Während der Testamentsvollstreckung ist der Testamentsvollstrecker gegenüber dem Erben verpflichtet, Auskünfte über seine Tätigkeit zu erteilen. Die Auskunftspflicht besteht gegenüber jedem Erben, auch gegenüber Miterben. Miterben können jedoch nur Auskunft an alle Miterben verlangen.

Die Erben können Auskunft über alle Sachverhalt verlangen, die zur Beurteilung ihrer Vermögens- und Rechtsposition notwendig sind. Auskünfte sind vom Testamentsvollstrecker grundsätzlich schriftlich zu erteilen. Die Kosten der Auskunftserteilung trägt der Nachlass.

§ URTEIL

Hat der Erbe ein erhebliches Interesse an Auskünften über bestellte Grundschulden und wird die Befriedigung dieses Interesses durch den Willen der Erblasserin verlangt, so hat der Testamentsvollstrecker diese Auskünfte zu erteilen. Ein Testamentsvollstrecker kann sich nicht auf die anwaltliche Schweigepflicht berufen (AG Düsseldorf, Az. 91a VI 867/07).

Rechenschaftspflicht
Am Ende seiner Tätigkeit hat der Testamentsvollstrecker über sein Amt Rechenschaft abzulegen und eine Rechnung zu stellen. Die Rechnungslegung muss so erfolgen, dass die Erben sich ein vollständiges Bild über den Nachlass und von der Entwicklung des Vermögens seit Beginn der Testamentsvollstreckung machen können.

Sind mit der Testamentsvollstreckung Einnahmen und Ausgaben verbunden, ist der Testamentsvollstrecker auch **zur Rechnungslegung verpflichtet.** Die Rechnungslegung muss über den gesamten Zeitraum der Testamentsvollstreckung erfolgen. Es müssen der gesamte Ablauf und alle Ergebnisse der Geschäftstätigkeit genau dargestellt werden. Insgesamt muss es den Erben möglich sein zu beurteilen, was bei der Testamentsvollstreckung falsch oder richtig gemacht wurde. Nicht ausreichend ist es, wenn der Testamentsvollstrecker Belege ohne eine übersichtliche Aufstellung vorlegt, verbunden mit dem Angebot, diese mündlich zu erläutern.

Vergütung

Der Testamentsvollstrecker kann eine angemessene Vergütung verlangen, sofern der Erblasser nichts anderes bestimmt hat. Der Vergütungsanspruch des Testamentsvollstreckers richtet sich demnach vorrangig nach dem Willen des Erblassers.

Anordnungen des Erblassers
In erster Linie bestimmt der Erblasser die Vergütung des Testamentsvollstreckers. Er entscheidet verbindlich über dessen Vergütung. Er kann auch bestimmen, dass keine Vergütung zu zahlen ist; in diesem Fall bleibt dem benannten Testamentsvollstrecker dann nur die Möglichkeit, das Amt abzulehnen.

Vergütung des Testamentsvollstreckers (→ Seite F-25)

Im hinteren Teil des Buchs finden Sie auf Seite F-25 **Formulierungsbeispiele** für die Vergütung des Testamentsvollstreckers.

NACHLASSBRUTTOWERT AM TODESTAG		HÖHE DES VERGÜTUNGSGRUNDBETRAGS
Nachlass bis zu	250.000 Euro	4 Prozent des Nachlassbruttowerts
Nachlass bis zu	500.000 Euro	3 Prozent des Nachlassbruttowerts
Nachlass bis zu	2.500.000 Euro	2,5 Prozent des Nachlassbruttowerts
Nachlass bis zu	5.000.000 Euro	2 Prozent des Nachlassbruttowerts
Nachlass bis zu	5.000.000 Euro	1,5 Prozent des Nachlassbruttowerts

Auch die Erben können mit dem Testamentsvollstrecker eine Vereinbarung über dessen Vergütung treffen, die von den Anordnungen des Erblassers abweichen kann. Dabei ist allerdings zu beachten, dass die Grenzen der ordnungsgemäßen Vermögensverwaltung eingehalten werden; andernfalls haften die Erben gegenüber den Nachlassgläubigern.

Gesetzlicher Vergütungsanspruch

Hat der Erblasser die Vergütungspflicht nicht ausgeschlossen und hat er keine Festlegung über die Höhe der Vergütung getroffen, so kann der Testamentsvollstrecker kraft Gesetzes eine „angemessene Vergütung" verlangen.

Für die Bemessung der Vergütung sind die konkreten Umstände des Einzelfalls, also insbesondere die vom Testamentsvollstrecker wahrzunehmenden Aufgaben, seine Verantwortung, die Dauer der Abwicklung oder der Verwaltung und besondere, mit der Art des Nachlasses und der Zusammensetzung der Erbengemeinschaft verbundene Schwierigkeiten maßgebend.

Eine gesetzliche Vergütungsordnung für Testamentsvollstrecker gibt es nicht. In der Praxis wird die Vergütung des Testamentsvollstreckers mithilfe verschiedener Tabellen ermittelt und ein Grundvergütungsbetrag berechnet. Für eine „normale Abwicklung des Nachlasses" kann auf die Empfehlungen des deutschen Notarvereins für die Vergütung des Testamentsvollstreckers zurückgegriffen werden (vgl. oben). Danach richtet sich die Vergütung nach einem bestimmten Prozentsatz aus dem Nachlassbruttowert (= Summe der Aktiva ohne Schuldenabzug).

§ URTEIL

Bei der Bestimmung der angemessenen Vergütung des Testamentsvollstreckers kann – wenn auch nicht schematisch – die sogenannte Neue Rheinische Tabelle als Anhalt herangezogen werden. Das gilt auch bei überdurchschnittlich werthaltigen Nachlässen (hier: Bruttonachlasswert von über 3 Mio. Euro). Bemessungsgrundlage für die Regelvergütung des Testamentsvollstreckers unter Berücksichtigung der Neuen Rheinischen Tabelle ist der Bruttonachlasswert, wenn die Vollstreckungstätigkeit auch die Schuldenregulierung umfasst (OLG Schleswig, Az. 3 U 46/08).

Fälligkeit der Vergütung

Die Vergütung ist am Ende der Testamentsvollstreckung fällig. Der Testamentsvollstrecker hat keinen Anspruch auf einen Vorschuss. Nur bei langandauernden Verwaltungen kann der Testamentsvollstrecker unter Umständen Abschlagszahlungen verlangen.

Familienrechtliche Anordnungen

In seinem Testament kann der Erblasser neben rein erbrechtlichen Anordnungen auch verschiedene familienrechtliche Verfügungen mit erbrechtlicher Wirkung anordnen. Möglich sind insbesondere Anordnungen über die Verwaltung des Kindesvermögens und die Ernennung oder Ausschließung eines Vormunds. Entsprechende testamentarische Anordnungen kommen für Eltern mit minderjährigen Kindern in Betracht.

→

Für den schnellen Einstieg

1 Was ist unter einer Sorgerechtsverfügung zu verstehen und was ist der Zweck dieser Anordnung? → Seite 152

2 Wer kann eine Sorgerechtsverfügung errichten? → Seite 152

3 In welcher Form muss eine Sorgerechtsverfügung verfasst werden? → Seite 153

4 Welche Möglichkeiten bestehen bei einer Zuwendung von Todes wegen, die elterliche Vermögenssorge zu beschränken? → Seite 155

5 Welche Folgen hat die Entziehung der elterlichen Vermögenssorge? → Seite 155

6 Was versteht man unter einer Verwaltungsanordnung für das vom Erblasser einem minderjährigen Kind zugewendete Vermögen? → Seite 157

7 Welche rechtlichen Wirkungen hat eine Verwaltungsanordnung? → Seite 158

Elterliche Sorge

Solange ein Kind minderjährig ist, ist es der elterlichen Sorge anvertraut. Die elterliche Sorge regelt das Recht und die Pflicht der Eltern, für das persönliche Wohl ihres Kindes zu sorgen und es gesetzlich zu vertreten. Sie beinhaltet insbesondere, wer über den Aufenthaltsort des Kindes und alle das Kind betreffenden Angelegenheiten entscheiden darf.

Umfang der elterlichen Sorge

Solange ein Kind minderjährig ist, ist es der elterlichen Sorge anvertraut. Diese umfasst die Personensorge, die Vermögenssorge und die Vertretung des Kindes in persönlichen Angelegenheiten und in Vermögensangelegenheiten.

Die **Personensorge** umfasst sämtliche Angelegenheiten, die die Person eines Kindes betreffen. Dazu gehören unter anderem die Pflege, die Erziehung, die Beaufsichtigung, die Bestimmung des Aufenthalts, die Ausbildungs- und Berufswahl und die Bestimmung des Umgangs des Kindes mit anderen Personen.

Die **Vermögenssorge** beinhaltet das Recht und die Verpflichtung der Eltern zur Erhaltung und Vermehrung des Vermögens des Kindes. Bedeutung hat die Vermögenssorge, wenn das minderjährige Kind durch Schenkung oder Erbschaft eigenes Vermögen erwirbt. Die Vermögenssorge der Eltern unterliegt in mehrfacher Hinsicht gesetzlichen Beschränkungen. So bedürfen etwa bestimmte Rechtsgeschäfte (zum Beispiel Kreditgeschäfte oder Ausschlagung einer Erbschaft) der Genehmigung des Familiengerichts.

Die elterliche Sorge umfasst auch die **Vertretung des Kindes**. Die gesetzliche Vertretung umfasst jedes Handeln mit allen daraus resultierenden Rechten und Pflichten für das Kind. Sie erfasst neben Rechtsgeschäften wie den Abschluss von Kauf- und Ausbildungsverträgen auch die Einwilligung in ärztliche Behandlungen und Operationen, Anträge bei Behörden und Schulan- und -abmeldungen. Im Regelfall vertreten die Eltern das Kind gemeinschaftlich.

Inhaber der elterlichen Sorge

Für die Frage, wer Inhaber der elterlichen Sorge ist, ist zwischen Kindern zu unterscheiden, deren Eltern verheiratet beziehungsweise nicht verheiratet sind.

Verheiratete Eltern haben grundsätzlich gemeinsam die Pflicht und das Recht, für ihre minderjährigen Kinder zu sorgen. Sind die Eltern bei Geburt des Kindes bereits verheiratet, haben sie die gemeinsame Sorge von Anfang an; heiraten sie erst später, steht ihnen die gemeinsame Sorge ab dem Tag der Eheschließung zu.

Nicht miteinander verheiratete Eltern können gemeinsam sorgeberechtigt sein, wenn

→ sie erklären, dass sie die Sorge gemeinsam übernehmen wollen (Sorgerechtserklärung),

- sie einander heiraten oder
- ihnen das Familiengericht die elterliche Sorge gemeinsam überträgt.

Das Familiengericht überträgt auf Antrag eines Elternteils die elterliche Sorge oder einen Teil der elterlichen Sorge beiden Eltern gemeinsam, wenn die Übertragung dem Kindeswohl nicht widerspricht. Trägt der andere Elternteil keine Gründe vor, die der Übertragung der gemeinsamen elterlichen Sorge entgegenstehen, und sind solche Gründe auch sonst nicht ersichtlich, wird vermutet, dass die gemeinsame elterliche Sorge dem Kindeswohl nicht widerspricht.

Benennung eines Vormunds

Wenn beide Eltern verstorben sind, erhält ein minderjähriges Kind einen Vormund. Durch eine sogenannte Sorgerechtsverfügung kann jeder Elternteil, wenn ihm zur Zeit seines Todes die Sorge für die Person und das Vermögen des Kindes zusteht, für das Kind einen Vormund benennen oder jemanden als Vormund ausschließen. Haben der Vater und die Mutter verschiedene Personen benannt, so gilt die Benennung durch den zuletzt versterbenden Elternteil.

Bedeutung der Sorgerechtsverfügung

Wenn ein Kind seine Eltern beziehungsweise denjenigen verliert, bei dem das Sorgerecht lag, dann entscheidet das Familiengericht darüber, wer sich künftig um das Kind kümmert. Es bestellt einen Vormund. In der Regel ist das ein naher Verwandter. Ab einem Alter von 14 Jahren haben Kinder ein Mitspracherecht. Mithilfe einer Sorgerechtsverfügung können die Eltern eine Person benennen, die im Fall ihres Todes die Vormundschaft für ihr minderjähriges Kind übernehmen soll.

Mit einer Sorgerechtsverfügung haben es Eltern in der Hand zu bestimmen, wer sich um ihr minderjähriges Kind im Fall ihres Todes kümmern soll. Als Eltern oder Elternteil wissen sie, was das Beste für ihr Kind ist. Bei einem vom Familiengericht bestellten Vormund besteht die Gefahr, dass er eventuell nicht den Vorstellungen der Eltern entspricht. Deshalb ist es sinnvoll, dass die Eltern diese Person selbst vorschlagen. Das Familiengericht wird diesem Vorschlag in der Regel folgen.

Voraussetzungen

Die Eltern können einen Vormund nur benennen, wenn ihnen zur Zeit ihres Todes die elterliche Sorge für die Person und das Vermögen des minderjährigen Kindes zusteht. Benennungsberech-

„Was ist eine Sorgerechtsvollmacht?"

Die Sorgerechtsvollmacht ist von der Sorgerechtsverfügung zu unterscheiden. Eltern können nämlich nicht nur für den Todesfall, sondern auch für den Fall vorsorgen, dass sie nicht mehr in der Lage sind, das Sorgerecht auszuüben (zum Beispiel wegen einer schweren Krankheit). Das geht mit einer Vollmacht, in der sie einen Dritten benennen, der dann das Sorgerecht ausüben soll.

tigt sind also nur Eltern, denen bei ihrem Tod die Personen- und die Vermögenssorge zustehen. Kein Benennungsrecht haben Eltern, denen das Sorgerecht entzogen wurde oder ein Elternteil, dem das Sorgerecht wegen einer Sorgerechtsregelung im Rahmen einer Trennung und Scheidung nicht mehr zusteht. Wurde die Personen- und Vermögenssorge zwischen den Eltern aufgeteilt, kann keiner von ihnen den Vormund benennen.

Inhalt

In ihrer Sorgerechtsverfügung können Eltern einen Vormund für ihre minderjährigen Kinder benennen, falls sie sterben. Sind sie verheiratet, können die Ehepartner eine gemeinsame Sorgerechtserklärung verfassen. Sind die Eltern nicht verheiratet, müssen sie jeweils eine eigene Erklärung abgeben.

Sinnvoll ist es, dass Eltern in ihrer Sorgerechtsverfügung eine Ersatzperson beziehungsweise mehrere Ersatzpersonen für den Fall vorschlagen, dass die von ihnen als Wunschvormund benannte Person als Vormund nicht bestellt werden kann.

Die sorgeberechtigten Eltern können durch entsprechende Verfügung auch eine Person oder einen Personenkreis von der Vormundschaft ausschließen.

Der (auf Wunsch der Eltern) durch das Familiengericht bestimmte Vormund ist grundsätzlich verpflichtet, die Vormundschaft zu übernehmen, soweit kein Ablehnungsgrund besteht. Die Übernahme einer Vormundschaft kann unter anderem ablehnen

- → ein Elternteil, welcher zwei oder mehr noch nicht schulpflichtige Kinder überwiegend betreut oder glaubhaft macht, dass die ihm obliegende Fürsorge für die Familie die Ausübung des Amts besonders erschwert,
- → wer das 60. Lebensjahr vollendet hat,
- → wem die Sorge für die Person oder das Vermögen von mehr als drei minderjährigen Kindern zusteht,
- → wer durch Krankheit oder Gebrechen verhindert ist, die Vormundschaft ordnungsgemäß zu führen.

Form und Aufbewahrung

Der Vormund für minderjährige Kinder durch die sorgeberechtigten Eltern wird durch Testament benannt. Die Sorgerechtsverfügung muss also entweder nach den Regeln eines eigenhändigen oder notariellen Testaments verfasst werden. Auch im Rahmen eines Erbvertrags kann eine Sorgerechtsverfügung erfolgen. Erfolgt die Sorgerechtsverfügung in Form eines eigenhändigen Testaments, muss der gesamte Text handschriftlich verfasst und eigenhändig mit Vor- und Familiennamen unterschrieben werden. Ort und Datum sollen in der Erklärung angegeben werden.

→ **ACHTUNG** Die Sorgerechtsverfügung in Form des eigenhändigen Testaments kann nicht wirksam mittels PC oder eines vorgedruckten Textes aus dem Internet errichtet werden.

Sind die Eltern verheiratet, können sie die Sorgerechtsverfügung auch durch ein gemeinschaftliches Testament errichten. Nicht verheiratete Eltern können dagegen keine gemeinsame Verfügung treffen. Jeder Elternteil muss eine einzelne Sorgerechtsverfügung verfassen.

→ **TIPP** Die Sorgerechtsverfügung sollte so aufbewahrt werden, dass diese im Ernstfall dem Familiengericht vorgelegt werden kann. Am besten sollten zwei Exemplare gefertigt werden. Eine Verfügung sollte der Person ausgehändigt werden, die als Vormund benannt wurde, das andere Exemplar sollte bei den persönlichen Unterlagen aufbewahrt werden. Es besteht auch die Möglichkeit, die Sorgerechtsverfügung gegen eine Gebühr beim Nachlassgericht in amtliche Verwahrung zu geben.

Sorgerechtsverfügung (→ Seite F-26)

Im hinteren Teil des Buchs finden Sie auf Seite F-26 **Formulierungsbeispiele** für die Benennung eines Vormunds, eines Ersatzvormunds und für den Ausschluss eines Vormunds.

Beschränkung der elterlichen Vermögenssorge

Die elterliche Sorge umfasst unter anderem die Vermögenssorge für das Kind. In diesem Rahmen haben die Eltern die Verpflichtung, das Vermögen des Kindes zu verwalten, es zu erhalten und nach Möglichkeit zu vermehren. Erhält ein Kind eine Zuwendung von Todes wegen, kann der Erblasser bestimmen, dass die Eltern das zugewendete Vermögen ganz oder teilweise nicht verwalten dürfen.

Beschränkungen der elterlichen Vermögenssorge sind dahin gehend möglich, dass die Eltern von der Verwaltung des dem Kind zugewendeten Vermögens ausgeschlossen oder für die Eltern Anordnungen hinsichtlich der Verwaltung des Vermögens getroffen werden.

Entziehung der Vermögenssorge

Die Vermögenssorge der Eltern erstreckt sich nicht auf das Vermögen, welches das Kind von Todes wegen erwirbt, wenn der Erblasser durch Testament bestimmt hat, dass die Eltern das Vermögen nicht verwalten dürfen.

Anwendungsbereich

In Betracht kommt die Entziehung der elterlichen Vermögenssorge durch Testament insbesondere im Fall einer Scheidung, wenn verhindert werden soll, dass der frühere Ehepartner Zugriff auf das vom gemeinsamen Kind geerbte Vermögen erhalten soll. Schließlich verbleibt es bei der Scheidung bei der gemeinsamen Sorge der Eltern, wenn nicht von einem Ehegatten im Scheidungsverfahren beim Familiengericht beantragt wird, ihm die alleinige elterliche Sorge zu übertragen. Stand die elterliche Sorge den Eltern gemeinsam zu und ist ein Elternteil gestorben, so steht die elterliche Sorge kraft Gesetzes dem überlebenden Elternteil allein zu. Um das zu verhindern, kann dem Ex-Partner die Vermögenssorge für das dem Kind von Todes wegen zugewendete Vermögen durch Testament entzogen werden. Damit erhält dieser keinen Zugriff auf das vom gemeinsamen Kind vom verstorbenen Elternteil geerbte Vermögen.

Voraussetzungen

Der Erblasser kann ohne weitere Voraussetzungen bestimmen, dass die Eltern das dem Kind von Todes wegen überlassene Vermögen nicht verwalten dürfen. Die Eltern müssen sich nichts zuschulden kommen haben lassen. Die Entziehung der Vermögenssorge muss nur formgerecht angeordnet werden (siehe unten). Vermögen erwirbt das Kind, das

Entziehung der elterlichen Vermögenssorge (→ Seite F-27)

Im hinteren Teil des Buchs finden Sie auf Seite F-27 ein **Formulierungsbeispiel** für den Ausschluss der Eltern von der Vermögenssorge.

ihm im Weg der Erbfolge, durch Vermächtnis oder auch durch einen Pflichtteil zugewendet wird. Der Ausschluss kann unter einer Bedingung (zum Beispiel für den Fall der Wiederverheiratung eines Elternteils) oder befristet erfolgen.

Inhalt und Form der Verfügung
Der Ausschluss von der Vermögenssorge muss nicht ausdrücklich erfolgen. Als grundsätzlich ausreichend wird der Wunsch angesehen, einen Pfleger für das Kind zu bestellen. Gleichwohl ist es sinnvoll, die Entziehung der elterlichen Vermögenssorge in der Verfügung eindeutig zum Ausdruck zu bringen.

→ **WICHTIG** Die Entziehung der Vermögenssorge muss durch Testament erklärt werden. Eine Begründung ist nicht erforderlich.

Der Erblasser kann die Auswahl des Pflegers dem Vormundschaftsgericht überlassen oder selbst in seinem Testament einen Pfleger bestimmen. Das Vormundschaftsgericht ist grundsätzlich an den Vorschlag des Erblassers gebunden. Nur unter bestimmten Umständen (zum Beispiel wenn der vorgeschlagene Pfleger wegen Alters, Krankheit oder beruflicher Überlastung gehindert ist), kann das Gericht vom Vorschlag des Erblassers abweichen.

Folgen
Mit dem Entzug der Vermögenssorge für das dem Kind von Todes wegen zugewendete Vermögen verlieren die Eltern ihr Sorge- und Vertretungsrecht für das Kind.

Wenn die Vermögenssorge nur einem Elternteil entzogen wird, verwaltet automatisch der andere Elternteil das Vermögen des Kindes. Wenn der Erblasser das Verwaltungsrecht für beide Elternteile ausschließt, muss vom Vormundschaftsgericht ein Ergänzungspfleger eingesetzt werden. Die Person des Pflegers kann der Erblasser in seinem Testament bestimmen (siehe oben). Die Notwendigkeit der Bestellung eines Ergänzungspflegers müssen die Eltern unverzüglich dem Vormundschaftsgericht mitteilen.

§ URTEIL

Der durch Verfügung von Todes wegen angeordnete Ausschluss der elterlichen Vermögensverwaltung für vom Kind ererbtes Vermögen umfasst auch die Befugnis zur Ausschlagung der Erbschaft. Die in einem solchen Fall von einem ausgeschlossenen Elternteil im Namen des Kindes erklärte Ausschlagung ist mangels Vertretungsmacht unwirksam (BGH, Az. XII ZB 300/15).

Verwaltungsanordnung für das zugewendete Vermögen

Grundsätzlich unterliegt das Vermögen des Kindes der Verwaltung durch die Eltern. Der Verwaltung der Eltern unterliegt auch das Vermögen, das das Kind durch eine Verfügung von Todes erwirbt (zum Beispiel Erbschaft, Vermächtnis). Wie oben dargelegt, kann die Verwaltungsbefugnis der Eltern für Zuwendungen von Todes wegen ausgeschlossen werden. Anstelle der Entziehung der Vermögenssorge kann der Erblasser auch einschränkende Verwaltungsanordnungen treffen.

Inhalt
Der Erblasser, der einem minderjährigen Kind etwas vererbt oder vermacht, kann anordnen, wie die Eltern des Kindes das vererbte Vermögen zu verwalten haben. An die Anordnungen sind nur die Eltern beziehungsweise der Elternteil, nicht das Kind gebunden. Die testamentarische Anordnung des Erblassers kann sich insbesondere auf eine Erbschaft, ein Vermächtnis, eine Begünstigung durch eine Auflage oder einen Pflichtteilsanspruch

„Sind die Eltern unter allen Umständen an eine Verwaltungsanordnung des Erblassers gebunden?"

Nein. Mit Genehmigung des Familiengerichts dürfen die Eltern bei der Verwaltung des Vermögens des Kindes von den Anordnungen des Erblassers abweichen, wenn diese das Wohl des Kindes gefährden würden.

des Kindes beziehen. Gegenüber der Entziehung der Vermögenssorge ist eine Verwaltungsanordnung das mildere Mittel, um die elterliche Vermögenssorge zu beschränken.

BEISPIEL

Der Erblasser vermacht seinem Enkel 5.000 Euro und bestimmt, dass das Geld auf einem Sparbuch angelegt werden soll.

Kraft Gesetzes sind Eltern berechtigt, Einkünfte des Vermögens, die zur ordnungsgemäßen Verwaltung des Vermögens und für den Unterhalt des Kindes nicht benötigt werden, für ihren eigenen Unterhalt und für den Unterhalt der minderjährigen unverheirateten Geschwister des Kindes zu verwenden. Mit einer Verwaltungsanordnung kann der Erblasser diese Verwendungsbefugnis der Eltern für das vom Kind geerbte Vermögen ausschließen. In der Praxis ist der Ausschluss dieser sogenannten Verwendungsbefugnis der Eltern der häufigste Anwendungsfall einer Verwaltungsanordnung des Erblassers.

BEISPIEL

Der Erblasser vermacht seinem Enkel 5.000 Euro und bestimmt, dass die Eltern das Geld nicht für ihren eigenen Unterhalt verwenden dürfen.

Form

Für die Anordnung gelten dieselben formellen Voraussetzungen wie bei der Entziehung der Vermögenssorge. Die Verwaltungsanordnung muss also im Testament des Erblassers getroffen werden. Die Verwaltungsanordnung muss nicht ausdrücklich erfolgen. Allerdings muss zum Ausdruck kommen, dass es sich um eine verbindliche Anordnung und nicht nur um einen Wunsch oder eine Empfehlung handelt.

Wirkungen

Eine Verwaltungsanordnung bindet die Eltern nur im Innenverhältnis. Deshalb ist deren Vertretungsmacht im Außenverhältnis nicht beschränkt. Die Bestellung eines Pflegers für das Kind – wie sie bei der Entziehung der Vermögenssorge notwendig ist (siehe oben) – ist also bei einer Verwaltungsanordnung nicht erforderlich.

Setzen sich die Eltern über die Verwaltungsanordnung hinweg, sind die Geschäfte trotzdem wirksam. Die Eltern können allerdings zum Schadensersatz verpflichtet sein. Unter Umständen kann auch das Vormundschaftsgericht Maßnahmen gegenüber den Eltern einleiten. Im äußersten Fall kann den Eltern sogar die Verwaltung des Vermögens des Kindes entzogen und einem Pfleger übertragen werden.

→ **ACHTUNG** Die Verwaltungsordnung des Erblassers endet, wenn das Kind das 18. Lebensjahr vollendet hat. Will der Erblasser, dass die Anordnung darüber hinaus wirksam bleibt, muss er eine Dauertestamentsvollstreckung anordnen (→ Seite 139).

Verwaltungsanordnung (→ Seite F-27)

Im hinteren Teil des Buchs finden Sie auf Seite F-27 ein **Formulierungsbeispiel** für eine Verwaltungsanordnung.

Befreiung von der Inventarisierungspflicht

Eltern haben das ihrer Verwaltung unterliegende Vermögen, das ihr minderjähriges Kind von Todes wegen erwirbt (zum Beispiel durch eine Erbschaft), zu verzeichnen, das Verzeichnis mit der Versicherung der Richtigkeit und Vollständigkeit zu versehen und dem Familiengericht einzureichen. Das gilt nicht, wenn der Wert des Vermögenserwerbs 15.000 Euro nicht übersteigt.

→ **TIPP** Der Erblasser kann Eltern bei Zuwendungen an Kinder durch eine entsprechende Verfügung im Testament von der Pflicht befreien, ein entsprechendes Vermögensverzeichnis zu errichten. Sinnvoll ist es, dass sich Ehegatten, die minderjährige Kinder haben, gegenseitig eine solche Befreiung erteilen.

Befreiung von der Inventarisierungspflicht (→ Seite F-27)

Im zweiten Teil des Buches finden Sie ein Formulierungsbeispiel für die Befreiung der Eltern von der Inventarisierungspflicht.

Stichwort-verzeichnis, Impressum

Stichwortverzeichnis

Impressum

Herausgeber
Verbraucherzentrale
Nordrhein-Westfalen e. V.
Mintropstraße 27, 40215 Düsseldorf
Telefon: 02 11/38 09-555,
Telefax: 02 11/38 09-235
ratgeber@verbraucherzentrale.nrw
www.verbraucherzentrale.nrw

Text
Dr. Otto N. Bretzinger

Koordination
Wolfgang Starke

Lektorat
Kathrin Nick, Köln
www.kathrinnick.de

Gestaltungskonzept
Lichten Kommunikation und Gestaltung, Hamburg
www.lichten.com

Layout und Satz
Ute Lübbeke, Köln
www.LNT-design.de

Umschlaggestaltung
Ute Lübbeke, Köln
www.LNT-design.de

Bildnachweis
Titelfoto: depositphotos – S_Razvodovskij
Seite 10, oben: shutterstock, Africa Studio; Seite 10, unten links: 123rf, Iurii Sokolov; Seite 10, Mitte rechts: shutterstock, Burdun Iliya; Seite 10, unten rechts: iStockphoto, Stadtratte; Seite 78: 123rf, Olena Yakobchuk; Seite 89: shutterstock, Kunertus; Seite 95: shutterstock, Pressmaster; Seite 122: 123rf, Wavebreak Media; Seite 143: 123rf, olegdudko; Seite 154: shutterstock, Africa Studio

Druck
DCM Druck Center Meckenheim GmbH, Meckenheim

Wir drucken unsere Bücher auf Recyclingpapier aus 100 Prozent Altpapier. Druck und Weiterverarbeitung erfolgen ausschließlich in Deutschland. So schonen wir Ressourcen und begrenzen die CO_2-Emissionen durch kurze Transportwege.

---

2. Auflage, Januar 2021

ISBN 978-3-86336-149-5
Printed in Germany

Textbausteine für verschiedene testamentarische Verfügungen

- Einzeltestament mit Erbeinsetzung
- Widerrufstestament
- Gemeinschaftliches Testament mit gegenseitiger Erbeinsetzung
- Berliner Testament
- Erbeinsetzung unter einer Bedingung
- Einsetzung eines Ersatzerben
- Änderungsvorbehalt im Berliner Testament
- Pflichtteilsstrafklausel im Berliner Testament
- Wiederverheiratungsklausel im Berliner Testament
- Anfechtungsverzicht im Berliner Testament
- Anordnung der Vor- und Nacherbfolge
- Einsetzung eines befreiten Vorerben
- Gemeinschaftliches Testament mit Vor- und Nacherbfolge
- Gemeinschaftliches Testament mit Wiederverheiratungsklausel in Form der Vor- und Nacherbfolge
- Geschiedenentestament mit Vor- und Nacherbfolge
- Enterbung gesetzlicher Erben
- Enterbung auch der Abkömmlinge des Enterbten
- Entziehung des Pflichtteils
- Anordnung von Vermächtnissen
- Sicherung des Vermächtnisanspruchs
- Erbrechtliche Auflagen
- Sicherung der Vollziehung einer Auflage durch Einsetzung eines Testamentsvollstreckers
- Teilungsanordnung
- Teilungsverbot
- Abwicklungsvollstreckung
- Dauervollstreckung
- Anordnung einer Testamentsvollstreckung
- Vergütung des Testamentsvollstreckers
- Sorgerechtsverfügung
- Entziehung der elterlichen Vermögenssorge
- Verwaltungsanordnung
- Befreiung von der Inventarisierungspflicht

Auf den folgenden Seiten finden Sie Formulierungsbeispiele für verschiedene testamentarische Verfügungen. So können Sie Ihr Testament von Anfang an korrekt und rechtssicher errichten und verhindern, dass Sie in die typischen (Formulierungs-)Fallen tappen.

→ **WICHTIG** Ihr eigenhändiges Testament müssen Sie handschriftlich verfassen und eigenhändig unterschreiben. Andernfalls ist es unwirksam.

→

Alle Textbausteine finden Sie auch online unter www.ratgeber-verbraucherzentrale.de/formulare-testament

Einzeltestament mit Erbeinsetzung

(→ Seite 49)

Einsetzung eines Alleinerben

Hiermit setze ich ______________________________ [Vor- und Familiennamen des Erben einsetzen] als Alleinerben ein.

Vorsorglich widerrufe ich alle etwaigen früheren Verfügungen von Todes wegen.

Baden-Baden, den ________________________

____

Unterschrift des Erblassers

Einsetzung mehrerer Erben

Hiermit setze ich ______________________________ und ______________________________ [Vor- und Familiennamen der Erben einsetzen] zu gleichen Teilen als Erben ein.

[Oder]

Zu meinen Erben setze ich meine Frau zur Hälfte, mein Kind ______________________________ [Vor- und Familiennamen einsetzen] und meine Schwester ______________________________ [Vor- und Familiennamen einsetzen] jeweils zu einem Viertel ein.

[Oder]

Ich bestimme meine Kinder ______________________________, ______________________________ und ______________________________ [jeweils Vor- und Familiennamen einsetzen] zu meinen Erben.

Fürsorglich widerrufe ich alle etwaigen früheren Verfügungen von Todes wegen.

Baden-Baden, den ________________________

____

Unterschrift des Erblassers

Widerrufstestament

(→ Seite 33)

Hiermit widerrufe ich mein am ____________________ [Datum einsetzen] errichtetes Testament.

[Oder]

Hiermit widerrufe ich mein am ____________________ [Datum einsetzen] errichtetes Testament und verfüge, dass die gesetzliche Erbfolge gelten soll.

[Oder]

Hiermit widerrufe ich mein am ____________________ [Datum einsetzen] errichtetes Testament und setze ____________________ [Vor- und Familiennamen einsetzen] zu meinem Alleinerben ein.

Baden-Baden, den ______________________

____

Unterschrift des Erblassers

Gemeinschaftliches Testament mit gegenseitiger Erbeinsetzung

(→ Seite 39)

Wir, ____________________ [Vor- und Familiennamen des Ehegatten einsetzen] und ____________________ [Vor- und Familiennamen des anderen Ehegatten einsetzen], setzen uns gegenseitig zu alleinigen und unbeschränkten Erben ein.

Diese Verfügung ist wechselbezüglich.

Vorsorglich widerrufen wir alle etwaigen früheren Verfügungen von Todes wegen.

Baden-Baden, den ____________________

____

Unterschrift des Erblassers

Das ist auch mein letzter Wille.

Baden-Baden, den ____________________

____

Unterschrift des anderen Ehegatten

Berliner Testament

(→ Seite 44)

Wir, ____________________ [Vor- und Familiennamen des Ehegatten einsetzen] und ____________________ [Vor- und Familiennamen des anderen Ehegatten einsetzen], setzen uns gegenseitig zu alleinigen und unbeschränkten Erben ein. Erben des Längstlebenden sind unsere gemeinsamen Kinder ____________________ und ____________________ [Vor- und Familiennamen der Kinder einsetzen] zu gleichen Teilen.

Diese Verfügungen sind jeweils wechselbezüglich.

Vorsorglich widerrufen wir alle etwaigen früheren Verfügungen von Todes wegen.

Baden-Baden, den ____________________

____

Unterschrift des Erblassers

Das ist auch mein letzter Wille.

Baden-Baden, den ____________________

____

Unterschrift des anderen Ehegatten

Erbeinsetzung unter einer Bedingung

(→ Seite 54)

Aufschiebend bedingte Erbeinsetzung

Ich bestimme ____________________ [Vor- und Familiennamen des Erben einsetzen] zu meinem Alleinerben. Diese Erbeinsetzung steht unter der Bedingung, dass ____________________ [Bedingung formulieren, zum Beispiel dass der eingesetzte Erbe erfolgreich ein bestimmtes Studium abschließt]. Sollte der eingesetzte Erbe das Studium nicht abschließen, soll die gesetzliche Erbfolge gelten.

[Oder]

Ich bestimme ____________________ [Vor- und Familiennamen des Erben einsetzen] zu meinem Alleinerben. Diese Erbeinsetzung steht unter der Bedingung, dass ____________________ [Bedingung formulieren, zum Beispiel dass der eingesetzte Erbe den Erblasser bis zu seinem Tod pflegt]. Sollte der eingesetzte Erbe die Bedingung nicht erfüllen, bestimme ich ____________________ [Vor- und Familiennamen des nachfolgenden Erben einsetzen] zum Alleinerben.

[Oder]

Ich bestimme ____________________ und ____________________ [jeweils Vor- und Familiennamen der Erben einsetzen] zu meinen Erben. ____________________ [Vor- und Familiennamen des unter der Bedingung eingesetzten Miterben einsetzen] soll aber erst Erbe werden, wenn ______________________________ [Bedingung formulieren, zum Beispiel wenn der eingesetzte Erbe heiratet]. Für den Fall, dass ____________________ [Vor- und Familiennamen des unter der Bedingung eingesetzten Miterben einsetzen] die Bedingung nicht erfüllt, bestimme ich ____________________ [Vor- und Familiennamen des anderen Miterben einsetzen] zum Alleinerben.

Auflösend bedingte Erbeinsetzung

Ich bestimme ____________________ [Vor- und Familiennamen des Erben einsetzen] zu meinem Alleinerben unter der Bedingung, dass ____________________ [Bedingung formulieren, zum Beispiel dass der eingesetzte Erbe nicht heiratet]. Für den Fall, dass diese Bedingung eintritt, soll die gesetzliche Erbfolge gelten.

[Oder]

Ich bestimme ____________________ [Vor- und Familiennamen des Erben einsetzen] zu meinem Alleinerben unter der Bedingung, dass ____________________ [Bedingung formulieren, zum Beispiel dass der eingesetzte Erbe der letztwilligen Anordnung zuwiderhandelt]. Für den Fall, dass diese Bedingung eintritt, bestimme ich ____________________ [Vor- und Familiennamen des nachfolgenden Erben einsetzen] zum Alleinerben.

Einsetzung eines Ersatzerben

(→ Seite 56)

Einsetzung eines einzelnen Ersatzerben

Ich setze __________________ [Vor- und Familiennamen des Erben einsetzen] zu meinem Alleinerben ein, ersatzweise __________________ [Vor- und Familiennamen des Ersatzerben einsetzen].

[Oder]

Ich setze __________________ und __________________ [jeweils Vor- und Familiennamen der Miterben einsetzen] zu meinen Erben ein. Als Ersatzerben bestimme ich für beide Erben __________________ [Vor- und Familiennamen des Ersatzerben einsetzen].

Ich setze __________________ und __________________ [jeweils Vor- und Familiennamen der Erben einsetzen] jeweils zur Hälfte zu meinen Erben ein. Als Ersatzerben bestimme ich für __________________ [Vor- und Familiennamen des ersten Miterben einsetzen] und für __________________ [Vor- und Familiennamen des zweiten Miterben einsetzen] __________________ [Vor- und Familiennamen des Ersatzerben für den zweiten Miterben einsetzen].

Einsetzung mehrerer Ersatzerben nebeneinander

Ich setze __________________ [Vor- und Familiennamen des Erben einsetzen] zu meinem Alleinerben ein, ersatzweise __________________ und __________________ [Vor- und Familiennamen der Ersatzerben einsetzen].

Einsetzung mehrerer Ersatzerben hintereinander

Ich setze __________________ [Vor- und Familiennamen des Erben einsetzen] zu meinem Alleinerben ein, ersatzweise __________________ [Vor- und Familiennamen des Ersatzerben einsetzen], wiederum ersatzweise __________________ [Vor- und Familiennamen des weiteren Ersatzerben einsetzen].

Einsetzung eines Ersatzerben auf einen Bruchteil

Ich setze __________________ [Vor- und Familiennamen des Erben einsetzen] zu meinem Alleinerben ein. Ersatzerbe zu __________________ [Bruchteil einsetzen, zum Beispiel ½] ist __________________ [Vor- und Familiennamen des Ersatzerben einsetzen]. Im Übrigen gilt gesetzliche Erbfolge.

Änderungsvorbehalt im Berliner Testament

(→ Seite 58)

Unbeschränkter Änderungsvorbehalt

Wir, __________________ und __________________ [Vor- und Familiennamen der Ehegatten einsetzen], setzen uns gegenseitig, also der Erstversterbende den Längerlebenden, zum Alleinerben ein. Die Einsetzung erfolgt jeweils als Vollerbe. Erbe des Längerlebenden ist unser gemeinsames Kind __________________ [Vor- und Familiennamen des Kindes einsetzen].

Der Längerlebende von uns ist ausdrücklich berechtigt, die für den zweiten Todesfall bestimmte Einsetzung unseres Kindes als Schlusserbe durch Verfügungen von Todes wegen nach seinem freien Ermessen ganz oder teilweise zu ändern.

Vorbehalt mit Beschränkung auf Änderungen innerhalb des Kreises der Abkömmlinge

Der Längerlebende von uns ist ausdrücklich berechtigt, die für den zweiten Todesfall bestimmte Einsetzung unseres Kindes als Schlusserbe durch Verfügungen von Todes wegen nach seinem freien Ermessen ganz oder teilweise zu ändern, jedoch nur innerhalb des Kreises unserer Abkömmlinge.

Vorbehalt mit Beschränkung auf Änderungen innerhalb des Kreises der Verwandten der Eheleute

Der Längerlebende von uns ist ausdrücklich berechtigt, die für den zweiten Todesfall bestimmte Einsetzung unseres Kindes als Schlusserbe durch Verfügungen von Todes wegen nach seinem freien Ermessen ganz oder teilweise zu ändern, jedoch nur innerhalb des Kreises unserer Verwandten.

Vorbehalt mit Beschränkung auf eigenes Vermögen des überlebenden Ehegatten

Der Längerlebende von uns ist ausdrücklich berechtigt, die für den zweiten Todesfall bestimmte Einsetzung unseres Kindes als Schlusserbe durch Verfügungen von Todes wegen nach seinem freien Ermessen ganz oder teilweise zu ändern, jedoch nur hinsichtlich seines eigenen Vermögens.

Pflichtteilsstrafklausel im Berliner Testament

(→ Seite 61)

Automatische Enterbung des Kindes bei Geltendmachung des Pflichtteils

Falls eines unserer Kinder nach dem Tod des Erstversterbenden gegen den Willen des Längerlebenden den Pflichtteil verlangt, soll es auch nach dem Längerlebenden von uns enterbt sein und nur seinen Pflichtteil erhalten.

Diese Verfügung ist nicht wechselbezüglich, sondern erfolgt durch den Überlebenden von uns einseitig testamentarisch.

[Oder]

Der längerlebende Ehepartner ist berechtigt, die Enterbung wieder rückgängig zu machen, indem er den enterbten Schlusserben durch eine Verfügung von Todes wegen wieder als Erben einsetzt.

Änderungsvorbehalt bei Geltendmachung des Pflichtteils

Falls eines unserer Kinder nach dem Tod des Erstversterbenden gegen den Willen des Längerlebenden den Pflichtteil verlangt, ist der Längerlebende berechtigt, das Kind und seine Abkömmlinge durch Testament von der Erbfolge auszuschließen.

Automatische Enterbung des Kindes bei Geltendmachung des Pflichtteils bei gleichzeitiger Verringerung des Pflichtteils

Falls eines unserer Kinder nach dem Tod des Erstversterbenden gegen den Willen des Längerlebenden den Pflichtteil verlangt, soll es auch nach dem Längerlebenden von uns enterbt sein und nur seinen Pflichtteil erhalten.

Kinder, die den Pflichtteil nicht verlangt haben, erhalten aus dem Nachlass des erstversterbenden Elternteils Geldvermächtnisse im Wert ihres gesetzlichen Erbteils. Diese werden nach dem Tod des Längerlebenden fällig.

Wiederverheiratungsklausel im Berliner Testament

(→ Seite 62)

Geldvermächtnis in Höhe des gesetzlichen Erbteils

Für den Fall, dass der längerlebende Ehegatte wieder heiratet, hat dieser den als Schlusserben eingesetzten Kindern einen Geldbetrag in Höhe ihres gesetzlichen Erbteils zu zahlen. Maßgebend für die Berechnung ist der Wert des reinen Nachlasses des Erstversterbenden zum Zeitpunkt des Erbfalls. Das Vermächtnis ist innerhalb von drei Monaten nach der Wiederverheiratung fällig.

Der Anspruch entsteht nicht, wenn das betreffende Kind nach dem Tod des erstversterbenden Elternteils den Pflichtteil verlangt und erhalten hat.

Geldvermächtnis in festgelegter Höhe

Für den Fall, dass der längerlebende Ehegatte wieder heiratet, hat dieser den eingesetzten Schlusserben ein Geldvermächtnis in Höhe von ____________________ Euro zuzuwenden. Das Vermächtnis ist innerhalb von drei Monaten nach der Wiederverheiratung fällig.

Der Anspruch entsteht nicht, wenn das betreffende Kind nach dem Tod des erstversterbenden Elternteils den Pflichtteil verlangt und erhalten hat.

Anordnung der Vor- und Nacherbfolge

Wir setzen uns gegenseitigen zu alleinigen Vollerben ein. Sollte sich der überlebende Ehepartner wiederverheiraten, so wird er mit dem Zeitpunkt der Wiederverheiratung nur Vorerbe. Von den gesetzlichen Beschränkungen wird er, soweit zulässig, befreit. Nacherben werden unsere gemeinsamen Kinder zu gleichen Teilen. Der Nacherbfall tritt mit der Wiederverheiratung des Überlebenden von uns ein.

Anfechtungsverzicht im Berliner Testament

(→ Seite 63)

An die Bestimmungen in diesem Testament soll der Längerlebende auch dann gebunden bleiben, wenn er noch einmal heiratet oder sonst Pflichtteilsberechtigte hinzutreten. Der Längerlebende von uns verzichtet deshalb ausdrücklich auf sein Anfechtungsrecht wegen Übergehung eines Pflichtteilsberechtigten.

Anordnung der Vor- und Nacherbfolge

(→ Seite 67)

Ich setze zu meinem Vorerben meine Lebenspartnerin ____________________ [Vor- und Familiennamen des Vorerben einsetzen] ein. Nacherbe nach ihrem Tod soll mein Bruder ____________________ [Vor- und Familiennamen des Nacherben einsetzen] werden.

[Oder]

Ich setze zu meinem Vorerben meinen Ehemann ____________________ [Vor- und Familiennamen des Vorerben einsetzen] ein. Nacherbe soll mein Sohn ____________________ [Vor- und Familiennamen des Nacherben einsetzen] werden, wenn er das 25. Lebensjahr vollendet hat.

[Oder]

Ich setze meinen Ehemann ____________________ [Vor- und Familiennamen des Vorerben einsetzen] als Vorerbe ein. Wenn er wieder heiratet, soll mein Sohn ____________________ [Vor- und Familiennamen des Nacherben einsetzen] Nacherbe werden.

[Oder]

Ich setze zu meinem Vorerben meinen Ehemann ____________________ [Vor- und Familiennamen des Vorerben einsetzen] ein. Am ____________________ [Datum einsetzen] soll unsere gemeinsame Tochter ____________________ [Vor- und Familiennamen des Nacherben einsetzen] Nacherbin werden.

[Oder]

Ich setze zu meinem Vorerben meinen Ehemann ____________________ [Vor- und Familiennamen des Vorerben einsetzen] ein. Nacherbe soll mein Sohn ____________________ [Vor- und Familiennamen des Nacherben einsetzen] werden, wenn er seine Ausbildung zum ____________________ [konkrete Bezeichnung der vom Nacherben zu absolvierenden Ausbildung] abgeschlossen hat.

Einsetzung eines befreiten Vorerben

(→ Seite 72)

Ich setze meine Ehefrau ____________________ [Vor- und Familiennamen des Vorerben einsetzen] als Vorerbe ein. Nacherben sollen unsere gemeinsamen Kinder ____________________ und ____________________ [Vor- und Familiennamen der Nacherben einsetzen] sein.

Der Vorerbe ist von allen gesetzlichen Beschränkungen und Verpflichtungen, soweit gemäß § 2136 BGB zulässig, befreit.

[Oder]

Der Vorerbe darf das im Nachlass befindliche Hausgrundstück ____________________ [konkrete Beschreibung der entsprechenden Immobilie] jederzeit verkaufen. Von der gesetzlichen Verfügungsbeschränkung wird er ausdrücklich befreit.

[Oder]

Der Vorerbe darf das im Nachlass befindliche Hausgrundstück ____________________ [konkrete Beschreibung der entsprechenden Immobilie] mit Grundpfandrechten belasten, wenn dies für die Instandsetzung und Instandhaltung oder für Um- oder Ausbauten erforderlich ist. Im Übrigen bleibt es in vollem Umfang bei den gesetzlichen Beschränkungen und Verpflichtungen des Vorerben.

Gemeinschaftliches Testament mit Vor- und Nacherbfolge

(→ Seite 78)

Wir, ____________________ [Vor- und Familiennamen des Ehegatten einsetzen] und ____________________ [Vor- und Familiennamen des anderen Ehegatten einsetzen], setzen uns gegenseitig zu alleinigen Vorerben ein. Nacherben des Erstversterbenden sollen unsere gemeinsamen Kinder ____________________ und ____________________ [Vor- und Familiennamen der Kinder einsetzen] zu gleichen Teilen sein.

Die Vorerben sind von allen gesetzlichen Beschränkungen und Verpflichtungen, soweit gemäß § 2136 BGB zulässig, befreit.

Der Überlebende von uns setzt unsere gemeinsamen Kinder zu gleichen Teilen zu seinen Erben ein. Er ist berechtigt, diese Erbeinsetzung jederzeit, auch nach dem Tod des Erstversterbenden, einseitig zu ändern.

Gemeinschaftliches Testament mit Wiederverheiratungsklausel in Form der Vor- und Nacherbfolge

(→ Seite 79)

Wir, ____________________ [Vor- und Familiennamen des Ehegatten einsetzen] und ____________________ [Vor- und Familiennamen des anderen Ehegatten einsetzen], setzen uns gegenseitig zu alleinigen Vorerben ein. Nacherben des Erstversterbenden sollen unsere gemeinsamen Kinder ____________________ und ____________________ [Vor- und Familiennamen der Kinder einsetzen] zu gleichen Teilen sein.

Die Vorerben sind von allen gesetzlichen Beschränkungen und Verpflichtungen, soweit gemäß § 2136 BGB zulässig, befreit.

Der Nacherbfall tritt bei Wiederverheiratung oder Tod des Vorerben ein.

[Oder]

Wir, ____________________ [Vor- und Familiennamen des Ehegatten einsetzen] und ____________________ [Vor- und Familiennamen des anderen Ehegatten einsetzen], setzen uns gegenseitig zu alleinigen Erben ein. Der Längerlebende von uns ist solange Vollerbe, solange er nicht wieder heiratet.

Heiratet der Überlebende von uns beiden wieder, so wird er nur befreiter Vorerbe, wobei er von den Beschränkungen der §§ 2113 ff. BGB befreit wird, soweit dies gesetzlich zulässig ist. Nacherben werden unsere gemeinsamen Kinder ____________________ und ____________________ [Vor- und Familiennamen der Kinder einsetzen] zu gleichen Teilen.

Der Nacherbfall ist die Wiederverheiratung des überlebenden Ehegatten.

Geschiedenentestament mit Vor- und Nacherbfolge

(→ Seite 80)

Ich setze mein Kind ____________________ [Vor- und Familiennamen des Kindes einsetzen] zum alleinigen Erben ein. Ersatzerben sind dessen Abkömmlinge.

Soweit mein Kind oder dessen Abkömmlinge Erben werden, sind sie nur Vorerben, jedoch von den gesetzlichen Beschränkungen, soweit zulässig, befreit. Nacherben auf ihren Tod sind ihre testamentarisch bestimmten Erben, ersatzweise ihre gesetzlichen Erben. Als Nacherben ausgenommen sind mein geschiedener Ehegatte, dessen Abkömmlinge aus anderen Verbindungen und seine Verwandten aufsteigender Linie.

Verstirbt mein geschiedener Ehepartner vor Eintritt des Nacherbfalls, ohne dass er Abkömmlinge und Verwandte aufsteigender Linie hinterlässt, entfällt die Nacherbfolge.

[Oder]

Mit der Vollendung des 25. Lebensjahrs des Kindes entfällt die Nacherbfolge.

Enterbung gesetzlicher Erben

(→ Seite 87)

____________________ [Vor- und Familiennamen des Kindes einsetzen] enterbe ich. Die Enterbung soll nicht für seine Abkömmlinge gelten.

[Oder]

Meine Kinder ____________________ und ____________________ [Vor- und Familiennamen der enterbten Kinder einsetzen] enterbe ich. Die Enterbung soll nicht für deren Abkömmlinge gelten.

[Oder]

Mein nichteheliches Kind ____________________ [Vor- und Familiennamen des nichtehelichen Kindes einsetzen] schließe ich von der Erbfolge aus. Die Enterbung soll nicht für seine Abkömmlinge gelten.

Enterbung auch der Abkömmlinge des Enterbten

(→ Seite 88)

__________________ [Vor- und Familiennamen des enterbten Verwandten einsetzen] und sämtliche seiner Abkömmlinge enterbe ich.

[Oder]

Meine Kinder __________________ und __________________ [Vor- und Familiennamen der enterbten Kinder einsetzen] und ihre Abkömmlinge enterbe ich.

[Oder]

Mein nichteheliches Kind __________________ [Vor- und Familiennamen des enterbten nichtehelichen Kindes einsetzen] und dessen Abkömmlinge schließe ich von der Erbfolge aus.

Entziehung des Pflichtteils

(→ Seite 94)

Hiermit enterbe ich meinen Sohn __________________ [Vor- und Familiennamen einsetzen] und entziehe ihm den Pflichtteil aus folgenden Gründen:

__________________ [Angabe der Gründe, Tatzeiten, Beweise].
Beispiel: Mein Sohn hatte in der Vergangenheit wiederholt finanzielle Schwierigkeiten. Ich habe ihn so gut es ging finanziell unterstützt. Am __________________ [Datum einsetzen] hat er mich zum wiederholten Male um einen größeren Geldbetrag gebeten. Weil ich finanziell nicht in der Lage war, ihm zu helfen, kam es zu einer handgreiflichen Auseinandersetzung. Mein Sohn hat mehrmals auf mich eingeschlagen und mich getreten. Ich erlitt einen Nasenbeinbruch und schwere Rippenprellungen. Das Attest meines Arztes vom __________________ [Datum einsetzen] ist in der Anlage beigefügt. Ich entbinde ihn ausdrücklich von der ärztlichen Schweigepflicht. Ferner steht meine Tochter __________________ [Vor- und Familiennamen des Erben einsetzen] als Zeugin zur Verfügung.

Anordnung von Vermächtnissen

(→ Seite 101)

Vorausvermächtnis

Ich setze ____________________ und ____________________ [jeweils Vor- und Familiennamen der Miterben einsetzen] jeweils zur Hälfte zu meinen Erben ein. ____________________ [Vor- und Familiennamen des Miterben einsetzen, dem zusätzlich ein Vermächtnis zugewandt werden soll] vermache ich darüber hinaus ohne Anrechnung auf den Erbteil ____________________ [Gegenstand des Vermächtnisses einsetzen, zum Beispiel Wertpapierdepot].

Stückvermächtnis

____________________ [Vor- und Familiennamen des Vermächtnisnehmers einsetzen] vermache ich ____________________ [konkrete Bezeichnung des Gegenstands, zum Beispiel das Wertpapierdepot, eine Eigentumswohnung oder das Auto].

Gattungsvermächtnis

____________________ [Vor- und Familiennamen des Vermächtnisnehmers einsetzen] vermache ich ____________________ [Bestimmung der Gattung des vermachten Gegenstands, zum Beispiel ein Auto oder ein Kleid].

Wahlvermächtnis mit Wahlrecht des Erben

Ich vermache ____________________ [Vor- und Familiennamen des Vermächtnisnehmers einsetzen] eine Eigentumswohnung. Der Erbe entscheidet, welche meiner Eigentumswohnungen dem Vermächtnisnehmer übertragen wird.

Wahlvermächtnis mit Wahlrecht des Vermächtnisnehmers

Ich vermache ____________________ [Vor- und Familiennamen des Vermächtnisnehmers einsetzen] eine Eigentumswohnung. Er kann zwischen den Wohnungen in der ____________________straße und der ____________________straße [jeweils konkrete Beschreibung der Immobilien] wählen.

→

Bestimmungsvermächtnis

__________________ [Vor- und Familiennamen des Bestimmungsberechtigten einsetzen] soll bestimmen, welches unserer gemeinsamen Kinder __________________ [Vor- und Familiennamen des Vermächtnisnehmers einsetzen] meine Wertpapiere erhält.

Zweckvermächtnis

Ich vermache __________________ [Vor- und Familiennamen des Vermächtnisnehmers einsetzen] einen dreimonatigen Studienaufenthalt in Florenz. Über die Einzelheiten soll __________________ [Vor- und Familiennamen des Bestimmungsberechtigten einsetzen] entscheiden.

Verschaffungsvermächtnis

__________________ [Vor- und Familiennamen des Erben einsetzen] soll __________________ [Vor- und Familiennamen des Vermächtnisnehmers einsetzen] __________________ [konkrete Beschreibung des Gegenstands, den der Erbe beschaffen soll, zum Beispiel eine Eigentumswohnung bestehend aus zwei Zimmern, Küche und Bad in Hamburg] verschaffen.

Forderungsvermächtnis

__________________ [Vor- und Familiennamen des Vermächtnisnehmers einsetzen] soll das gesamte zum Zeitpunkt des Erbfalls bestehende Guthaben auf meinem Sparbuch bei der __________________ bank [konkrete Bezeichnung des Sparbuchs und der Bank] erhalten.

Untervermächtnis

__________________ [Vor- und Familiennamen des Hautvermächtnisnehmers einsetzen] erhält die Gemälde __________________ [Bezeichnung der einzelnen Gemälde] als Vermächtnis. Eines der Gemälde soll er __________________ [Vor- und Familiennamen des Untervermächtnisnehmers einsetzen] als Untervermächtnis weitergeben.

Nachvermächtnis

__________________ [Vor- und Familiennamen des Vermächtnisnehmers einsetzen] vermache ich __________________ [konkrete Bezeichnung des Gegenstands, zum Beispiel eine Eigentumswohnung oder das Auto]. Nach seinem Tod soll __________________ [konkrete Bezeichnung des Gegenstands] seinen Kindern zu gleichen Teilen gehören.

Ersatzvermächtnis

__________________ [Vor- und Familiennamen des Vermächtnisnehmers einsetzen] soll __________________ [konkrete Bezeichnung des Gegenstands, zum Beispiel eine Eigentumswohnung oder das Auto] erhalten. Sollte er zuvor versterben, so soll __________________ [konkrete Bezeichnung des Gegenstands] __________________ [Vor- und Familiennamen des Ersatzvermächtnisnehmers einsetzen] zufallen.

Gemeinschaftliches Vermächtnis

__________________ und __________________ [jeweils Vor- und Familiennamen der Vermächtnisnehmer einsetzen] vermache ich [konkrete Bezeichnung des Gegenstands, zum Beispiel das Wertpapierdepot, eine Eigentumswohnung oder das Auto].

Nießbrauchsvermächtnis

__________________ [Vor- und Familiennamen des Vermächtnisnehmers einsetzen] wende ich den lebenslangen unentgeltlichen Nießbrauch an dem Hausgrundstück Nr. __________________ zu.

Rentenvermächtnis

__________________ [Vor- und Familiennamen des Vermächtnisnehmers einsetzen] setze ich bis zur Vollendung seines 25. Lebensjahrs ein Geldvermächtnis in Höhe von __________________ Euro aus, zahlbar in monatlichen Raten von jeweils __________________ Euro, beginnend am __________________ [Datum einsetzen].

[Oder]

__________________ [Vor- und Familiennamen des Vermächtnisnehmers einsetzen] setze ich ein lebenslanges Geldvermächtnis in Höhe von __________________ Euro aus, zahlbar in monatlichen Raten von jeweils __________________ Euro, beginnend am __________________ [Datum einsetzen].

Wohnungsrechtsvermächtnis

__________________ [Vor- und Familiennamen des Vermächtnisnehmers einsetzen] erhält im Wege des Vermächtnisses ein lebenslanges und unentgeltliches dingliches Wohnungsrecht an der Dachgeschosswohnung meines Zweifamilienhauses in __________________ [Ort eintragen]. Sie ist berechtigt, die zum gemeinschaftlichen Gebrauch der Hausbewohner bestimmten Anlagen und Einrichtungen, insbesondere den Keller, den Speicher und den Garten, mitzubenutzen. Die Ausübung des Wohnungsrechts kann Dritten überlassen werden.

Sicherung des Vermächtnisanspruchs

(→ Seite 114)

Bevollmächtigung des Vermächtnisnehmers

Zur Erfüllung des zu seinen Gunsten angeordneten Vermächtnisses erhält der Vermächtnisnehmer hiermit auf den Todesfall unwiderruflich Vollmacht unter Befreiung der Beschränkungen des § 181 BGB.

Einsetzung des Vermächtnisnehmers als Testamentsvollstrecker

Ich ordne Testamentsvollstreckung an. Zum Testamentsvollstrecker ernenne ich den vorbezeichneten Vermächtnisnehmer. Der Vermächtnisnehmer hat die Aufgabe, das vorstehend zu seinen Gunsten angeordnete Vermächtnis zu erfüllen. Weitere Aufgaben hat der Testamentsvollstrecker nicht.

Der Testamentsvollstrecker ist von den Beschränkungen des § 181 BGB, soweit erforderlich, befreit.

Für seine Tätigkeit erhält der Testamentsvollstrecker keine Vergütung. Er erhält auch keinen Ersatz für seine Auslagen.

Einsetzung einer anderen Person als Testamentsvollstrecker

Ich ordne Testamentsvollstreckung an. Zum Testamentsvollstrecker bestimme ich ____________________ [Vor- und Familiennamen einsetzen], ersatzweise ____________________ [Vor- und Familiennamen des Ersatztestamentsvollstreckers einsetzen]. Der Testamentsvollstrecker hat die Aufgabe, das im Testament zugunsten des ____________________ [Vor- und Familiennamen des Vermächtnisnehmers einsetzen] angeordnete Vermächtnis zu erfüllen. Weitere Aufgaben hat der Testamentsvollstrecker nicht.

Für seine Tätigkeit erhält der Testamentsvollstrecker keine Vergütung. Er erhält auch keinen Ersatz für seine Auslagen.

Erbrechtliche Auflagen

(→ Seite 117)

Meinen Erben mache ich zur Auflage, meine Grabstätte entsprechend den örtlichen Gepflogenheiten zu pflegen und zu schmücken.

[Oder]

Meine Erben sind verpflichtet, ________________ Euro an den ________________verein [konkrete Bezeichnung des Vereins] zu zahlen.

[Oder]

Meine Erben sind verpflichtet, an meinen Neffen, ________________ [Vor- und Familiennamen einsetzen], der meinen Hund versorgen soll, einmalig ________________ Euro zu zahlen.

[Oder]

Meinem Neffen ________________ [Vor- und Familiennamen des Vermächtnisnehmers einsetzen] vermache ich ________________ [Bezeichnung des Vermächtnisgegenstands, zum Beispiel Briefmarkensammlung, Geld]. Dieses Vermächtnis beschwere ich zugleich mit der Auflage, dass er sich im Fall meines Todes um die Versorgung meiner Haustiere ________________ [Bezeichnung der Haustiere, zum Beispiel Hund, Katze] kümmert. Er hat bis zum Tod der Haustiere deren Unterbringung und Pflege sicherzustellen. Ist die Auflage zum Zeitpunkt meines Todes unwirksam, weil keine Haustiere mehr vorhanden sind, so bleibt das zugewandte Vermächtnis zugunsten meines Enkels gleichwohl wirksam.

[Oder]

Ich bestimme meinen Sohn ________________ [Vor- und Familiennamen des Erben einsetzen] zum Alleinerben. Er ist verpflichtet, seine Schwester ________________ [Vor- und Familiennamen einsetzen] zu 40 Prozent an den Roheinnahmen des Hauses zu beteiligen, solange ihm das Haus gehört.

[Oder]

Ich bestimme meinen Sohn ________________ [Vor- und Familiennamen des Erben einsetzen] zum Alleinerben. Das im Nachlass befindliche Anwesen ________________ [genaue Bezeichnung der Immobilie] darf er nach der Übernahme zehn Jahre lang nicht veräußern.

Sicherung der Vollziehung einer Auflage durch Einsetzung eines Testamentsvollstreckers

(→ Seite 124)

Hiermit setze ich ________________ [Vor- und Familiennamen des Erben einsetzen] als Alleinerben ein.

Dem Erben mache ich zur Auflage, dass er ________________ [Beschreibung des Tieres] aufnimmt und angemessen versorgt.

Als Testamentsvollstrecker setze ich ________________ [Name des Testamentsvollstreckers einsetzen] ein. Er hat die Auflage zu überwachen. Kommt er zu dem Schluss, dass die Auflage nicht ordnungsgemäß erfüllt wird, ist er berechtigt, das Tier auf Kosten des Erben in Pflege zu geben und hierfür ________________ Euro aufzuwenden.

Teilungsanordnung

(→ Seite 127)

Zu meinen Erben setze ich ________________, ________________ und ________________ ________________ [Vor- und Familiennamen des jeweiligen Miterben einsetzen] zu jeweils gleichen Teilen ein. Die Nachlassgegenstände teile ich meinen Miterben wie folgt zu:

________________ [Vor- und Familiennamen des Miterben einsetzen] erhält unter Anrechnung auf seinen Erbteil das Hausgrundstück ________________ [genaue Bezeichnung der Immobilie] und mein Guthaben auf dem Sparbuch ________________ bei der ________________bank [genaue Bezeichnung des Sparbuchs und der Bank].

________________ [Vor- und Familiennamen des Miterben einsetzen] erhält unter Anrechnung auf seinen Erbteil mein Wertpapierdepot ________________ bei der ________________bank [genaue Bezeichnung des Depots und der Bank].

________________ [Vor- und Familiennamen des Miterben einsetzen] erhält unter Anrechnung auf seinen Erbteil die Eigentumswohnung ________________ [genaue Bezeichnung der Immobilie].

Teilungsverbot

(→ Seite 130)

Ich schließe die Auseinandersetzung unter meinen Erben solange aus, bis ____________________ [Vor- und Familiennamen des Miterben einsetzen] das 21. Lebensjahr vollendet hat. Die Auseinandersetzung soll auch nicht einvernehmlich unter den Erben möglich sein.

Ich ordne deshalb Testamentsvollstreckung an. Zum Testamentsvollstrecker bestimme ich ____________________ [Vor- und Familiennamen einsetzen]. Einzige Aufgabe des Testamentsvollstreckers ist es, die Einhaltung dieses Verbots zu überwachen. Die Testamentsvollstreckung endet mit dem Zeitpunkt, in dem den Erben die Auseinandersetzung gestattet ist.

Abwicklungsvollstreckung

(→ Seite 137)

Ich ordne Testamentsvollstreckung an. Zum Testamentsvollstrecker bestimme ich ____________________ [Vor- und Familiennamen einsetzen], ersatzweise ____________________ [Vor- und Familiennamen des Ersatztestamentsvollstreckers einsetzen]. Er soll die Auseinandersetzung unter den Miterben bewirken und für die Erfüllung der Vermächtnisse und die Vollziehung der Auflagen sorgen. Mit der Erledigung dieser Aufgaben endet die Testamentsvollstreckung.

Dauervollstreckung

(→ Seite 139)

Zu meinem Alleinerben bestimme ich meine Tochter ____________________ [Vor- und Familiennamen des Erben einsetzen]. Ich ordne Testamentsvollstreckung an, bis sie das 25. Lebensjahr vollendet hat. Zum Testamentsvollstrecker bestimme ich ____________________ [Vor- und Familiennamen einsetzen], ersatzweise ____________________ [Vor- und Familiennamen des Ersatztestamentsvollstreckers einsetzen].

Anordnung einer Testamentsvollstreckung

(→ Seite 141)

Ich ordne Testamentsvollstreckung an. Der Testamentsvollstrecker hat die Aufgabe ____________________ [konkrete Beschreibung der Aufgaben, zum Beispiel den Nachlass entsprechend meinen Anordnungen zu verteilen und Auflagen und Vermächtnisse zu erfüllen]. Zum Testamentsvollstrecker bestimme ich ____________________ [Vor- und Familiennamen einsetzen], ersatzweise ____________________ [Vor- und Familiennamen des Ersatztestamentsvollstreckers einsetzen].

[Oder]

Ich ordne Testamentsvollstreckung an. Der Testamentsvollstrecker hat die Aufgabe ____________________ [konkrete Beschreibung der Aufgaben, zum Beispiel den Nachlass entsprechend meinen Anordnungen zu verteilen und Auflagen und Vermächtnisse zu erfüllen]. Ich ersuche das Nachlassgericht, einen Testamentsvollstrecker zu ernennen.

[Oder]

Ich ordne Testamentsvollstreckung an. Der Testamentsvollstrecker hat die Aufgabe ____________________ [konkrete Beschreibung der Aufgaben, zum Beispiel den Nachlass entsprechend meinen Anordnungen zu verteilen und Auflagen und Vermächtnisse zu erfüllen]. ____________________ [Vor- und Familiennamen der Person einsetzen, die die Person des Testamentsvollstreckers bestimmen wird] wird die Person des Testamentsvollstreckers benennen, ersatzweise, falls sie wegfällt, ____________________ [Vor- und Familiennamen der Person einsetzen, die ersatzweise die Person des Testamentsvollstreckers bestimmen wird]. Die genannten Personen können sich auch selbst zum Testamentsvollstrecker bestimmen.

[Oder]

Ich ordne Testamentsvollstreckung an. Der Testamentsvollstrecker hat die Aufgabe ____________________ [konkrete Beschreibung der Aufgaben, zum Beispiel den Nachlass entsprechend meinen Anordnungen zu verteilen und Auflagen und Vermächtnisse zu erfüllen]. Zum Testamentsvollstrecker bestimme ich ____________________ [Vor- und Familiennamen einsetzen]. Diesen ermächtige ich, einen Mitvollstrecker zu ernennen, mit dem er das Amt gemeinsam führt. Zudem ermächtige ich den eingesetzten Testamentsvollstrecker, für sich und den ernannten Mitvollstrecker einen Nachfolger zu ernennen.

Vergütung des Testamentsvollstreckers

(→ Seite 147)

Ich ordne Testamentsvollstreckung an. Der Testamentsvollstrecker hat die Aufgabe ____________________ [konkrete Beschreibung der Aufgaben, zum Beispiel den Nachlass entsprechend meinen Anordnungen zu verteilen und Auflagen und Vermächtnisse zu erfüllen]. Zum Testamentsvollstrecker bestimme ich ____________________ [Vor- und Familiennamen einsetzen], ersatzweise ____________________ [Vor- und Familiennamen des Ersatztestamentsvollstreckers einsetzen].

Der Testamentsvollstrecker erhält für seine Tätigkeit bis zur Abwicklung des Nachlasses eine monatliche/jährliche Vergütung von ____________________ Euro.

[Oder]

Ich ordne Testamentsvollstreckung an. Der Testamentsvollstrecker hat die Aufgabe ____________________ [konkrete Beschreibung der Aufgaben, zum Beispiel den Nachlass entsprechend meinen Anordnungen zu verteilen und Auflagen und Vermächtnisse zu erfüllen]. Zum Testamentsvollstrecker bestimme ich ____________________ [Vor- und Familiennamen einsetzen], ersatzweise ____________________ [Vor- und Familiennamen des Ersatztestamentsvollstreckers einsetzen].

Der Testamentsvollstrecker erhält für seine Tätigkeit bis zur Abwicklung des Nachlasses eine einmalige Vergütung von _____ Euro.

[Oder]

Ich ordne Testamentsvollstreckung an. Der Testamentsvollstrecker hat die Aufgabe ____________________ [konkrete Beschreibung der Aufgaben, zum Beispiel den Nachlass entsprechend meinen Anordnungen zu verteilen und Auflagen und Vermächtnisse zu erfüllen]. Zum Testamentsvollstrecker bestimme ich ____________________ [Vor- und Familiennamen einsetzen], ersatzweise ____________________ [Vor- und Familiennamen des Ersatztestamentsvollstreckers einsetzen].

Der Testamentsvollstrecker erhält für seine Tätigkeit keine Vergütung.

Sorgerechtsverfügung

(→ Seite 153)

Gemeinsame Sorgerechtsverfügung

Für den Fall, dass wir ____________________ [Vor- und Familiennamen des Elternteils einsetzen], und ____________________ [Vor- und Familiennamen des anderen Elternteils einsetzen], für unsere minderjährigen Kinder die elterliche Sorge wegen Todes nicht mehr ausüben können, benennen wir folgenden Vormund: ____________________ [Vor- und Familiennamen des vorgeschlagenen Vormunds einsetzen].

Dem Kindeswohl ist so am besten entsprochen, weil ____________________.

Einzelne Sorgerechtsverfügung

Für den Fall, dass ich ____________________ [Vor- und Familiennamen des Elternteils einsetzen], für meine minderjährigen Kinder die elterliche Sorge wegen Todes nicht mehr ausüben kann, benenne ich folgenden Vormund: ____________________ [Vor- und Familiennamen des vorgeschlagenen Vormunds einsetzen].

Dem Kindeswohl ist so am besten entsprochen, weil ____________________.

Benennung eines Ersatzvormunds

Wenn die vorstehend genannte Person nicht als Vormund bestellt werden kann, soll ersatzweise die im Folgenden genannte Person zum Vormund bestellt werden: ____________________ [Vor- und Familiennamen des vorgeschlagenen Ersatzvormunds einsetzen].

Dem Kindeswohl ist so am besten entsprochen, weil ____________________.

Ausschluss eines Vormunds

Die im Folgenden aufgeführte(n) Person(en) soll(en) auf keinen Fall zum Vormund bestellt werden:

____________________ [Vor- und Familiennamen des ausgeschlossenen Vormunds einsetzen].

____________________ [Vor- und Familiennamen des ausgeschlossenen Vormunds einsetzen].

Entziehung der elterlichen Vermögenssorge

(→ Seite 155)

Ich setze mein minderjähriges Enkelkind ____________________ [Vor- und Familiennamen einsetzen] zu meinem Alleinerben ein.

Den Eltern meines Enkelkindes ____________________ [Vor- und Familiennamen der Eltern einsetzen] entziehe ich das Vermögensverwaltungsrecht bezüglich aller Gegenstände, die es von mir von Todes wegen erwirbt.

Als Pfleger zur Ausübung des Verwaltungsrechts bestimme ich ____________________ [Vor- und Familiennamen des vorgeschlagenen Pflegers einsetzen], ersatzweise ____________________ [Vor- und Familiennamen des vorgeschlagenen Ersatzpflegers einsetzen]. Der Pfleger wird von allen gesetzlichen zulässigen Beschränkungen befreit.

Verwaltungsanordnung

(→ Seite 157)

Meinem Sohn ____________________ [Vor- und Familiennamen einsetzen] entziehe ich das Recht, Zuwendungen an meinem Enkel ____________________ [Vor- und Familiennamen einsetzen] aus der von mir angeordneten Erbschaft für seinem eigenen Lebensunterhalt zu verwenden.

Befreiung von der Inventarisierungspflicht

(→ Seite 158)

Soweit unsere Kinder im Erbfall noch minderjährig sind, befreien wir uns hiermit wechselseitig von der Verpflichtung, ein Vermögensverzeichnis nach § 1640 BGB zu errichten.

→ **WICHTIG** Ihr eigenhändiges Testament müssen Sie handschriftlich verfassen und eigenhändig unterschreiben. Andernfalls ist es unwirksam.

Mustertestamente für unterschiedliche Lebenssituationen

- Einzeltestament mit Enterbung eines gesetzlichen Erben, Auflagen und Vermächtnissen
- Einzeltestament mit Einsetzung eines Alleinerben und eines Ersatzerben, Auflagen und Vermächtnissen
- Einzeltestament mit Einsetzung mehrerer Erben, Einsetzung von Ersatzerben, Teilungsanordnung unter Anrechnung auf den Erbteil und Einsetzung eines Testamentsvollstreckers
- Berliner Testament mit Pflichtteilsstrafklausel, Wiederverheiratungsklausel und Anfechtungsverzicht
- Testament bei verschuldetem Abkömmling
- Behindertentestament

Die nachfolgenden Mustertestamente berücksichtigen in der Praxis gängige Lebenssituationen. Beachten Sie allerdings, dass für Ihre jeweilige erbrechtliche Verfügung in erster Linie Ihre persönliche Interessenlage maßgebend ist. Es gibt kein Testament „von der Stange“. Jeder Fall liegt anders. Grundlagen für Ihr persönliches Testament sind immer Ihre jeweiligen Lebensumstände und Ihre persönlichen Wünsche und Vorstellungen. Passen Sie deshalb gegebenenfalls das jeweilige Mustertestament Ihren Interessen an und bedienen Sie sich dabei der Testbausteine auf den Seiten F-1ff.

Die Mustertestamente können Sie heraustrennen, sodass Sie sie bei der Erstellung Ihres Testaments zur Hand und im Blick haben.

→ **WICHTIG** Ihr eigenhändiges Testament müssen Sie handschriftlich verfassen und eigenhändig unterschreiben. Andernfalls ist es unwirksam.

→

Alle Mustertestamente finden Sie auch online unter www.ratgeber-verbraucherzentrale.de/formulare-testament

Erläuterungen zu den Mustertestamenten

Einzeltestament mit Enterbung eines gesetzlichen Erben, Auflagen und Vermächtnissen (→ Seite F-33)

Der Erblasser will …

… einen seiner gesetzlichen Erben enterben. Die Enterbung soll sich jedoch nur auf die enterbte Person, nicht auf dessen Abkömmlinge erstrecken. Den übrigen Erben möchte er Verpflichtungen auferlegen. Ferner möchte er Personen, die nicht seine Erben sind, einzelne Nachlassgegenstände zuwenden.

Einzeltestament mit Einsetzung eines Alleinerben und eines Ersatzerben, Auflagen und Vermächtnissen (→ Seite F-35)

Der Erblasser will …

… abweichend von der gesetzlichen Erbfolge einen Alleinerben einsetzen. Für den Fall, dass der Erbe vor oder nach dem Erbfall wegfällt, will er einen Ersatzerben bestimmen. Dem Erben möchte der Erblasser Verpflichtungen auferlegen. Ferner möchte er Personen, die nicht Erbe sind, einzelne Nachlassgegenstände zuwenden.

Einzeltestament mit Einsetzung mehrerer Erben, Einsetzung von Ersatzerben, Teilungsanordnung unter Anrechnung auf den Erbteil und Einsetzung eines Testamentsvollstreckers (→ Seite F-37)

Der Erblasser will …

… abweichend von der gesetzlichen Erbfolge mehrere Erben einsetzen. Für den Fall, dass Erben vor oder nach dem Erbfall wegfallen, will er Ersatzerben bestimmen. Er will den Erben bestimmte Gegenstände aus dem Nachlass zuweisen. Etwaige Wertunterschiede sollen ausgeglichen werden. Für die Abwicklung des Nachlasses will der Erblasser einen Testamentsvollstrecker einsetzen, der keine Vergütung erhalten soll.

→

Berliner Testament mit Pflichtteilsstrafklausel, Wiederverheiratungsklausel und Anfechtungsverzicht (→ Seite F-39)

Die Eheleute wollen ...

... sich in einem Testament gegenseitig als Alleinerben und ihre Kinder als Schlusserben einsetzen. Die Kinder sollen davon abgehalten werden, dass sie nach dem Tod des zuerstversterbenden Elternteils gegen den Willen des Längerlebenden ihren Pflichtteil verlangen. Ferner sollen die als Schlusserben eingesetzten Kinder vor finanziellen Einbußen für den Fall geschützt werden, dass der längerlebende Ehegatte wieder heiratet.

Testament bei verschuldetem Abkömmling (→ Seite F-41)

Der Erblasser will ...

... seine Kinder als Erben einsetzen, gleichzeitig aber den Nachlass vor dem Zugriff von Gläubigern eines verschuldeten Kindes schützen. Das Kind soll also nicht als Vollerbe eingesetzt werden. Gleichwohl soll es die Einkünfte, die aus seinem Erbteil erzielt werden, als laufende Unterhaltsleistung erhalten. Die Verwaltung des Erbteils des Kindes soll einem Testamentsvollstrecker übertragen werden, der eine angemessene Vergütung erhalten soll.

Behindertentestament (→ Seite F-43)

Der Erblasser will ...

... seine Ehefrau und sein Kind als Erben einsetzen, gleichzeitig aber den Erbteil des Kindes vor dem Zugriff des Sozialamts schützen, weil das Kind behindert und pflegebedürftig ist. Das Kind soll also nicht als Vollerbe eingesetzt werden. Es soll sichergestellt sein, dass das behinderte Kind über den Grundbedarf, der vom Sozialamt übernommen wird, hinaus, finanzielle Annehmlichkeiten erhält. Die Verwaltung des Erbteils des Kindes soll einem Testamentsvollstrecker übertragen werden, der eine angemessene Vergütung erhalten soll.

Einzeltestament

mit Enterbung eines gesetzlichen Erben, Auflagen und Vermächtnissen

Ich, ______________________________, geb. am ______________________,
Vor- und Familiennamen des Erblassers einsetzen — Geburtsdatum des Erblassers einsetzen

treffe die nachfolgenden erbrechtlichen Verfügungen.

1. ______________________________ enterbe ich.
   Vor- und Familiennamen des enterbten gesetzlichen Erben einsetzen

   Im Übrigen soll gesetzliche Erbfolge gelten.

2. Meine Erben sind verpflichtet

   ____

   ____
   Beschreibung der Auflage, zum Beispiel Grabpflege oder Geldzahlung an einen Verein

3. ______________________________ vermache ich
   Vor- und Familiennamen des Vermächtnisnehmers einsetzen

   ____
   Nachlassgegenstand beschreiben, zum Beispiel Geldbetrag, Auto, Immobilie XY

4. Vorsorglich widerrufe ich alle Verfügungen von Todes wegen, die ich bisher errichtet habe.

______________________________, den ______________________

____
Eigenhändige Unterschrift des Erblassers

Einzeltestament

mit Einsetzung eines Alleinerben und eines Ersatzerben, Auflagen und Vermächtnissen

Ich, ______________________________, geb. am ______________________,
Vor- und Familiennamen des Erblassers einsetzen — Geburtsdatum des Erblassers einsetzen

treffe die nachfolgenden erbrechtlichen Verfügungen.

1. Ich bestimme ______________________________ zu meinem Erben.
   Vor- und Familiennamen des Erben einsetzen

2. Fällt der Erbe vor oder nach dem Erbfall weg, so bestimme ich

   ______________________________ zum Ersatzerben.
   Vor- und Familiennamen des Ersatzerben einsetzen

3. Der Erbe ist verpflichtet

   ____

   ____
   Beschreibung der Auflage, zum Beispiel Grabpflege oder Geldzahlung an einen Verein

4. ______________________________ vermache ich
   Vor- und Familiennamen des Vermächtnisnehmers einsetzen

   ____
   Nachlassgegenstand beschreiben, zum Beispiel Geldbetrag, Auto, Immobilie XY

5. Vorsorglich widerrufe ich alle Verfügungen von Todes wegen, die ich bisher errichtet habe.

______________________________, den ______________________

____
Eigenhändige Unterschrift des Erblassers

Einzeltestament

mit Einsetzung mehrerer Erben, Einsetzung von Ersatzerben, Teilungsanordnung unter Anrechnung auf den Erbteil und Einsetzung eines Testamentsvollstreckers

Ich, ____________________, geb. am ____________________,
Vor- und Familiennamen des Erblassers einsetzen — Geburtsdatum des Erblassers einsetzen

treffe die nachfolgenden erbrechtlichen Verfügungen.

1. Zu meinen Erben bestimme ich jeweils zu gleichen Teilen

   ____________________ und ____________________
   Jeweils Vor- und Familiennamen der Erben einsetzen

2. Fällt einer der Erben vor oder nach dem Erbfall weg, so bestimme ich dessen Abkömmlinge zu Ersatzerben, mehrere unter sich nach den Regeln der gesetzlichen Erbfolge.

3. Für die Auseinandersetzung unter den Miterben treffe ich folgende Teilungsanordnungen:

   ____________________ erhält in Anrechnung auf seinen Erbteil
   Vor- und Familiennamen des Miterben einsetzen

   ____
   Nachlassgegenstand, zum Beispiel Immobilie XY

   ____________________ erhält in Anrechnung auf seinen Erbteil
   Vor- und Familiennamen des Miterben einsetzen

   ____
   Nachlassgegenstand, zum Beispiel Bankguthaben und Wertpapiere

4. Ich ordne Testamentsvollstreckung an. Der Testamentsvollstrecker hat die Aufgabe, den Nachlass abzuwickeln. Mit der Erledigung dieser Aufgaben endet die Testamentsvollstreckung.

   Zum Testamentsvollstrecker mit dem genannten Aufgabenkreis bestimme ich

   ____
   Vor- und Familiennamen des Testamentsvollstreckers einsetzen

5. Vorsorglich widerrufe ich alle Verfügungen von Todes wegen, die ich bisher errichtet habe.

____________________________________, den ____________________________

____

Eigenhändige Unterschrift des Erblassers

Berliner Testament

mit Pflichtteilsstrafklausel, Wiederverheiratungsklausel und Anfechtungsverzicht

Wir, ______________________________, geb. am ____________________,
Vor- und Familiennamen des Ehegatten einsetzen — Geburtsdatum des Ehegatten einsetzen

und ______________________________, geb. am ____________________,
Vor- und Familiennamen des anderen Ehegatten einsetzen — Geburtsdatum des anderen Ehegatten einsetzen

errichten nachfolgendes gemeinschaftliches Testament:

1. Wir setzen uns gegenseitig, also der Erstversterbende den Überlebenden, zum unbeschränkten Alleinerben ein. Die Erbeinsetzung erfolgt jeweils als Vollerbe. Eine Nacherbfolge findet nicht statt.

2. Zu unseren Schlusserben bestimmen wir unsere gemeinsamen Kinder

   ______________________________ und ______________________________
   Jeweils Vor- und Familiennamen der Kinder einsetzen

   ______________________________ und ______________________________
   Jeweils Geburtsdaten der Kinder einsetzen

   zu gleichen Teilen.

   Unsere Verfügung über die Einsetzung der Schlusserben gilt auch für den Fall unseres gleichzeitigen Versterbens.

   Fällt einer der Schlusserben vor oder nach dem Erbfall weg, so bestimmen wir dessen Abkömmlinge zu Ersatzerben, mehrere unter sich nach den Regeln der gesetzlichen Erbfolge.

3. Falls ein Schlusserbe nach dem Tod des Erstversterbenden gegen den Willen des Längerlebenden den Pflichtteil verlangt, ist der Längerlebende berechtigt, diesen und seine Nachkommen durch Testament von der Erbfolge auszuschließen.

4. Für den Fall, dass der längerlebende Ehegatte wieder heiratet, hat dieser den als Schlusserben eingesetzten Kindern einen Geldbetrag in Höhe ihres gesetzlichen Erbteils zu zahlen.

Maßgebend für die Berechnung ist der Wert des reinen Nachlasses des Erstversterbenden zum Zeitpunkt des Erbfalls. Das Vermächtnis ist innerhalb von drei Monaten nach der Wiederverheiratung fällig. Der Anspruch des Schlusserben entfällt, wenn dieser beim ersten Erbfall seinen Pflichtteilsanspruch gegen den längerlebenden Elternteil geltend gemacht hat.

Im Fall der Wiederverheiratung ist der Längerlebende nicht mehr an die Erbeinsetzung der Schlusserben gebunden. Er kann dann neu und nach freiem Ermessen sowohl lebzeitig als auch durch Verfügung von Todes wegen verfügen.

5. An die Bestimmungen in diesem Testament soll der Überlebende auch dann gebunden bleiben, wenn er noch einmal heiratet oder sonst Pflichtteilsberechtigte hinzutreten. Der Überlebende von uns verzichtet deshalb ausdrücklich auf sein Anfechtungsrecht wegen Übergehung eines Pflichtteilsberechtigten.

6. Sämtliche von uns vorstehend getroffene Verfügungen sind, soweit gesetzlich zulässig, wechselbezüglich.

7. Vorsorglich widerrufen wir alle Verfügungen von Todes wegen, die bisher errichtet wurden.

______________________________, den ______________________

____

Eigenhändige Unterschrift des Ehegatten

Dies ist auch mein Wille.

______________________________, den ______________________

____

Eigenhändige Unterschrift des anderen Ehegatten

Testament bei verschuldetem Abkömmling

Ich, ______________________________, geb. am ______________________,
Vor- und Familiennamen des Erblassers einsetzen — Geburtsdatum des Erblassers einsetzen

treffe die nachfolgenden erbrechtlichen Verfügungen.

1. Ich setze meine Kinder

   ______________________, ______________________ und ______________________
   Jeweils Vor- und Familiennamen der Erben einsetzen

   zu je einem Drittel Erbteil zu meinen Erben ein.

2. ______________________________________ ist hoch verschuldet.
   Vor- und Familiennamen des verschuldeten Kindes einsetzen

   Ein Antrag auf Eröffnung des Insolvenzverfahrens über sein Vermögen wurde mangels Masse abgelehnt. Durch die Überschuldung ist ein späterer Erwerb erheblich gefährdet.
   Ich setze deshalb gemäß § 2338 BGB

   ______________________________________ bezüglich seines Erbteils nur zum
   Vor- und Familiennamen des verschuldeten Kindes einsetzen

   Vorerben ein. Nacherbe sind seine gesetzlichen Erben. Der Nacherbfall tritt mit dem Tod des Vorerben ein.

3. Für die Zeit der Vorerbschaft ordne ich Testamentsvollstreckung an. Der Testamentsvollstrecker hat die Aufgabe, den Erbteil zu verwalten und den jährlichen Reinertrag des Erbteils an meinen Sohn auszuzahlen. Zum Testamentsvollstrecker bestimme ich

   ______________________________________, ersatzweise für den Fall, dass
   Vor- und Familiennamen des Testamentsvollstreckers einsetzen

   der Testamentsvollstrecker vor oder nach dem Amtsantritt wegfällt

   ______________________________________. Für die Übernahme des Amts
   Vor- und Familiennamen des Ersatztestamentsvollstreckers einsetzen

   erhält der Testamentsvollstrecker eine einmalige Vergütung in Höhe von __________ Euro.
   Die Testamentsvollstreckung endet mit dem Eintritt des Nacherbfalls.

→

4. Sollte mein Sohn den Erbteil ausschlagen und den Pflichtteil verlangen, gelten für den Pflichtteil die gleichen Beschränkungen, wie ich sie vorstehend für den Erbteil angeordnet habe.

5. Vorsorglich widerrufe ich alle Verfügungen von Todes wegen, die ich bisher errichtet habe.

______________________________, den ________________________

____

Eigenhändige Unterschrift des Erblassers

Behindertentestament

Ich, ______________________________, geb. am ____________________,
Vor- und Familiennamen des Erblassers einsetzen — Geburtsdatum des Erblassers einsetzen

treffe die nachfolgenden erbrechtlichen Verfügungen.

1. Ich setze meine Ehefrau ______________________________ zu fünf
   Vor- und Familiennamen des Ehegatten einsetzen

   Sechstel und meinen pflegebedürftigen Sohn ______________________________
   Vor- und Familiennamen des Kindes einsetzen

   zu einem Sechstel zu meinen Erben ein.

2. Mein Sohn wird jedoch mit seinem Erbteil nur von den gesetzlichen Beschränkungen der § 2113 ff. BGB nicht befreiter Vorerbe. Nacherbe auf seinen Tod ist meine Ehefrau, ersatzweise meine Geschwister entsprechend den Regelungen über die gesetzliche Erbfolge. Der Nacherbfall tritt mit dem Tod des Vorerben ein.

3. Weil mein Sohn wegen seiner Pflegebedürftigkeit nicht imstande ist, seine Angelegenheiten selbst zu besorgen, insbesondere die ihm zufallenden Vermögenswerte selbst zu verwalten, ordne ich für den Fall meines Todes Testamentsvollstreckung an. Zum Testamentsvollstrecker benenne ich

   ______________________________, ersatzweise für den Fall, dass der
   Vor- und Familiennamen des Ersatztestamentsvollstreckers einsetzen

   Testamentsvollstrecker vor oder nach dem Amtsantritt wegfällt

   ______________________________. Der Testamentsvollstrecker ist von
   Vor- und Familiennamen des Testamentsvollstreckers einsetzen

   allen gesetzlichen Beschränkungen, soweit zulässig, befreit. Für die Übernahme des Amts erhält der Testamentsvollstrecker eine einmalige Vergütung in Höhe von __________ Euro. Die Testamentsvollstreckung endet mit dem Eintritt des Nacherbfalls.

4. Der Testamentsvollstrecker hat den Nachlass zu verwalten. Er hat aus den Erträgen des der Nacherbschaftsanordnung unterliegenden Erbteils meinem Sohn diejenigen Zuwendungen zu leisten, die zur Verbesserung der Lebensqualität beitragen, aber nach dem Sozialhilferecht nicht dem Zugriff des Sozialhilfeträgers unterliegen. Er erhält folgende verbindliche Verwaltungsanordnung nach § 2216 Abs. 2 BGB:

   – Überlassung von Geldbeträgen in Höhe des jeweiligen Rahmens, der nach den jeweiligen einschlägigen Gesetzen einem Behinderten maximal zur freien Verfügung stehen kann,

   – Zuschüsse zur Finanzierung und Gestaltung eines Urlaubs,

   – Zuwendungen von Geschenken zu Weihnachten und zum Geburtstag,

   – ____

5. Vorsorglich widerrufe ich alle Verfügungen von Todes wegen, die ich bisher errichtet habe.

______________________________, den ______________________

____

Eigenhändige Unterschrift des Erblassers

Checklisten

- Checkliste zu den persönlichen Lebensumständen
- Muster für ein Vermögensverzeichnis
- Checkliste zu den rechtlichen Rahmenbedingungen
- Checkliste zu einem Einzeltestament
- Checkliste zu einem gemeinschaftlichen Testament
- Checkliste zur testamentarischen Einsetzung von Erben
- Checkliste zur Anordnung der Vor- und Nacherbschaft
- Checkliste zur Enterbung gesetzlicher Erben
- Checkliste zu Pflichtteilsansprüchen naher Angehöriger
- Checkliste zur Anordnung von Vermächtnissen
- Checkliste zur Anordnung von Auflagen
- Checkliste zur Teilungsanordnung
- Checkliste zur Anordnung einer Testamentsvollstreckung

Die nachfolgenden Checklisten enthalten jeweils die wichtigsten Fragen zu verschiedenen erbrechtlichen Themen. So können Sie beispielsweise prüfen, ob Sie Ihre individuellen Lebensumstände hinreichend berücksichtigt, bei der Erstellung des Testaments die entscheidenden Aspekte beachtet und die testamentarischen Gestaltungsinstrumente wie Enterbung und Anordnung von Vermächtnissen oder Auflagen richtig eingesetzt haben.

Die Checklisten können Sie heraustrennen und ausfüllen.

→

Alle Checklisten finden Sie auch online zum Ausfüllen und/oder Ausdrucken unter www.ratgeber-verbraucherzentrale.de/formulare-testament

Checkliste zu den persönlichen Lebensumständen

(→ Seite 16)

Sind Sie ledig, verheiratet oder geschieden oder leben Sie in einer nichtehelichen Lebensgemeinschaft?

Wenn Sie verheiratet sind: In welchem Güterstand leben Sie mit Ihrem Ehegatten?

Ist Ihre Ehe harmonisch, besteht eine Ehekrise oder sogar der Wunsch nach Scheidung?

Waren Sie bereits verheiratet?

Sind Ihre Familienangehörigen geschäftsfähig?

Sind Ihre Familienangehörigen verschuldet?

Haben Sie (eheliche/nichteheliche) Kinder?

Mit welchen Familienangehörigen verstehen Sie sich am besten?

Mit welchen Familienangehörigen haben Sie persönliche Probleme?

Versteht sich Ihr Ehegatte mit den Kindern?

Kommen Ihre Kinder miteinander klar oder gibt es Probleme?

Haben Ihre Kinder Eheprobleme?

Können Ihre Familienangehörigen verantwortungsbewusst mit Vermögen umgehen?

Muster für ein Vermögensverzeichnis

(→ Seite 16)

	Ehemann Wert in Euro	**Ehefrau** Wert in Euro
A. Aktiva		
Bargeld		
Guthaben auf Girokonten, Sparkonten, Sparverträgen		
Wertpapiere		
Forderungen aus Lebensversicherungen		
Forderungen aus Bausparverträgen		
Darlehensforderungen		
Forderungen aus Erbschaften		
Beteiligungen an Kapitalgesellschaften oder Personengesellschaften		
Grundstücke, Eigentumswohnungen, Erbbaurechte		
Anteile am geschlossenen Immobilienfonds		
Kraftfahrzeuge		
Bescheidene Lebensführung übersteigende Hausratsgegenstände (zum Beispiel Möbel, Fernseh- und Videogeräte, Computer, sonstige elektrische Geräte und wertvolle Gebrauchsgegenstände)		
Rechte oder Ansprüche aus Urheber- oder Patentrechten		
Betriebsvermögen		
Sonstiges Vermögen		
Aktiva Gesamt		
B. Passiva		
Verbindlichkeiten gegenüber Banken		
Verbindlichkeiten aus Bausparverträgen		
Sonstige Verbindlichkeiten gegenüber Dritten		
Passiva Gesamt		

Checkliste zu den rechtlichen Rahmenbedingungen

(→ Seite 16)

Haben Sie bereits ein Testament errichtet?

Bestehen rechtliche Bindungen durch ein gemeinschaftliches Testament mit Ihrem Ehegatten?

Bestehen rechtliche Bindungen durch einen Erbvertrag?

Haben Sie bereits in der Vergangenheit Vermögenswerte auf Familienangehörige übertragen?

Welche Familienangehörigen würden im Weg der gesetzlichen Erbfolge erben?

Welche Familienangehörigen könnten im Fall ihrer Enterbung Pflichtteilsansprüche geltend machen?

Haben Sie gesetzliche Unterhaltspflichten?

Haben Sie Versorgungsverpflichtungen?

Bestehen Erb- und/oder Pflichtteilsverzichtsverträge?

Haben Sie eine Lebensversicherung?

Wenn ja, wen haben Sie als Bezugsberechtigten benannt?

Checkliste zu einem Einzeltestament

(→ Seite 27)

Ist Ihnen bewusst, dass Sie das 18. Lebensjahr vollendet haben müssen, wenn Sie wirksam ein eigenhändiges Testament errichten wollen?

Wissen Sie, dass Sie bereits ab Vollendung des 16. Lebensjahres ein notarielles Testament durch Übergabe einer offenen Schrift errichten können?

Haben Sie in Ihrem eigenhändigen Testament Ihren letzten Willen durch eine eigenhändig geschriebene und unterschriebene Erklärung zum Ausdruck gebracht?

Haben Sie Ihr Testament eigenhändig unterschrieben?

Haben Sie Ihr Testament mit dem Ort und dem Datum der Errichtung versehen?

Haben Sie etwaige Änderungen im Testament formgerecht vorgenommen?

Wo wollen Sie Ihr eigenhändiges Testament aufbewahren?

Wissen Sie, dass ein eigenhändiges Testament, das Sie in amtliche Verwahrung gegeben haben, nicht automatisch unwirksam wird, wenn sie es aus der amtlichen Verwahrung nehmen?

Ist Ihnen bewusst, dass Sie Ihr Testament jederzeit widerrufen oder vernichten können?

Wissen Sie, dass Sie ein notarielles Testament sowohl durch mündliche Erklärung zur Niederschrift des Notars als auch durch Übergabe einer Schrift errichten können?

Wissen Sie, dass Sie auch ein notarielles Testament oder einzelne Verfügungen darin jederzeit widerrufen können, auch durch ein eigenhändiges Testament?

Ist Ihnen bewusst, dass ein notarielles Testament automatisch unwirksam wird, wenn Sie es aus der amtlichen Verwahrung nehmen?

Wollen Sie mit Ihrem Ehegatten ein gemeinschaftliches Testament errichten (→ Seite F-52)?

Checkliste zu einem gemeinschaftlichen Testament

(→ Seite 39)

Ist Ihnen bekannt, dass Sie in einem gemeinschaftlichen Testament auch sogenannte wechselbezügliche Verfügungen treffen können?

Wissen Sie, dass Sie ein gemeinschaftliches Testament als eigenhändiges oder notarielles Testament errichten können?

Ist Ihnen klar, dass das eigenhändige gemeinschaftliche Testament von einem Ehegatten handschriftlich verfasst und von beiden Ehegatten mit dem Vor- und Familiennamen unterzeichnet werden muss?

Wissen Sie, dass einseitige Verfügungen im gemeinschaftlichen Testament jederzeit (auch nach dem Tod des anderen) frei widerrufen werden können?

Ist Ihnen bewusst, dass ein einseitiger Widerruf einer wechselbezüglichen Verfügung durch einen Ehegatten nur durch von einem Notar beurkundete Erklärung gegenüber dem anderen Ehegatten erfolgen kann?

Wissen Sie, dass das Widerrufsrecht einer wechselbezüglichen Verfügung in einem gemeinschaftlichen Testament mit dem Tod des anderen Ehegatten erlischt und die Verfügung nur dann aufgehoben wird, wenn der überlebende Ehegatte das ihm vom Verstorbenen Zugewendete ausschlägt?

Checkliste zur testamentarischen Einsetzung von Erben

(→ Seite 47)

Ist Ihnen bewusst, dass die von Ihnen eingesetzten Erben sowohl in Ihre Rechte als auch in Ihre Pflichten eintreten?

Wen wollen Sie als Erben einsetzen?

Ist der von Ihnen eingesetzte Erbe volljährig?

Wollen Sie mit Ihrem Testament unter anderem die Unternehmensnachfolge sichern?

Wollen Sie einen einzelnen Erben oder mehrere Erben einsetzen?

Ist Ihnen bekannt, dass mehrere von Ihnen eingesetzte Erben eine Erbengemeinschaft bilden?

Sollen mehrere Erben das Vermögen insgesamt oder jeweils getrennt nach einzelnen Nachlassgegenständen erhalten?

Soll, soweit mehreren Erben jeweils einzelne Vermögensgegenstände vermacht werden, ein wertmäßiger Ausgleich unter den Miterben erfolgen?

Sollen Regelungen zu einer Ausgleichspflicht unter erbenden Abkömmlingen für Zuwendungen, die zu Ihren Lebzeiten gemacht wurden, getroffen werden?

Wollen Sie die Erbeinsetzung unter einer Bedingung vornehmen?

Wenn ja, unter welcher Bedingung?

Wollen Sie für den Fall, dass der von Ihnen eingesetzte Erbe vor Ihnen stirbt oder er die Erbschaft ausschlägt, einen Ersatzerben bestimmen?

Wollen Sie die Anordnung einer Ersatzerbschaft auf bestimmte Wegfallgründe beschränken (zum Beispiel auf die Ausschlagung der Erbschaft)?

Wenn ja, auf welche?

Checkliste zur Anordnung der Vor- und Nacherbschaft

(→ Seite 65)

Wissen Sie, dass Sie einen Erben auch in der Form einsetzen können, dass dieser erst Erbe wird, nachdem ein anderer Erbe geworden ist (Nacherbe)?

Ist Ihnen bewusst, dass die Anordnung der Vor- und Nacherbfolge bei der Vermögensübertragung auf verschuldete Personen oder auf behinderte oder pflegebedürftige Kinder sinnvoll sein kann?

Wissen Sie, dass Sie die Vor- und Nacherbfolge für den gesamten Nachlass oder einen Bruchteil davon anordnen können?

Ist Ihnen bewusst, dass der von Ihnen eingesetzte Vorerbe in seiner Verfügungsbefugnis über den Nachlass gesetzlich beschränkt ist?

Wissen Sie, dass Sie den eingesetzten Vorerben von den gesetzlichen Verfügungsbefugnissen in einem bestimmten Rahmen befreien können?

Wenn Sie Vor- und Nacherbfolge anordnen wollen: Haben Sie den Vorerben bestimmt?

Wenn Sie Vor- und Nacherbfolge anordnen wollen: Haben Sie den Nacherben festgelegt?

Wenn Sie Vor- und Nacherbfolge anordnen wollen: Haben Sie den Zeitpunkt des Nacherbfalls bestimmt?

Wenn Sie Vor- und Nacherbfolge anordnen wollen: Haben Sie festgelegt, auf welchen Teil des Nachlasses sich die angeordnete Vor- und Nacherbfolge beziehen soll?

Wenn Sie Vor- und Nacherbfolge anordnen wollen: Haben Sie festgelegt, welche Befugnisse dem Vorerben in Bezug auf den Nachlass zustehen sollen?

Checkliste zur Enterbung gesetzlicher Erben

(→ Seite 85)

Wollen Sie einen gesetzlichen Erben enterben?

Ist Ihnen bewusst, dass Sie einen gesetzlichen Erben zwangsläufig enterben, wenn Sie Ihren gesamten Nachlass auf andere Erben verteilen?

Ist Ihnen klar, dass Sie Ihre Kinder enterben, wenn Sie Ihren Ehegatten als Alleinerben einsetzen?

Ist Ihnen bekannt, dass Ihre enterbten Kinder gegen den überlebenden Ehegatten ihren Pflichtteil verlangen können?

Ist Ihnen bewusst, dass sich die Enterbung eines Kindes nicht auf dessen Nachkommen erstreckt?

Wollen Sie Ihren Ehegatten enterben?

Ist Ihnen klar, dass Ihr enterbter Ehegatte seinen Pflichtteil verlangen kann?

Checkliste zu Pflichtteilsansprüchen naher Angehöriger

(→ Seite 90)

Ist Ihnen bewusst, dass Ihr Ehegatte und Ihre Kinder Pflichtteilsansprüche haben, wenn Sie sie durch Testament enterben?

Wollen Sie mit den pflichtteilsberechtigten Personen Verzichtsverträge abschließen?

Wissen Sie, dass der Pflichtteilsverzichtsvertrag der notariellen Beurkundung bedarf?

Ist Ihnen bekannt, dass den Pflichtteilsberechtigten der sogenannte Restpflichtteil zusteht, wenn ihnen ein Erbteil hinterlassen ist, der unter ihrem Pflichtteil liegt?

Wissen Sie, dass die Pflichtteilsberechtigten Ergänzung ihres Pflichtteils verlangen können, wenn Sie zu Lebzeiten in den letzten zehn Jahren vor dem Erbfall Schenkungen vorgenommen haben?

Wissen Sie, dass Schuldner der Pflichtteilsergänzung Ihre Erben sind?

Wollen Sie den Pflichtteilsberechtigten ihren Pflichtteil entziehen?

Liegt einer der gesetzlich geregelten Entziehungsgründe vor?

Wenn ja, welcher?

Wissen Sie, dass Sie einem Abkömmling den Pflichtteil beschränken können, wenn er verschuldet ist?

Checkliste zur Anordnung von Vermächtnissen

(→ Seite 99)

Wollen Sie an eine Person eine einzelne Zuwendung machen, ohne diese als Erben einzusetzen (Vermächtnis)?

____

Was wollen Sie der betreffenden Person vermachen?

____

Wer soll das Vermächtnis erfüllen?

____

Wollen Sie den Anfall des Vermächtnisses mit einer Bedingung verknüpfen?

____

Wenn ja, mit welcher?

____

Wollen Sie für den Anfall des Vermächtnisses einen bestimmten Termin bestimmen?

____

Wann soll das Vermächtnis fällig sein?

____

Wollen Sie Vorkehrungen treffen, dass das Vermächtnis erfüllt wird (zum Beispiel durch Bestellung eines Testamentsvollstreckers)?

____

Ist Ihnen bewusst, dass der Erwerb eines Vermächtnisses der Erbschaftsteuer unterliegt?

____

Checkliste zur Anordnung von Auflagen

(→ Seite 115)

Wollen Sie Ihre Erben oder einen Vermächtnisnehmer zu einer Leistung verpflichten, ohne einem anderen ein Recht auf die Leistung einzuräumen (Auflage)?

Wollen Sie zum Beispiel dem Beschwerten aufgeben, die Beerdigung oder die Grabpflege zu übernehmen oder wollen Sie Geld- oder Sachleistungen für bestimmte Zwecke anordnen?

Ist Ihnen bewusst, dass eine sittenwidrige Auflage unwirksam ist?

Wer soll die Auflage erfüllen?

Ist Ihnen bekannt, dass der Erwerb einer Auflage der Erbschaftsteuer unterliegt?

Wollen Sie sicherstellen, dass eine von Ihnen angeordnete Auflage tatsächlich erfüllt wird (zum Beispiel durch Anordnung einer Testamentsvollstreckung)?

Checkliste zur Teilungsanordnung

(→ Seite 125)

Ist Ihnen bewusst, dass eine sogenannte Erbengemeinschaft entsteht, wenn Sie mehrere Personen als Erben einsetzen?

Ist Ihnen klar, dass im Fall einer Erbengemeinschaft der Nachlass gemeinschaftliches Vermögen der Miterben wird und ein Miterbe nicht allein über einzelne Nachlassgegenstände verfügen kann?

Wollen Sie in Ihrem Testament bei mehreren Erben Anordnungen über die Aufteilung des Nachlasses treffen (Teilungsanordnung)?

Wollen Sie die Aufteilung des Nachlasses durch eine Anordnung im Testament verbieten (Teilungsverbot)?

Ist Ihnen bekannt, dass Ihre Erben sich über eine Teilungsanordnung beziehungsweise ein Teilungsverbot hinwegsetzen können, wenn Sie sich einig sind?

Wollen Sie zur Durchsetzung der Teilungsanordnung beziehungsweise des Teilungsverbots einen Testamentsvollstrecker einsetzen?

Checkliste zur Anordnung einer Testamentsvollstreckung

(→ Seite 133)

Wollen Sie einen Testamentsvollstrecker bestimmen?

Wollen Sie den Testamentsvollstrecker einsetzen, um den Nachlass gemäß Ihren Anordnungen auf Ihre Erben zu verteilen (Abwicklungsvollstreckung)?

Wollen Sie den Testamentsvollstrecker einsetzen, damit dieser dauernd den Nachlass verwaltet (Dauervollstreckung)?

Wollen Sie die Auswahl des Testamentsvollstreckers einer dritten Person überlassen?

Wen wollen Sie zum Testamentsvollstrecker bestimmen?

Welche Aufgaben wollen Sie dem Testamentsvollstrecker übertragen?

Wie lange soll die Testamentsvollstreckung dauern?

Wollen Sie die Testamentsvollstreckung zeitlich befristen?

Welche Vergütung soll der Testamentsvollstrecker erhalten?
